[美] 艾瑞克·伯格 著   张含笑 译

冲向火星
马斯克和SpaceX的初创故事

LIFT OFF
ELON MUSK AND THE DESPERATE EARLY DAYS THAT LAUNCHED SPACEX

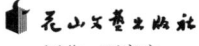

花山文艺出版社
河北·石家庄

果麦文化 出品

这是一本对SpaceX公司最初岁月，以及"猎鹰1号"研发历程的纪实，由被称为"最接近SpaceX的记者"的艾瑞克·伯格撰写，并得到马斯克亲自授权。

SpaceX是为实现"让人类移民火星，成为跨星球物种"目标而聚在一起的团队，本书记录下所有团队成员的浪漫和坚持，解答了这支团队究竟如何跨出从0到1的这重要一步。

推荐序一：
SpaceX成功的秘诀

廖理丨清华大学五道口金融学院金融学讲席教授、博士生导师

近年来，埃隆·马斯克和他的SpaceX逐渐成为世界关注的焦点。无论是可以回收并多次发射使用的"猎鹰"火箭，还是成批发射的成百上千颗"星链"卫星，或者已经实现载人飞行并与空间站对接的"龙"飞船，以及新一代巨型运载工具"星舰"，SpaceX的一举一动都在吸引着人们的眼球，牵动着全球航天领域的神经。大家也不约而同地提出一个问题：SpaceX作为一家创业公司，为什么能够在航天领域取得这么大的成就，完成很多国家举一国之力都无法完成的使命？它成功的秘诀是什么？

《冲向火星》一书给出了答案。这本书以生动的语言详细记述了SpaceX早期的创业过程，向我们展现了从马斯克的初心到SpaceX第一枚火箭"猎鹰1号"发射成功的艰苦卓绝的创业画面。

马斯克是极具创新精神的连续创业者，他在1999年创办了名为X.com的一站式金融产品销售网站，并推出了基于电子邮件的在线付款业务。X.com迅速发展并很快与彼得·蒂尔创办的同类业务企业Confinity合并，合并后公司改名为PayPal，并于2002年2月在纳斯达克上市，随后被eBay收购。Paypal被eBay收购之后，大批高管套现离职，并广泛参与了硅谷的创业和创业投资，至今都具有深远的影响，被人们誉为"贝宝黑帮"（Paypal Mafia），马斯克就是其中的杰出代表。

马斯克从Paypal离开的时候大概套现了1.8亿美金，他用其中的1亿美金创办了SpaceX。这家公司的愿景是让人类建立真正的太空文明，因为马斯克一直认为，人类如果想要持久地生存下去，就一定要向别的星球移民，而火星就是第一站的必然选择。有意思的是，马斯克觉得，在阿波罗登月三十年之后，美国宇航局一定在做飞往火星的计划了，可是他调研之后发现并没有。20世纪60年代，"阿波罗计划"的成功激发了年轻人对航天科学的兴趣，继而成就了一代美国航天界的科学家、工程师和学者。马斯克认为，美国宇航界在"阿波罗计划"之后停滞不前，技术老化，发射价格不断上涨，为数不多的创新行动既没有想象力也没有使命感。既然宇航局不干，那我们自己干吧：成立公司，造火箭和飞船，去火星！

SpaceX并不是美国第一家航天创业公司，在它之前和与它同时还有几家类似公司，但大部分不是在苦苦挣扎就是已经夭折，所以SpaceX在筹备和初创的时候，也面对了无数的质疑和冷嘲热讽。然而马斯克和SpaceX还是一步一步走了过来，不断取得重大突破。《冲向火星》告诉我们，这家公司的成功有以下几个原因。

一是良好的航空航天生态。在火箭发射领域创业非常艰难复杂，SpaceX连火箭都是从头开始设计和制造的，这就要求既能招募到合适的团队，又有火箭制造的完备产业链，关键是还能得到政府和军方的许可来建造或租用发射场地。市场化的环境使得SpaceX能从波音、洛克希德·马丁、休斯飞机公司这样的老牌航空航天企业，以及他们的供应链企业之中招聘人才，并得到设计和制造的支持。同时，大量的民间组织也提供了很好的研讨氛围，比如行星学会的太阳帆项目，XPRIZE基金会的载人短途亚轨道飞船项目，以及南加州著名的火箭俱乐部"反应研究学会"，等等。

二是优秀的创业团队。《冲向火星》用大量篇幅叙述了SpaceX创业团队的每一位重要成员，让人印象非常深刻。SpaceX的创业三剑客是埃隆·马斯克、汤姆·穆勒和克里斯·汤普森。其中穆勒是负责动力系统的副总裁，这个大学时靠假期伐木挣学费的火箭设计工程师，在休斯飞机公司和TRW公司工作近20年后加入了SpaceX，负责设计发动机和燃料箱。汤普森是负责箭体结构的副总裁，他原来是波音公司的航天工程师，曾经在马斯克资助的"火星绿洲计划"中设计了一款小型火星登陆器。书中还着重介绍了马斯克最重要的一项聘任——任命格温·肖特威尔担任销售副总裁。这位传奇女士曾任职于另外一家航天创业公司Microcosm，三年内就把销售业务增长了十倍，加入SpaceX后在第一枚火箭发射成功前就拿下了一系列发射合同。现在，她担任SpaceX的总裁。值得一提的是，马斯克亲自面试了公司的前3000名员工！

三是迭代设计的产品开发路线。书中指出，构建火箭这样一个复杂的系统有两种设计路径可以选择：线性设计和迭代设计。前者是在进入开发阶段之前先花费数年进行各个部分的设计——火箭的整体结构、动力系统和电子设备——再进入硬件阶段，但如果后期需要修改参数，就会非常费时费力。迭代设计的精髓在于很快从概念设计进入制造和测试阶段，发现漏洞早做调整。这种方式能大大提高开发效率，但需要企业容忍失败，因为这意味着要在原型机中捕捉产品缺陷，可能会付出更多的资金代价。行星学家菲尔·梅茨格曾经在美国宇航局发起过类似的开发计划，但最后无疾而终。他说，只有SpaceX这样有进取心的创业企业，才有资本、有魄力去尝试迭代式的设计方式。

四是美国政府和军方的支持。在美国，虽然私人机构可以自由进入火箭生产和发射领域，但是对于火箭的设计、制造和发射，美国空军都要进行监管。特别是火箭的发射场地大部分都在美国宇航局和美国军方控制之下，使用权和其他许可都需要批准。在这个方面，美国军方和宇航局对包括SpaceX在内的航天创业企业都采取了相对宽容的态度。2003年SpaceX在研制第一枚火箭的过程中就接到了马来西亚政府的一个卫星发射合同，但由于发射重量以及火箭飞越美国国土的限制，SpaceX就把发射基地建在了5000英里之外的美军基地上，并得到了美军的大力支持。另外，美国国防部早期的几个订单以及2006年美国宇航局2.78亿美元的服务合同，也都大大加快了SpaceX的火箭研发过程。特别是美国宇航局2008年一份超过10亿美元的服务合同，挽救了处在破产边缘的SpaceX。

SpaceX成功的故事告诉我们，全球航天产业和太空探索的模式与格局已经在发生深刻变化，开始从政府单一主导过渡到政府和民间广泛密切合作，政府负责基础研究、生态培养和基础设施建设，而把应用开发、产品设计以及发射等风险较高的环节交给那些有梦想、有情怀、有能力、有担当的企业家和创业家们。我们欣喜地看到，近年来我国也涌现出一批航天和发射领域的创业公司。希望有一天这些企业也能像SpaceX一样成功，把我们科幻般的梦想转化为参与和重塑全球太空探索领域的商业创新。因为我们"中国梦"的宏伟蓝图里面，既有共同富裕的祥和画面，也有"一带一路"的繁荣景象，更有一枚枚射向更深远太空的火箭！

2023年于五道口

推荐序二：

商业航天的无限未来

霍亮 | 清华大学机械工程系博士，深蓝航天创始人 &CEO

去往天空和更遥远的太空，一直是很多人少年时代的梦想。马斯克及其创立的 SpaceX 公司，曾在争议中走入大众的视野，最终获得了巨大成功。短短十几年时间，航天似乎不再是普通人遥不可及的梦想，而是将融入每个人的生活。

了不起的事业往往开始于有些疯狂的愿景和目标。马斯克决定投身航天事业后，就独自踏上了似乎看不到尽头的旅程，在沿途不停寻找同行的伙伴。从那时起，他就将"登陆火星""使人类成为多行星物种"作为目标。这一拓展人类在宇宙中活动范围的雄心壮志，曾被看作荒谬的想法，但它在很大程度上决定了 SpaceX 后续的行为方式，并指引了成功的道路。

目标之后的就是方法论。对于马斯克及其早期团队而言，要实现宏大得有些荒谬的目标，采用现成的做法绝无可能，必须以完全颠覆性的方式前进。SpaceX 绝不墨守成规，在为了达到目标所需采用的一切方法中，只要不违背客观的物理规律，一切皆无不可。成本最低、综合效益最好的方法都是实践出来的。起步时并没有人知道确定的答案，只有快速行动起来，摸着石头过河，才有可能在实践和不断试错中得出行之有效的方法。

从 SpaceX 成长的早期历史我们也能看到，团队和人是极为关键的。每个人都怀着决心和勇气，有永不停歇的热情和亲力亲为的实干精神，百折不挠地去创新，才能使事业实现从 0 到 1 的突破，并获得长足的进步。

如今航天行业正经历深刻的变化。最显著的趋势就是，由于技术的进步，人类进入太空的成本大幅度降低，进入太空的能力快速增强，航天产品和服务能够被更广泛地使用，具有了商业价值。在商业规则的框架下，竞争环境的优化、需求和供给的诉求，都进一步推动了技术和产品的快速迭代，形成了正向循环。

马斯克的巨大成功，也给国内同行树立了一个对标的榜样。中国的商业航天也正在不断发展，深蓝航天有幸成为其中的一员。从 2018 年开始，深蓝航天就锚定回收复用运载火箭这个方向，目标就是实现运载火箭的回收和重复使用。目前，深蓝航天已经完成了三次陆地垂直回收飞行测试，最高飞行高度达到了一公里量级。

大航天的时代变革已经逐步拉开序幕。太空中有无限的空间和资源，等待着人类去开拓和获取，前提是能够高频次、低成本地到达那里。我们有幸能够投入航天这一事业之中，它有着独特的魅力，吸引着人们去追求和探索。

2023 年于深蓝航天

推荐序三：

从SpaceX的早期创业经历中汲取经验和勇气

李剑威｜真成投资创始合伙人

今天，SpaceX作为全球航天领域最具影响力的创业公司，估值超过了1250亿美元。他们的"猎鹰9号"可回收火箭已经成功发射并回收了100多次，在过去几年把超过2000颗卫星送上了太空，以登上火星为目标的"星舰"也蓄势待发入轨。可以说，SpaceX在过去二十年给航天产业带来了一场彻底的革命，是硬科技创业明星中的明星。

然而透过这本书，我们看到SpaceX旅程的头几年是非常艰苦的。正如本书英文书名所说，用desperate（不顾一切）形容早年的SpaceX非常恰当。他们2002年创业时只有一间空荡荡的厂房和几名员工，他们的想法被行业专家看成异类，头三次发射都以失败告终，公司在2008年8月离破产更是只有一步之遥。但在非常艰难的环境中，马斯克带领团队完成了一个几乎不可能的任务。跳出商业航天领域，马斯克和SpaceX创业早期所践行的几个原则对于其他行业也同样适用：

首先，宏大的愿景、坚定的目标和简单直接的文化本身就是重要的竞争力，可以形成强大的战斗力，更能够影响行业内的客户。早期的SpaceX核心员工，从汤姆·穆勒、克里斯·汤普森，到后来的格温·肖特威尔，都是被研发低成本火箭、最终实现火星移民的想法所感召而来的。这些志同道合的乐观主义者在后来几次发射中展现出了惊人的战斗力，尤其是在第四次发射"猎鹰1号"前，仅用六周时间就完成了一枚火箭从零件到总装的全过程，中间还曾经在一周内把一级火箭拆解和重装。这种工作文化也感染了客户，SpaceX的早期客户都希望这家公司获得成功，马来西亚卫星公司、美国宇航局都在它早期的几次失败后继续给予支持，直到"猎鹰1号"最终成功发射。

第二，用第一性原理思考，快速迭代，容忍失败，追求成本上的结构性优势。马斯克在创业之初，就发现旧的航天体系反应速度慢，成本非常高，所以他提出要追溯到供应商的最上游，争取做到每一个零部件的最优化。在这种思路的指导下，SpaceX大部分部件都是自研，成本低，迭代速度快。在早期的每一次发射失败之后，他们都迅速定位原因，做出改进。最终，猎鹰1号在第四次发射时取得成功，而这次成功距第三次发射失败还不到两个月！正是通过这种工作方式，SpaceX在2015年成功完成了人类首次火箭入轨回收，彻底改变了火箭发射的成本结构。

第三，对商业化和现金流的高度关注，对客户持续的影响和沟通。作为一家硬科技公司，SpaceX没有沉醉于研发，而是在成立第二年就尝试销售。他们用火箭模型吸引客户，在火箭造出来之前就争取订单，到2003年，他们已经拿下了2500万美元的意向订单。在遇到不公平待遇时，他们向美国宇航局据理力争，最终赢得了2.6亿美元的合同。负责销售的副总裁肖特威尔在 2008 年也成为公司的总裁。

看完这本书，我们会意识到，无论多么成功的企业，在早期也充满了艰辛和不确定性，甚至会多次经历濒死时刻；坚韧的创业者，要依靠宏大的愿景，科学的方法论，有战斗力的团队，才有机会带领企业走向成功。

现在，SpaceX 的火箭发射回收已经成为常态，"星链"也已经体现出巨大的价值。希望在不久后，国内的商业航天企业也能拥有运载火箭的入轨回收技术，深度参与太空的开发。也希望每一位读者，都能从 SpaceX 早期艰辛的创业经历中汲取经验和勇气！

2023年于真成投资

目 录

序章
（2019年9月14日）
1

CHAPTER 1
创业初期
（2000年9月—2004年12月）
6

CHAPTER 2
梅林发动机
（2002年8月—2003年3月）
31

CHAPTER 3
夸贾林
（2003年1月—2005年5月）
53

CHAPTER 4
第一次发射
（2005年5月—2006年6月）
76

CHAPTER 5

卖火箭

（2002年8月—2006年8月）

103

CHAPTER 6

第二次发射

（2006年3月—2007年3月）

126

CHAPTER 7

得克萨斯

（2003年1月—2008年8月）

152

CHAPTER 8

第三次发射

（2008年5月—2008年8月）

174

CHAPTER 9

八个星期

（2008年8月—2008年9月）

197

CHAPTER 10
第四次发射
（2008年9月28日）

215

CHAPTER 11
步履不停
（2008年9月—2020年5月）

232

结语

257

鸣谢

279

SpaceX 的主要员工
（2002年—2008年）

281

SpaceX 时间线

284

序章

（2019年9月14日）

　　一轮浑圆的红日正要沉入得克萨斯州的地平线。此时，埃隆·马斯克正健步走向一艘银色的宇宙飞船。他踏上混凝土着陆坪，眼前那座不锈钢蒸汽朋克装置在落日余晖中正闪闪发光。马斯克不禁惊叹道："它就像电影《疯狂的麦克斯》里的那些大家伙。"这个大家伙就是"星虫"——马斯克飞往火星的火箭"星舰"第一艘原型机的昵称。

　　2019年9月中旬，马斯克前往位于南得克萨斯州的火箭工厂视察"星舰"的进展。他近二十年来为人类从地球移民火星所付出的努力，终于铸成了"星舰"。几周前，"星虫"刚从靠近墨西哥边境的博卡奇卡升空，在沿海灌木林上方直冲云霄，但紧接着就差点儿发生了坠机。幸好美国联邦航空管理局将飞行高度限制在500英尺[1]以内，所以尽管"星虫"在降落过程中失控，但也不至于坠地爆炸成一个大火球，只不过是着陆架撞穿了钢结构的混凝土着陆坪。马斯克戏谑地调侃了这个"幸好"，因为自太空探索

---

[1] 1英尺约等于0.3048米。

技术公司（Space Exploration Technologies，以下简称SpaceX）成立以来，他总是在跟监管机构抗争，争取让火箭飞得更快更高。"而这一次，"他打趣说，"是联邦航空管理局救了我们。"

这是那天之后马斯克首次重见"星虫"。他巡视了一圈，与员工们相互击掌，也享受着有三个儿子陪伴的时光。三个男孩都是特意从洛杉矶飞来与他共度周末的。他向孩子们介绍说，打造星舰的原材料是不锈钢，就跟造锅造铲用的材料没什么两样。

只不过，这块不锈钢看上去像是在炉火上烤过了太久，就连渐沉的夜色也无法遮盖金属表面深度炭化的痕迹。站在"星虫"脚下，马斯克抬头凝视着巨大的金属舱，那本是安放燃料箱的地方，推进剂就是从那里被泵入猛禽火箭发动机的。"考虑到这里头刚经历过炼狱大火，现在这样子就算非常好了。"马斯克说道。

在踏上博卡奇卡这片缓缓向墨西哥湾铺开的平原之前，埃隆·马斯克经历了一路长途跋涉。2002年，马斯克创立了SpaceX，其终极目标是造出超级宇宙飞船，能把成百甚至上千人带到火星去居住。火星十分寒冷，看似毫无生机，也几乎没什么空气，但它是人类向地球外扩张的最佳选择。火星两极有冰盖，其稀薄的大气层里富含有用的化学物质，还有一些能帮助人类勉强生存的物料。而且以星球之间的距离来看，它算是离地球比较近的了。

这些年来，马斯克和SpaceX完成了许多令人瞩目的壮举：把宇航员送入太空，让火箭降落在回收船上，重塑全球的航天产业……但这些成就远比不上将人类送上火星——这是美国宇航局，也是世界上其他任何航天机构以当前能力都远不能及的。尽管曾把人类带上月球的美国宇航局每年都有接近250亿美元的预算，还拥有全世界最顶尖的科学家和工程师，但要将宇航员送上火星，他们也还差很远。

马斯克想在火星上建造一座城市——或许更恰当地说，是马斯克内心的某些东西在不断驱使他去做这件事。他在很久之前就认定：人类想要有一个长远的未来，就一定要向别的星球扩张，而火星就是第一站的不二选择。但这是极其艰难的，因为太空是一个异常危险的地方，弥漫着辐射，在薄薄的宇宙舱外，似乎总有死神伺机而动。仅是维持一次长达几个月的火星之旅，所需水、食物、燃料和衣物的总量就已经很惊人了。更何况一旦登陆之后，人类还得在火星表面建起栖身之所，那时所需的物资将多到难以想象。迄今为止，美国宇航局成功发送到火星表面的最大物体——"毅力号"火星探测器——也不过才1吨重。实现一次小型的载人火星登陆任务所需的物质总重量可能是这个数字的50倍。马斯克认为，要实现人类的可持续移居，可能需要运送100万吨物资到火星——这就是他在得克萨斯州制造大型可回收星舰飞船的原因。

如今的SpaceX在许多方面都和初创时大不相同了，但在一些关键点上，它还是最初的样子。随着星舰项目的启动，SpaceX又回到了最初白手起家、不顾一切奋力打造"猎鹰1号"的状态。现在的马斯克也和当时一样，坚持不懈地推动着他的员工奋不顾身地向前冲，去创新、去测试、去发射。公司最初开发"猎鹰1号"时留下的基因依旧活跃在南得克萨斯州打造星舰的工厂里。在马斯克位于加利福尼亚州总部的私人会议室里，还悬挂着一张巨幅的"猎鹰1号"发射照。

想要了解SpaceX，包括这家公司的终极目标，以及它为什么能成功，你就必须回到"猎鹰1号"的时代，深挖这家公司的初心。SpaceX今天取得的所有成就，都萌发自马斯克在规划"猎鹰1号"时埋下的种子。当时，他想造出全世界第一枚低成本轨道火箭。如果SpaceX不能将"猎鹰1号"那样相对简单的火箭送入轨道，那么一切关于火星的雄心壮志都无从谈起。就这样，他以炙热的动力，朝着那个目标前进。一开始，SpaceX只有一间空荡荡的厂房和寥寥几名员工。但就是这一小群人，在不到四年时间里发射了第一枚火箭，在第六年成功把火箭送入了预定轨道。有关SpaceX如何熬过那些艰苦岁月的故事是非常精彩的。许多"猎鹰1号"的功臣们如今还留在SpaceX，也有一些已经踏上了新的征程。但回想初创岁月，他们都有许多未曾讲述过的故事。

那些帮助马斯克从最黑暗的岁月里拯救了SpaceX的人们来自世界各地，有加利福尼亚州的农村、美国中西部的城郊、美国东海岸的大城市，有黎巴嫩、土耳其和德国。马斯克亲自甄选了每一个人，再将他们塑造成团队，说动他们去完成一些几乎不可能完成的任务。为了发射进入地球轨道，他们要从美国本土穿越几乎地球大陆上最远的距离，去到一个热带小岛上。而就在那个太平洋中的小岛上，这家公司几度险些倒闭。

十多年后，马斯克和SpaceX跨过了失败和成功之间的鸿沟。在落日里仔细审视了"星虫"之后，马斯克又在南得克萨斯的火箭厂房里转悠了几个小时。那天晚上，一轮圆月升上天空，员工们整晚都在敲敲打打，用一卷又一卷的不锈钢板打造出全尺寸的"星舰"原型机。当马斯克和他的孩子们离开工厂旁的拖挂房车时，差不多已是午夜了。孩子们逐一上了等待他们的一辆黑色越野车，马斯克却停下来，抬头望着还在制造中的"星舰"，那高耸的舰体就像一座摩天大楼。

那一刻，孩子般的笑容绽放在马斯克的脸上。"嘿，"他转向我说道，"你能相信吗，就是这样一个大家伙，会在四十五亿年来第一次将人类带到另一个星球上。我是说，有可能。当然未必是这一艘，但将来总有一艘会做到的。"

CHAPTER 1
创业初期

（2000年9月—2004年12月）

对那些想要去探索火星的人来说，2003年的夏天出现了一个带有希望的预兆。那年7月，奇妙的行星运动造成了"火星大冲"，这是火星六万多年来最接近地球的一次。那时候，一家名为SpaceX的小公司刚开始敲敲打打制造他们的第一枚火箭。尽管距离这枚火箭首次发射还要好几年，但作为公司创始人的埃隆·马斯克至少已经踏出了迈向火星的第一步。马斯克知道没有合适的团队将寸步难行，他通过一次又一次的面试，不断寻找着才华横溢、充满创造力，并且愿意为了实现他的梦想、将不可能变成可能而倾尽全力的工程师们。他的努力也正开始得到回报。

那年夏天，布莱恩·比耶德接到了大学时代同班同学打来的电话。当时他并没注意火星在向地球靠近，也不知道马斯克的远大梦想。那位老朋友叫菲尔·卡苏夫，两人的友谊是在南加利福尼亚州大学的航空航天实验室里建立起来的，他们曾在那里没日没夜地摆弄各种真空罐和小卫星。卡苏夫兴高采烈地向布莱恩介绍了自己的新工作，说老板干劲十足，身价千万，来自硅谷,还有个疯狂的计划——造一艘火箭飞往火星。卡苏夫对布莱恩说"你应该找一天来我们这儿看看",并随即留下一个洛杉矶机场附近的地址。

当时比耶德的日子过得相当安逸。23岁涉世未深的他,从加利福尼亚州农村的普通家庭来到大城市过上了好日子。在从南加利福尼亚大学毕业并成为一名航空航天工程师之后,比耶德就在美国宇航局著名的喷气推进实验室找到了一份工作,地点在洛杉矶北部。随后,美国宇航局还资助他在南加利福尼亚大学继续攻读研究生学位。同时,作为学校的辅导员,比耶德还可以享受免费住宿,也有钱去任何他想去的周末派对。

因此,来到SpaceX位于埃尔塞贡多简陋的总部时,比耶德真的只是抱着到此一游的心态。"我走进去,那里有一张桌子,还有几扇双层玻璃门,"比耶德说道,"我走过办公室,跟遇到的几个人握手。现场只有一些用灰色隔板隔出来的工位,并没有什么可参观的。那只是一座空荡荡的工厂,员工们刚把地面清理干净。"

不过员工休息室里的可乐贩卖机倒是给比耶德留下了深刻印象。无限量免费供应的碳酸饮料(这是马斯克从硅谷引进的创举,为的是让员工随时都能补充咖啡因),这对于一个来自象牙塔、习惯了宇航局严谨气氛的人来说,可是件新鲜事。比耶德在办公室里转悠的时候,在场的十几个员工中有人询问了他在喷气推进实验室的一些项目。这些项目旨在制造太空探测器,用于探索太阳系。比耶德向大家解释了他如何利用半导体、等离子刻蚀和蒸汽压力来开发新的小型卫星推进技术。

此时有人问道:那你对于大型的动力系统,比如火箭的动力系统有什么认识?比耶德这才恍然大悟,这并不是一次单纯的参观邀约,他也不是被请来喝可乐的——这是一场工作面试。

"后来我被带到一个房间里，"比耶德说，"那时我还不知道，大家都把那个房间叫作'冰柜'，因为里面实在是很冷，风势强劲，坐在那个房间里简直把我冻坏了。"

各式各样的人轮番上阵，来和比耶德面谈。打头阵的是他的朋友菲尔·卡苏夫，然后是菲尔的顶头上司、负责电气的副总裁汉斯·科尼格斯曼，最后马斯克本人走了进来。他只比比耶德年长10岁，却已经是非常富有、声名鹊起的企业家了。为了打破尴尬的氛围，比耶德没话找话地寒暄了几句"幸会幸会，久仰大名，能来这儿参观我很激动"，但善于观察的马斯克只是单刀直入地问道：

"你这头发是染的吗？"

比耶德被问得乱了方寸，匆忙回答说他没染过头发。其实这是马斯克在面试中常用的技巧——抛出一些出其不意的问题，看看候选人会有什么样的反应。从比耶德身上，马斯克看到了口才。比耶德确实跟谁都能聊，他定了定神，反问马斯克："您这是为了活跃气氛出的破冰题吗？还挺奏效。"

但马斯克说，他的提问是认真的。因为他留意到比耶德眉毛的颜色很浅，但头发的颜色却要更深一些。年轻的工程师解释说，这种色差是天生的。没过一会儿，两个人都笑了起来。

在三十分钟的面试中，马斯克询问了比耶德的背景，也分享了他自己对SpaceX的愿景：让人类建成真正的太空文明。早在20世纪60年代，"阿波罗计划"的成功就激发了一批学生对数学和科学的兴趣，继而成就了一代工程师、科学家和教师。但到了世纪之交，这股浪潮已经消退。比耶德这一代人在成长中见证了航天飞机的革新，但那些无休止的革新都只停留在近地轨道的绕地飞行，而不是像"阿波罗计划"那样大胆的冒险。很多年轻人已经完全不关心太空了，他们投身于医药、金融、IT等行业。其实比耶德选专业时也只是纯粹想学工科而已，"航空航天工程"按字母顺序排列的位置最靠前，所以他就选了这个专业。

马斯克也是引领数字革命的人物之一，他参与创建的支付平台PayPal将银行业推向互联网。从通信业到医疗保健，各行各业都在开始加速数字化转型，唯独僵化的航天产业似乎在倒退。美国的相关企业还在运用几十年前的老技术向太空发射火箭，发射价格也不断上涨。事情似乎在朝着错误的方向发展，所以马斯克创立了SpaceX。公司成立一年之后，马斯克想要从基本设计转向硬件开发，因此他希望比耶德来帮忙设计火箭的电子设备。

一时间接收了这么多信息，坐在"冰柜"里的比耶德需要好好消化一下。他手上有一份舒适的政府工作，学术生涯的前景不错，业余时间的社交生活也很丰富。SpaceX则会从他身边夺走这一切——在与卡苏夫交谈时比耶德了解到，SpaceX工作氛围非常紧张，来为马斯克卖命会让他的生活发生翻天覆地的变化。而且马斯克并不能向他保证成功。说到底，如此小规模的团队真的能造出一枚能到达地球轨道的火箭吗？之前从来没有私人投资的公司取得过这样的成功，失败的例子倒是不少。经历了一系列面试之后，比耶德怀疑自己面对的是不是一堆空头支票。

几天之后，比耶德在凌晨1点收到了马斯克的助理玛丽·贝丝·布朗发来的邮件，问他愿不愿意接受这份工作。比耶德意识到，这个公司有它自己运转的速率。

起初，比耶德想要争取更高的薪资。美国宇航局当时每年给他6万美元的丰厚报酬，还为他支付学费。SpaceX给的比这少。但为了和一位梦想家共同工作，为了激动人心的计划和志同道合的目标，比耶德就得接受减薪。在左思右想的过程中，比耶德记起了自己高中时代的化学老师怀尔德女士。怀尔德老师有一份不同寻常的愿望清单。学生时代的比耶德见证过这位老师说走就走地去实现自己的愿望——比如在埃及金字塔脚下跳肚皮舞。眼下的这个机会同样吸引着比耶德和他的冒险精神，所以他决定抓住这个与马斯克共事的机会。虽然飞向火星是个疯狂而硬核的目标，几乎不可能实现，但既然说"几乎"，那就不是完全没可能。

关于火星旅行，他如是说道："我愿意这么去想，虽然人生只是一眨眼的工夫，但或许我们能在短暂的有生之年为世界带来一些巨变，让火星旅行成为任何人都负担得起的事。这就是摆在我们面前的目标，或许努努力就能够得到。"

比耶德后来才知道，在他到访SpaceX之前，卡苏夫已经花了大力气为他助攻。当时公司需要有个人为火箭的大脑打造电子设备，包括硬件和软件，以确保推进器能正常飞行。比耶德并不是一名电子工程师，但卡苏夫向马斯克讲述了和比耶德在南加利福尼亚州大学共同奋斗的日日夜夜，那些通宵达旦的坚持，以及比耶德如何热衷于解决难题。更关键的是，他担保比耶德日后会为SpaceX和"猎鹰1号"火箭倾其所有。于是，在2003年8月，眉毛和头发有色差的布莱恩·比耶德正式成为SpaceX的第14号员工。

SpaceX的故事始于2000年底的美国东海岸。就在马斯克被PayPal的董事会罢免首席执行官一职之后不久，他与好友兼创业伙伴阿迪奥·莱西一起开车行驶在长岛高速公路上，马斯克当时还不到30岁，却已经历过许多。他踏上美国这片土地还不到十年，就已经在常春藤盟校取得了经济学和物理学学位，创立了两家非常成功的企业。莱西很好奇：马斯克接下来打算做什么？

"那天我告诉阿迪奥，我一直对太空很感兴趣，但之前从未想过这是任何个人有能力涉足的领域。"马斯克这样说道。阿波罗登月都已经过去三十年了，他以为美国宇航局一定早就在计划飞向火星了。当天晚些时候，关于太空的讨论依旧萦绕在马斯克脑中，于是他仔细翻阅了美国宇航局的网站。令他吃惊的是，竟找不到任何要将人类送上火星的计划。当时他想，或许只是因为网站设计得不够好，以致他没能找到相关内容。

但事实并非如此。回到加利福尼亚州之后，马斯克开始参与各类航天研讨会。他很快就发现，美国宇航局确实没有这方面的计划，而私人组织却在着手进行一些有趣的行动。他受邀参与了一些项目，例如行星学会的第一个项目——制造一只太阳帆。行星学会是由成员自主出资建立的组织，他们当时正在造一种反射光帆，这种光帆能在太空中展开，并以太阳光子的动量作为动力。马斯克还资助了XPRIZE基金会，基金会拨出了1000万美元的奖金，哪个组织能率先造出可以进行载人短途亚轨道飞行的宇宙飞船，就能赢得这笔奖金。2001年晚些时候，马斯克还以个人名义设立了一个太空计划，希望借此激发公众对美国宇航局和火星探索事业的支持。他计划建造一个小型的实验温室并将其发射到火星上，他将这个设想命名为"火星绿洲计划"。

"这个计划的想法就是要去采集一些火星土壤的样本，再将其带回培养舱，将火星土壤和带去的地球土壤进行混合，在混合土壤里埋下种子，再通过网络摄像头将这些植物的成长过程传回地球。"克里斯·汤普森说道。汤普森是波音公司的航空航天工程师，他帮助马斯克进行了"火星绿洲计划"中小型火星登陆器的概念设计。

当汤普森和其他几位工程师正在研究这个实验温室计划的有效载荷问题时，马斯克和顾问们千里迢迢两次前往俄罗斯，试图购买一枚经过改造的洲际导弹来实现发射任务。但俄罗斯人并没把马斯克当回事，觉得他是个门外汉，就拿着旧的火箭助推器向马斯克开出了高得离谱的价格。马斯克担心要是签下了首付款的支票，以后对方只会不断提高价格。"最后一次俄罗斯之行结束后我就觉得这不是办法，要价只会水涨船高，"马斯克回忆道，"那时我就在想，怎么才能靠自己造出火箭来。"

吉姆·坎特雷尔也敦促马斯克认真考虑这条出路。坎特雷尔是马斯克的顾问之一，他既是工程师，也是一位有抱负的商人。于是，马斯克开始在洛杉矶的相关社群里会见火箭科学家，那里是航空航天工程师的大本营。很快，他又聘请了别的顾问来助力他这个破天荒的尝试。这些顾问中包括曾经在波音公司与汤普森共事过的约翰·嘉维，以及火箭发动机领域的后起之秀汤姆·穆勒。马斯克很清楚，曾有不计其数的企业家们尝试要在火箭科学领域搞出点儿名堂。马斯克想要从他们的错误中吸取教训，以免重蹈覆辙。

2002年2月，约翰·嘉维安排马斯克去参观南加利福尼亚州知名火箭俱乐部"反应研究学会"的发射场。那天，这位百万富翁对莫哈韦沙漠的寒风和低温显然准备不充分。"我记得当时室外大概是零下8华氏度（约为零下22.2摄氏度），"汤普森回忆道，"马斯克穿着一条宽松的休闲裤，脚蹬一双尼曼百货的高档皮鞋，身着一件紧身的薄皮衣就出现了。"但在谈话之间，马斯克听得很用心，提问也总能问到点子上。他那时已经把能搞到手的关于火箭的所有资料都读过了，包括苏联的技术手册，还有约翰·德鲁里·克拉克写的有关火箭燃料的著作《点火！》。

随着对火箭的了解逐渐加深，马斯克更透彻地认识到美国航天发射行业的不足之处。他原本希望通过"火星绿洲计划"来唤起大众对航天事业的兴趣，使美国宇航局能获得更多资助，从而续写"阿波罗计划"的辉煌，实现人类登上火星的梦想。而现在，他发现美国乃至全球航天发射行业存在着系统性的问题，这并不是提供资金就能解决的。马斯克意识到，即便"火星绿洲计划"成功了，美国宇航局获得了双倍预算，到头来这些钱很可能只会被用于一些做做样子的太空计划。但马斯克想要的，是让人类真的能够进一步探索太阳系，并在其他星球定居。

"我开始明白为什么发个火箭要这么贵了，"马斯克说道，"看看美国宇航局养着的那些御用供应商，有像波音和洛克希德·马丁这样的供应商，你有多少预算都不够用。但他们又有什么能耐呢？我意识到'火星绿洲计划'是远不足以解决问题的。"

解决星际航行问题的第一步是要降低发射成本。如果美国宇航局和私人公司能用更少的钱发射卫星和送人类进入太空，就能在太空做出更多新尝试，而更多的商业应用又能带来更多的机会。这一觉醒促使马斯克立刻行动了起来。

那年春天，马斯克召集了十几位知名的航空航天工程师，在洛杉矶机场的万丽酒店开会。这些人中有许多都是迈克·格里芬找来的，他是这个群体的领头人，三年之后他将成为美国宇航局的局长。马斯克一直仰仗他出谋划策。嘉维、穆勒和汤普森也被邀请出席了这次会议。

"正如马斯克一贯的作风，他稍稍晚到了一点儿。这显然惹恼了不少在座的航天业资深高管。"汤普森说，"他走进会场，直截了当地宣布说要成立自己的火箭公司。我真切地记得当场有人发出窃笑，也有人直接笑出了声，人们都劝他说，'省点儿钱吧孩子，留着去海边度度假多好'。"

这个"孩子"可不觉得有什么好笑。在这次会议上受到的质疑，以及平时身边心腹密友们提出的疑虑，都只能使马斯克变得更有动力。有好几个朋友都劝过马斯克不要冒险，莱西甚至制作了一段长达1小时的视频，汇总了各种火箭发射失败的案例，强迫马斯克坐下来看完。还有一位名叫彼得·戴曼迪斯的工程师，他告诉马斯克，所有做过类似尝试的企业家最终都失败了。"他说得我耳朵都要起老茧了，他还说我会输光所有的钱。"马斯克说。

所以，在万丽酒店的会议现场，马斯克想在一群质疑者中找出少数和他一样相信这事能成的人。马斯克需要那些面对挑战不是选择退缩，而是敢于应战的人；他需要乐观主义者，而不是悲观主义者。到了4月，马斯克向五个人发出了邀请，希望他们成为公司的初创团队。马斯克从PayPal离开时提现了大约1.8亿美元，他盘算着，就算拿一半钱出来投资在火箭公司里也没关系。马斯克自己出钱，只求初创员工们愿意出力。

五个人中只有两人接受了马斯克的邀请。格里芬拒绝了马斯克给出的"总工程师"头衔，他说更愿意留在东海岸，这样能离首都华盛顿近些，因为在制定国家太空政策方面他是重要的参与者之一。马斯克拒绝了横跨东西海岸通勤的要求，而这似乎是正确的选择。格里芬才华出众，但他和马斯克一样是个倔脾气，两个人在一起难免产生冲突。于是马斯克不得不继续寻找合适的人选，但他自己也说"条件够好的人都不愿意来，条件不够好的人我也不愿意请"。最后，他只好自己担起了总工程师的重任。

马斯克也很欣赏坎特雷尔，觉得像他这样能说会道的工程师可以成为SpaceX的首席业务拓展官。但坎特雷尔也不太想挪地方，提出只有马斯克提供一大笔薪水和各种担保，他才肯考虑离开犹他州。"但最终他还是决定不加入，"马斯克说，"到头来只是短暂地担任了一阵子顾问的角色。"

第三个拒绝马斯克的人是约翰·嘉维。这多少有些出人意料，毕竟嘉维作为一名火箭科学家对马斯克充满冒险的事业表示过热情支持。在嘉维看来，马斯克想做一个能把1000磅[1]重的有效载荷发射到太空的火箭，这太过于激进了，他青睐规模更小的设计。此外，嘉维还想要马斯克收购他的小型航天公司——嘉维航天器公司。而马斯克说，嘉维想要的头衔太不合理了，他想当首席财务官，却完全没有任何金融背景，这让马斯克觉得匪夷所思。

在连遭三次拒绝之后，马斯克的名单上只剩下两个人了。

穆勒见过手上有好计划但没钱的创业者，也见过钱多得是，但计划不靠谱的人。在马斯克身上，他既看到了志同道合的想法，也看到了充足的资金支持，足以帮助项目熬过艰难的设计研发阶段。更重要的是，穆勒乐于接

1　1磅约等于0.4536千克。

受挑战，有机会凭一己之力造出新的火箭发动机是他巴不得的好事。但是当马斯克捧着公司的原始股份发出邀请时，穆勒还是跟妻子商量了一下。穆勒当时已经在一家大型的航空航天企业里有了稳定的工作，但他的妻子很清楚，如果放弃这个机会，他一定会后悔，于是鼓励丈夫接受了这份工作。穆勒是第一个签下合同的人，他就此成了SpaceX工资单上的1号员工。

汤普森当时刚成家，也和穆勒一样，犹豫着要不要离开原本安逸稳定的工作环境。4月下旬的时候，马斯克在一通电话里找到了消除这些担忧的办法。他明白汤普森和穆勒需要放弃什么来加入SpaceX，于是将相当于两位工程师两年薪资的钱存到了一个代管账户里。这样一来就算公司有什么变故，两个人的收入还是会有保障。这一举动帮助汤普森最终说服了妻子让他接受这份工作。他唯一后悔的是自己犹豫了太久，只能屈居2号员工的位置。

2002年5月6日，太空探索技术公司（Space Exploration Technologies）成立。一开始，马斯克、穆勒和汤普森说起公司的时候，都取其英文名字每个单词的首字母，简称"S.E.T"，几个月后，马斯克想到了一个更为朗朗上口的名字——SpaceX。

一开始，SpaceX的"初创三剑客"一直是在机场的酒店碰头开会。开会时，穆勒会向大家汇报新型火箭发动机的设计情况。不久之后，马斯克就将这枚火箭命名为"猎鹰1号"，"猎鹰"（Falcon）取自电影《星球大战》中那艘经典的宇宙飞船"千年隼号"（Millennium Falcon），"1号"则表示这枚火箭只装载了一个主发动机。穆勒是负责动力系统的副总裁，他要设计的不仅仅是发动机，还包括火箭的燃料箱，以及低温液体推进剂的管路系统。汤普森作为负责火箭结构系统的副总裁，要使用铝合金设计最轻的箭体结构，还有飞行过程中的分离方案。

公司还需要有人来负责设计航电系统，包括"猎鹰1号"上搭载的计算机硬件和软件。如果当初嘉维接受了马斯克的邀请，这份职责应该就会落到他的肩上。为了填补这个空缺，汤普森推荐了一位名叫汉斯·科尼格斯曼的德国工程师。他就职于南加利福尼亚州的一家名为Microcosm的小型航空航天公司。几个月前，在寒冷的莫哈韦沙漠里马斯克和科尼格斯曼曾有过一面之缘，马斯克提出想靠一支小团队自行制造低成本火箭的计划，这位德国工程师当即就成了拥护者。

"你想想，"科尼格斯曼说，"我并不想成为宇航员，那不是我感兴趣的事。真正让我跃跃欲试的是尝试靠200人来造出原本需要2万人合力制造的火箭，这简直就是在自己车库里造火箭。在我看来，马斯克就是想试试一台价值500美元的电脑能不能和一台要价500万美元的电脑一样好用。"

这的确就是马斯克想做的事。

马斯克本人持有公司的大部分股份，初创团队的成员们也都获得了可观的股份。所以说，如果有员工能通过自主研发某个零件，省下原本要付给零件供应商的10万美元，那么公司的每个人都能从中获益。马斯克想方设法鼓励员工为公司节省开支，因为花的都是他们自己的钱。

公司的核心团队就位之后，马斯克将公司搬到了一座更宽敞的白色建筑里。新地点位于埃尔塞贡多市格兰大道东1310号，占地3万平方英尺[1]，

---

[1] 1平方英尺约等于0.09平方米。

但中央办公区里只坐了十几名员工，显得十分空旷，后面还有一个空荡荡的厂房。随着时间的推移，公司被逐渐填满，甚至像藤蔓一般占领周围的几栋办公楼。但在创业初期的那几年里，SpaceX都只有少数几个工位、几台电脑，以及扁平到几乎不存在的企业组织架构。

从美国宇航局一板一眼的政府环境转换到SpaceX的企业化环境时，比耶德立刻就感受到了企业文化的冲击。在美国宇航局，就算是要登录一台电脑，比耶德都得经历细致的安全筛查流程和多次培训。想要操作一台能产生电子束的机器，比耶德就要先完成持续几天的培训课程。

"当时在SpaceX完全没有这些流程，"比耶德回忆起自己第一天上班的情形，"你来到公司，门根本没上锁，前台也没有人。我见到汉斯，他先给了我打包好的一堆文件，其中有些关于员工福利之类的资料，然后告诉我有什么需要做的工作，入职培训就算完成了。"

在那个文件夹里比耶德还找到了一些关于"猎鹰1号"发射终止系统的文件，但只是一些有人草草梳理过的基本资料。在美国国土发射每一枚火箭前都需要预先设计这样一个机制，以便发射基地的负责人（通常是美国空军或陆军成员）在火箭起飞后一旦偏离预定的飞行轨迹时，通过无线电向其发送自毁指令。这个系统的设计需要多个政府部门签字确认，因为它必须万无一失。要知道，任何一枚偏离航向的火箭都可能威胁到有人居住的地区。比耶德首先要学习这个系统的架构，接着开始设计它，并从政府获得所有必要的批文，然后才能真正着手构建这个系统并进行测试。他必须抓紧时间，因为马斯克希望在一年之内完成火箭发射。

SpaceX的初始团队在封闭的环境中没日没夜地进行着高强度的工作。

马斯克贯彻着放任的管理方式，办公室里只有少数几条硬性规定：在大家共用的办公空间内严禁有强烈的气味、闪烁的灯光和喧闹的噪声。团队成员经常工作到深夜。比耶德回忆自己有时睡在办公桌下，曾经不止一次被同事踢醒，要他帮忙写方案。

长时间亲密无间的共处使团队协作起来异常轻松。团队就这么小，谁和谁都很熟。当某个部门需要帮助时，其他人都会施以援手。"每个人不仅要管好自己的一摊事，也被期望共担更多责任，"汤普森说，"如果穆勒有什么需要帮忙的，我就会停下手边的活儿先去帮助他。如果发动机测试需要支架，我也会去帮忙搭建。换作是我有什么需要帮助的，也会立刻有人跳出来帮助我。每个人都承担着多种职责，甚至包括办公室日常的杂务。"

确实，除了马斯克的金牌助理玛丽·贝丝·布朗之外，SpaceX在创业初期确实没有人在帮公司处理后勤保障工作。对此，格温·肖特威尔回忆起刚入职时的情形：2002年8月，她以销售主管的身份加入了SpaceX。有一天，她要组织一个会议，与政府客户商讨卫星发射合作意向。她走到公司楼上的会议室，想查看房间是否适合接待军队的高官们。"一小时后客户就要到了，会议室却一团糟，于是我拿出了吸尘器。"肖特威尔回忆道，"一个管销售的副总裁还得负责卫生，事毕还要想办法准备咖啡。"

那时，每个员工都要轮流负责在星期五为大家去跑腿买冰激凌。自从酷圣石冰激凌在公司附近开了店之后，办公室里就有了这项常规活动。每到星期五，一封订餐邮件会在同事之间传递，每个人写下自己的名字或昵称，还有想要的口味。例如，"老鼠鸡"（比耶德的昵称）喜欢生日蛋糕口味的冰激凌。然后，轮值的人——这次或许是位新员工，下次也可能是某个副总裁——拿上仅有的一张公司信用卡，到店里点单，再把冰激凌带回公司。

"再细碎的活儿我们都不介意亲自动手。"比耶德说。

不断壮大的团队还因为电脑游戏而走得更近了。结束一天的工作后，大家会把桌上的电话调到会议模式，开始联机打游戏，嬉笑和叫嚷让办公室瞬间热闹起来。当时流行的是《雷神之锤3：竞技场》，一个多人连线的第一人称射击游戏。每位玩家选择一个角色和一件武器，在虚拟的游戏领地上寻找对手。

"有时甚至玩到凌晨3点，"汤普森说，"我们就像疯子一样嘶吼，埃隆也沉浸其中。"

但也不是每个人都会玩到深夜。肖特威尔就对"雷神派对"没兴趣，她是当时办公室里为数不多的女性之一。"我就没怎么参与过他们的深夜厮杀，"她说，"对我来说深夜是集中精神工作的好时段。"有时她也会跟玛丽·贝丝·布朗开玩笑，说或许她们女生应该玩玩《小马宝莉》之类的游戏。

这个辛勤工作的团队确实需要借助电脑游戏来暂时逃避现实。能在游戏里斩杀老板不失为一种宣泄，何况在每周八十个小时的工作强度下，这位老板还常常布置一些不可能完成的任务。比耶德说："我们常说，在SpaceX时间就像是被浓缩了，一年能当七年用，毫不夸张。"

在打造一家火箭公司的过程中，初创团队免不了要各处奔走。SpaceX需要找到一个试验场来测试发动机和燃料箱，之后还需要发射场。马斯克要面见潜在客户，要跟副总裁们一起为"猎鹰1号"上那些无法自主生产的零件寻找供应商。马斯克希望SpaceX能自主研发火箭发动机，也愿意为专业供应商提供的火箭贮箱买单。贮箱是燃料箱和液氧箱的统称，它可不简单，不仅要重量轻，还得在一定压力下储存超低温的易燃液体。

2002年晚些时候，马斯克在威斯康星州的格林贝会见了一家火箭贮箱生产商。马斯克和数名工程师在会议前一晚到达，入住了一家快捷假日酒店。克里斯·汤普森和一位名叫史蒂夫·强生的公司早期员工为了给马斯克留下好印象，第二天起了个大早，坐在酒店并不宽敞的餐厅里吃着自助早餐等老板来。

"埃隆走进来，到取餐台边拿了一包塔塔饼。"汤普森说，"好笑的是，这种对我们大多数人来说再熟悉不过的食物把他给难住了，那情景就像电影《2001太空漫游》中的类人猿在研究神秘的巨石。显然，这包塔塔饼是当天早上最让埃隆惊叹的发现。"

据汤普森说，马斯克发现塔塔饼加热之后更好吃，于是打开一袋，将其中两个放进烤面包机。但对塔塔饼毫无经验的他犯了一个低级错误——没想到应该把塔塔饼竖起来塞进加热槽。结果烤好后，被横着放进去的塔塔饼依然卡在槽里，他不得不把手指伸进加热槽，抠出自己的早餐。后果可想而知——清晨6点钟，马斯克的尖叫声响彻了整个餐厅："太烫了！太烫了！烫死我了！"当时前台正站着两位年长的女士，她俩尴尬无语地目睹了全过程。

尽管有这段小插曲，正事最终还是办成了。在格林贝的那家公司没法帮到SpaceX，但他们介绍了一家靠近密尔沃基、名为Spincraft的生产商。至此，SpaceX算是找到了贮箱的供应商。

诸如此类的出差非常频繁，让马斯克有机会和他的高管们建立起紧密的联结。众所周知，马斯克并不是一个很好相处的老板，不过SpaceX的早期员工很快就发现了和他共事的一大好处——他很想把事做成，所以常常会当机立断地做出决定。当马斯克认定Spincraft能以合理价格造出优质的贮箱时，这事就算是定了。不需要开会商议，不需要打报告，当场拍板，就这么简单。

这种果断的行事风格也被带到了位于埃尔塞贡多的办公室，马斯克经常在自己的小会议室里召集不同分系统的工程师们，商讨并解决主要问题。这些工程师们或是从事动力系统、或是从事结构系统、或是从事电气系统的研发工作，不管遇到什么棘手的问题，马斯克都会想方设法去解决。通常的解决方法是：先提出几个想法，给团队一到两天时间攻克难题，然后再来向他汇报。马斯克告诉团队，如果在此期间需要指导，可以随时发邮件，他在几分钟内就会给出答复。

在会议上，马斯克的状态可能会经历跌宕起伏的变化：他可以这一秒还在说笑，下一秒就变得非常严肃；他能体谅一切，也会苛刻严厉；他进退灵活，但在有关火箭科学的细节上却毫不退让。最重要的是，他驱动着一股不可思议的力量，推动事情向前发展。埃隆·马斯克一心只想把事情干成。

当然，能与马斯克共事的工程师们也要足够疯狂才行。首先，他们必须接受马斯克的野心，接受"万事皆有可能"的观念。其次，他们还要在不断的催促下披荆斩棘地解决各种技术问题。能同时满足这两个条件的人寥寥无几。好在马斯克最宝贵的技能之一，就是判断谁能适应他的工作模式。他手下的人个个都必须天资聪颖、努力勤奋，凡事都糊弄不得。

"市面上滥竽充数的人多的是，有真材实料的是少数。"在谈到面试工程师的方法时马斯克说，"见到一个人后，通常在十五分钟之内我就能知道个大概，如果有机会和他共事几天，我就更能确定自己的判断。"马斯克把人才招聘看作头等大事，公司的前3000名员工都是他一个个亲自面试的。虽然这占用了深夜和周末的时间，但在马斯克看来，为公司找到合适的人是最重要的。

就拿菲尔·卡苏夫来说吧，他是科尼格斯曼推荐的。科尼格斯曼加入SpaceX几周后，发现自己需要再聘请一名电气工程师来帮助设计和制造"猎鹰1号"上所搭载电脑的印制电路板，于是想起当年早些时候认识的卡苏夫。21岁的卡苏夫是个早熟的年轻人，吃惯了苦，处变不惊。他在饱受战争蹂躏的黎巴嫩长大，离开家人来到美国读大学。他虽有聪明的头脑，却囊中羞涩，没法去麻省理工学院或哈佛大学深造，只好选择了能提供全额奖学金的南加利福尼亚大学。当科尼格斯曼敦促卡苏夫去SpaceX位于埃尔塞贡多的新办公室参观时，他都还没完成自己的本科学业。

卡苏夫来到新办公室，刚开始"参观"不久就被安排与马斯克单独会面。这位传说中的创始人坐在卡苏夫对面，目光犀利，不时问出一些叫人措手不及的问题。这是马斯克在面试时的例行程序，他想考验的不是一个人的知识储备，而是那个人的思考能力。

马斯克向卡苏夫抛出的第一个问题是一个工程难题："你在地球上的某个地方，有一面旗子和一个指南针。你把旗子插在地上，按照指南针的指示向南走了一英里[1]，接着转身向东走了一英里，随后你又向北走了一英

1　1英里等于1.6093千米。

里。此时你意外地发现，自己回到了旗子所在的地方。问：你身处地球上的哪个地方？"

卡苏夫仔细地想了想：不可能是赤道，因为那样的话想要回到原地就得走出一个正方形；指南针指向南方，所以也不可能是南极点；一定是北极点，在那里，两次转身能在地球球体的顶端走出一个三角形的三条边。这个答案是正确的，但正当马斯克要继续下一个问题时，卡苏夫打断了他："等一等，这个人还有可能是在地球上的另一个地方。"

这一下就激起了马斯克的兴趣。

"想象你在南极点的北边，"卡苏夫接着说道，"找到一个纬度，纬线长度刚好是一英里，在这条纬线上任选一点，把该点往北一英里的地方作为起点。这样当你往南走一英里之后，再向东走一英里就等于绕这条纬线一周，再向北走一英里就又回到了起点。"

马斯克承认他的想法是对的。接下来，他没再给卡苏夫出考题，转而和他讨论科尼格斯曼在实际工作中都需要哪些帮助。因为马斯克知道，尽管卡苏夫只有21岁，也还没从大学毕业，但这些都不重要——重要的是，他可以胜任这份工作。

一旦确定想要雇用某个人，马斯克就会不达目的决不放弃。2004年春天，布伦特·阿尔坦就快要拿到斯坦福大学的航空学硕士学位了。他计划着要在湾区找一份工作，因为他的妻子瑞秋·希尔斯已经在谷歌找到了一份理想的工作。但是，阿尔坦在研究生院的好几个工程师朋友最近都搬去了洛杉矶，为SpaceX工作。史蒂夫·戴维斯就是其中之一，他给阿尔坦发消息说，觉得阿尔坦一定会爱上这家公司的，一定要来看一看。

阿尔坦是土耳其人，说话带有明显的口音。他两年前才搬来美国，之前在德国学习计算机科学。他很喜欢北加利福尼亚州的生活环境，所以一想到有可能又要搬家，而且是要搬去拥挤的、空气质量不怎么好的洛杉矶，就不怎么提得起兴趣。所以在出发前往SpaceX的时候，他只是想去跟戴维斯和其他朋友叙叙旧。但在埃尔塞贡多的工厂见到朋友们时，阿尔坦很快就被SpaceX的神秘感吸引了，因为他看到这家公司正在争分夺秒地打造首次试飞用的"猎鹰1号"火箭。到阿尔坦最终与马斯克会面时，他已经很清楚地知道，自己想要在这里工作。但问题是，他计划好的湾区生活现在该怎么办呢？

戴维斯已经提前预想到了他朋友的这些顾虑，并对马斯克说，要想把这个才华横溢的土耳其年轻工程师招至麾下，就得替他解决这些顾虑。阿尔坦的妻子在旧金山有一份工作，那在洛杉矶给她另找一份行不行呢？戴维斯说："这些都是有办法解决的问题，而埃隆比任何人都善于解决问题。"

所以，在对阿尔坦进行面试的时候，马斯克已经做好了充分准备。面试大约进行到一半时，马斯克问阿尔坦："我听说你不想搬来洛杉矶，原因之一就是你妻子在旧金山的谷歌工作。你看，我跟拉里聊过了，他们会把你的妻子调到洛杉矶来。你觉得怎么样？"

拉里就是拉里·佩奇，谷歌的联合创始人，马斯克的好朋友。阿尔坦震惊了，一时间不知该说什么。稍缓片刻后，他回答说，既然一切都安排妥帖了，他觉得自己应该可以来SpaceX上班。

第二天阿尔坦的妻子希尔斯去上班时，上司告诉她刚刚发生了一件非常神奇的事——拉里·佩奇打电话来说，只要希尔斯愿意，她随时可以去谷歌的洛杉矶分部工作。

与其他航空航天企业相比，马斯克能给自己想要的员工提供许多东西。更重要的是，他可以给麾下的工程师更多授权。SpaceX的新员工有机会迅速提高自己的技能，进而承担更多职责。公司里几乎没有什么管理层级，每个人都扑在火箭上。"在这家公司里学会思考是非常重要的，因为没人会来给你分配千篇一律的工作，或是告诉你该干什么，"弗洛伦斯·李说道，"但正是这样的氛围让我们成长为更好的工程师。"

卡苏夫有时会跟他在得克萨斯州奥斯汀或亚利桑那州图森市工作的同学们互通有无。有个在洛克希德·马丁公司工作的朋友当时正在研发F-35隐形战机。那是一个利润丰厚的项目，最终美国空军以每架8500万美元的价格向洛克希德·马丁购买了超过2000架F-35战斗机。这工作听上去好像挺叫人艳羡，但其实不然。卡苏夫的这位朋友在项目上只负责一件事——找到一个能符合所有质量规范的供应商来生产战斗机起落架上的一个螺栓。这个螺栓就是他工作的全部内容。这位朋友也承认工作特别无聊，但很享受自己住的大房子，还有工作之外的生活方式。SpaceX提供的则是完全相反的体验。工作令人激动，但事无巨细、包罗万象。卡苏夫说："我很难说清楚自己究竟在SpaceX担当着哪些职责，我的角色时刻都在无缝切换，久而久之就融为一体了。"

为了动员员工们长时间工作，马斯克创造出了一个大家从早到晚都愿意待着的环境。先是在公司里供应咖啡，后来增加了餐食，每个部门都有自己的食品预算。电气部门在科尼格斯曼的带领下逐渐壮大后，搬到了一个街区之外的内华达大街211号，马斯克每周给他们250美元用来采购零食。采购任务由部门里的同事轮流负责，每个人都可以随意下单。比如，测试工程师胡安·卡洛斯·洛佩兹特别喜欢采购墨西哥烤牛肉，其他人则选择更纯粹的高热量食品——薯片和甜食。

就这样，电气团队的成员们一边研发印制电路板、测试硬件或编写飞行软件，一边在空闲时吃零食、打乒乓球。

"有时确实需要一些消遣来打破长时间的高压，这样才能更高效。"阿尔坦说道，"如果没有这种轻松的氛围，SpaceX创业初期的那几年可就太难熬了。"

* * *

马斯克和竞争对手们还有另一个关键的不同之处——他能接受失败。在大多数航空航天企业里，没有人愿意犯错，因为这会影响到年度绩效考评。马斯克却鼓励他的团队往前冲，先创造一个新东西，再不断打破并创造更新的。在政府部门的实验室或大型航空航天企业里，有的工程师可能整个职业生涯就淹没在图纸和文件当中，甚至都没摸过实际的产品。但设计"猎鹰1号"火箭的工程师们大部分时间就在工厂车间里直接测试自己的想法，而不是纸上谈兵。总之就是：少说，多做。

要构建像火箭这样一个复杂的系统，基本上只有两种路径可以选择：线性设计，迭代设计。线性设计会先设定一个初始目标，再明确达到目标所需的条件，然后通过无数的测试确保各个子系统符合要求，最后才把这些子系统组装到一起，构成火箭的主要部分，包括火箭的箭体结构、动力系统和电气系统。线性设计在进入开发阶段之前需要花费数年的时间来做项目的工程策划。因为一旦进入制造实际硬件产品的阶段，再要对设计或需求进行修改将非常困难，也会耗费大量的时间和金钱。

迭代式的设计路径也要从一个目标出发，但很快就会跳转进入概念设计、台架测试和原型开发环节。这种方法的精髓就在于尽快进行样机制造和测试，发现漏洞，再做调整——这就是SpaceX的工程师和机械师们在埃尔塞贡多的工厂里所做的工作。正是这些不断重复的过程，让他们在早期的原型机中捕捉到主要缺陷，继而完善设计，持续迭代，开发出更为完善的产品。

也只有像SpaceX这样的独立企业才能去尝试迭代设计的方式，行星学家菲尔·梅茨格如是说道。2012年，他曾作为联合发起人之一，在美国宇航局的肯尼迪航天中心发起了"沼泽计划"，该计划旨在推动美国宇航局成为更精简干练的组织，让项目开发可以推进得更快。无奈计划最终未能突破政府的官僚制度。

"在开发初期，循环递进的迭代方式是最好的设计路径，我们也一直在争取使用这样的方法。"梅茨格谈到他在美国宇航局的经历时说道，"但采用这种方法就意味着要允许别人目睹你的失败，如果有爱挑刺的人想用过往的失败作借口迫使你停下来，你也得把他们顶回去。"

失败在SpaceX不是一种禁忌，原因之一就是老板时不时会给团队布置不可能成功的任务。开会时，马斯克经常提出一些看似荒谬的要求。当工程师们抗议说这根本不可能时，马斯克就会拿出预先设计好的问题，来开拓他们解决问题的思路。他会问大家："满足什么条件，就可以让这件事变得可能呢？"

如果马斯克要求卡苏夫跳过一道五十英尺高的栅栏，他不想听到"不可能"这个答案，而是希望卡苏夫来跟他说"我需要一根弹跳杆或是一个喷气背包"，然后去想办法搞定这个任务。马斯克总是逼着工程师们尝试用新方法解决难题，如果他们有好点子，他总会尽力拿出资源来支持。

有了汤普森、穆勒和科尼格斯曼这几个经验丰富的帮手来负责动力系统、结构系统和航电部门后，马斯克为公司招揽的几乎都是刚毕业的学生。他们没有另一半需要陪伴，不用天天回家吃饭，也没有孩子要照看。他们住的是公寓而不是带花园的别墅，不用花时间修剪草坪。所以这些人可以一门心思地为公司卖命，让马斯克榨干他们身上的每一滴血汗——当然他们其中的大多数人也非常愿意把自己最珍贵的年华奉献给SpaceX。马斯克就像海妖赛壬，用无法抗拒的歌声吸引才华横溢的年轻人来到SpaceX。他将美好的愿景、他的个人魅力、大胆的目标和丰沛的资源揉捏到一起，再加上无限量供应的咖啡和可乐，调制成令人陶醉的迷魂汤。团队需要什么，他就立刻写支票。开会时，他会想尽办法帮助团队解决棘手的技术问题。深夜里，他常常和大家并肩工作。当团队需要鞭策时，他也会投来犀利的眼神和几句尖锐的批评。

自始至终，马斯克一直都把团队的注意力聚焦在发射火箭上。最初，他希望SpaceX能在2003年底完成发射，甚至把发射日程表贴在了男厕所的小便池上方。但公司并没有赶上这个发射日期。不过到了2003年的下半年，原本光洁无瑕的工厂地板上开始堆满火箭的各种零件。2005年12月，在千里之外的发射工位上，SpaceX的火箭终于进入了发射倒计时。这场疯狂向前推进的宇宙之旅，完全始于马斯克在埃尔塞贡多的第一间办公室里就向众人灌输的企业文化。这种企业文化的形成也有赖于马斯克亲力亲为的作风：一边组织一次次长时间的、让创意能够自由流淌的技术会议，另一边又在深夜里用电子游戏和团队打成一片。当然，也不是所有人都能坚持到最后。面对如此高压的企业文化，如果无法接受并融入其中，你就只能选择离开。

马斯克最不喜欢从员工那里听到的话就是"但一般来说不是这样操作的呀"。

SpaceX的团队不断扩大，员工背景各异。无论经验是多是少，除应届毕业生之外，大多数人——尤其是技术人员——都来自像波音公司和洛克希德·马丁公司这样的行业龙头企业。这些大型承包商基本都依靠政府业务维生，他们有自己的企业文化和一套自己的做事方法，在实现利润最大化的同时满足客户的需求。方法之一就是尽量拖长合同的时限——因为政府会为这些拖延买单。在SpaceX早期的一次会议上，一些波音和洛克希德·马丁的老员工曾相互打趣，说起老东家的种种做法有哪些好处。马斯克立刻提高音量打断了他们的讨论。"你们现在是SpaceX的员工了。"他严肃地提醒众人，"如果以后谁再提起这些事，就别怪我不客气了。"

他的态度非常明确。不管你来自哪里，不管你在那里学到些什么，现在你是SpaceX的一员。团队里的每个人都是马斯克亲自挑选的，找他们来是为了完成一个能改变世界的大使命——那也是一个非常艰巨的使命。

CHAPTER 2

梅林发动机

（2002年8月—2003年3月）

2003年3月，汤姆·穆勒已经马不停蹄地忙碌了一整年，对自己即将到来的42岁生日充满期待。刚加入SpaceX时，穆勒就一头栽进工作里，为"猎鹰1号"火箭设计新的发动机。过去的六个月尤为繁忙，日子飞快地掠去，只留下一个虚影。他先是为几个重要的职位找到了合适的人选，然后又把发动机试验场从加利福尼亚州搬到了千里之外的得克萨斯州，最后带领着自己的小团队完成了梅林发动机核心部分的设计。此刻，在生日之际，他们正准备点起蜡烛。

这将是梅林发动机推力室组件的第一次测试，推力室就是梅林发动机的心脏。为了迎接这次的重要测试，穆勒带着一瓶价值连城的烈酒去了得克萨斯州的麦格雷戈火箭研发基地。几周前，他在玛丽·贝丝·布朗的办公桌上发现了这瓶与众不同的人头马干邑。据布朗说，这是最近某次太空研讨会上剩下的，市场价格是1200美元一瓶。

穆勒一心动，问能不能把这瓶酒带到得克萨斯州，用来让动力系统团队庆祝火箭发动机的第一次测试。他的请求得到了应允。"于是我就把这瓶酒带走了，"穆勒说，"那时距离测试还有一个月。我把酒放在麦格雷戈办公室的柜子里，然后跟团队说，'在发动机测试之前，谁都不准碰这瓶酒'。我们就这样把它供在柜子里。"

3月11日晚上9点50分，动力系统团队宣布梅林发动机的推力室已经准备就绪。随后发动机点火，运转了半秒钟。液氧和煤油推进剂在推力室内混合燃烧，从点火到关机，发动机一直运转正常，没有发生任何爆炸。这一刻真的太值得庆祝了。穆勒把小纸杯递给每个人，然后给大家倒酒。酒过三巡，大家才意识到等会儿还得开车回家。从麦格雷戈火箭研发基地到位于韦科郊区的出租公寓有二十五分钟车程，整个团队每天都同乘一辆白色的悍马H2上下班，大家轮流开车。那天晚上试验场负责人蒂姆·布扎抽到好彩头，由他负责开车，走84号国道送大家回家。

路上一直平安无事，可就在布扎放慢速度拐出高速公路，行驶到通往公寓楼的道路上时，后视镜里出现了闪烁的强光——一辆得克萨斯州警察的巡逻车在后方拉响了警笛，警官示意他们靠边停车。酒驾在得克萨斯州可不是开玩笑的，穆勒回忆起车内大家的心情："我们当时就觉得，完蛋了，要去蹲监狱了。"

警官走过来，一把抓住布扎，把他拉到车外，径直带到车后责问道："说，你们这是在搞什么？"

布扎并不知道自己做错了什么，他没有超速，也没有违反任何交规。难道是这辆招摇过市的白色悍马引起了警官的注意？毕竟在这条得克萨斯州乡下的高速公路上，最常见的都是破旧的皮卡和农业用车。

布扎在心里掂量着，最明智的做法还是实话实说。于是他向警官解释道：我们刚刚点燃了一台6万磅推力的火箭发动机，这可是第一次，为此大家之前一直都在熬夜拼命工作，现在整车人最想做的就是开完剩下的一点点路，回家睡觉。

那位警官说：从未听过如此离奇的故事，你们最好不要糊弄人。然后他打发布扎上车，尾随着这辆白色悍马驶到公寓楼前。那晚，所有人终于都美美地睡了一觉。那一天也成了汤姆·穆勒永生难忘的一个生日。

穆勒在爱达荷州的圣玛丽斯长大。这个小镇距离加拿大边境只有一百英里，一年中有一半时间夜间气温都在0华氏度（约为零下17.8摄氏度）以下。镇上高中的吉祥物是一位伐木工的形象，由此不难猜出当地的经济支柱产业。打从穆勒小时候起，他父亲就一直游走在爱达荷州的各个角落，从事搬运木材的工作。直到1979年穆勒高中毕业时，他父亲才买了一辆小型推土机，把砍伐下来的原木半吊在车后拖出森林，这个操作被称作"曳运"。

穆勒逐渐懂事的时候就已经意识到，自己将来不想在爱达荷州的小镇上当一辈子伐木工。和小伙伴们一起在树林里骑着破自行车穿行的日子固然开心，但穆勒也喜欢泡在图书馆里，阅读各类科幻书籍。他对火箭尤为感兴趣，甚至对各个品牌的火箭模型都有研究。当时市面上比较常见的是埃斯蒂斯牌，但穆勒更偏爱半人马牌，经常在祖父的农田里进行试射。那时的穆勒有科幻书和火箭的陪伴，也有年少的躁动，但对北爱达荷以外的世界毫无概念，也不知道自己的将来何去何从。

直到高中时，穆勒在几何课上迎来了人生的转机。一位名叫盖里·海因斯的老师留意到了穆勒的数学天赋，并对他说："你数学学得真好，将来是不是想当一名工程师呀？"

穆勒回答说，或许他想要成为一名飞机机修工。因为他喜欢动手，又喜欢能飞的东西。

老师却认为穆勒的潜力不止于此："你是想做修飞机的那个人呢，还是想做造飞机的那个人？"穆勒觉得后者听上去不错。于是，海因斯老师帮着规划了穆勒余下的高中课业，帮他为读大学做好准备。所以后来当其他高中同学都在勤工俭学，或是学习相对简单的课程时，穆勒已经开始学习微积分和高等生物学了。

学校里还有一位名叫山姆·卡明斯的老师，也对穆勒产生了深远的影响。卡明斯是那种能触及学生心灵的老师，他能发现学生们的天赋，并鼓励他们表达自己的想法。卡明斯老师在圣玛丽斯中学教了三十四年科学课，赢得过爱达荷州，乃至国家级别的荣誉。他特别鼓励学生参加各种区域性的科学竞赛。穆勒也曾参与其中，用他父亲的一把焊枪造出了一台火箭发动机。1978年，穆勒获得了参与国际科学与工程博览会的资格，要飞去阿纳海姆参加比赛。那是穆勒人生中第一次坐飞机。

高中毕业之后，穆勒攒够了钱去距圣玛丽斯七十英里的爱达荷大学深造。但那时的他还没能完全摆脱伐木工作。为了支付学费，暑假里他必须回家打工，在森林中挥舞电锯。伐木是一项非常累人的工作，但报酬丰厚。为了打这份工，穆勒必须在山里熬过漫长而炎热的日子。夏天时，早上5点钟太阳就升起来了，直到晚上9点才落山。穆勒要先把树砍倒，再去掉树冠，这样木材才能被拖出山林进行再加工。工作时，他和同伴的距离不远。伐木工人们有个约定俗成的习惯，如果有一阵子听不到同伴的电锯声，就要喊一嗓子，看看同伴是不是安全。

1982年夏季的一天，穆勒砍伐的树倒在一棵枯立木旁边。枯立木是已经死掉的树，很高，呈白色，没有树枝。遇上枯立木是伐木中最危险的情况之一，所以穆勒一边处理刚刚砍倒的那棵树，一边留意着旁边的枯立木，确保摇晃的树干不会朝自己倒过来。那棵枯立木在摇晃了一会儿之后似乎又稳稳站住了。穆勒长舒一口气，弯下腰来把电锯放到一边，准备休息一会儿。再次站起身时，他下意识地回头望了一眼那棵枯立木。谁知它竟然悄无声息地倒了过来，一眨眼的工夫已经横在了穆勒眼前——幸好穆勒及时躲开了。"如果没抬头看那一眼，"穆勒说道，"我就没命了。但命运让他看了那一眼。"那棵树只是擦伤了他的左脚，闪躲的那一下让他扭伤了脚踝。

穆勒花了五年时间才读完大学，原因之一是某个暑假老家没招伐木工，所以之后的那个学期他不得不休学打工，来赚足剩余的学费。终于毕业的时候，这位新鲜出炉的机械工程师又面临着另一个艰难抉择：接下来该干什么呢？

许多年前，穆勒有个叔叔在爱达荷大学求学，也是机械工程专业的毕业生。这位叔叔后来去了加利福尼亚州，在一家名为江森自控的工业制造企业任职。但他最终没能融入这份工作和那里的环境，很快又回到了圣玛丽斯，抛下机械工程师的学历，在镇上干起了收垃圾的差事。

不过这个故事并没有动摇穆勒。毕业之后，有一家本地的叉车公司给了他一个工作机会，驻扎在博伊西的惠普公司也向他抛出橄榄枝。但这两家公司都没有得到穆勒的垂青。对于从小学三四年级就在试射火箭模型，还自制过简易版火箭发动机的汤姆·穆勒来说，最大的愿望就是走出爱达荷州，去制造真正的火箭。所以他向父母说明了自己打算搬去加利福尼亚州的想法。穆勒和妻子是在大学时相识并完婚的，他的岳母就在洛杉矶生活。当时穆勒并没有拿到任何在南加利福尼亚州的工作邀约，但他知道那里有很多航空航天领域的工作机会。穆勒的父母认为这个想法根本不靠谱。他父亲问："有成千上万的毕业生从大学涌入社会，航天飞机的时代刚刚开始，每个人都想找到一份与此相关的工作。你凭什么就觉得机会能落到自己手里呢？"

"我是个非常乐观的人，也许这是我被埃隆看好的原因之一。"穆勒说，"但我父亲是一个十足的悲观主义者，所以我也不知道自己的乐观劲儿是从哪儿来的。当时我就是觉得，将来一定能找到一份造火箭的工作，所以一定得去加利福尼亚州。这件事一定能成，没有什么能阻止我。"

当时穆勒的家人都认为他会回来的，山上的树林会等着他回来。但穆勒再也没有回去。搬到洛杉矶是他迈出的第一步，后来他在TRW公司这样的大企业拿到了设计火箭发动机的工作，再后来又去了SpaceX。到2020年，他设计的火箭发动机把近十年来第一批从美国本土升空的宇航员送入绕地球飞行的轨道。

1985年夏天，穆勒一到洛杉矶就开始四处投递简历。他并没有什么值得炫耀的经历，一丁点儿都没有，在学校的成绩也很一般。从5月到8月，他寄出的几十封求职信和简历全都石沉大海。他也试着拨打工程学杂志上能找到的各家公司的电话，寻求工作机会，但没有任何结果。到夏末时，穆勒已经陷入绝望，父亲的质疑在他脑后回响。这个充满梦想的城市在慢慢粉碎穆勒的梦想，让他害怕自己终有一天要被迫放下尊严，搬回爱达荷。

转眼来到秋天，一次航空航天业的招聘会给穆勒带来了转机。穆勒的简历或许并不出彩，但通过面对面的交流，别人就很容易感受到他对火箭有着满溢的热情和深入的了解。他在招聘会上拿到了三个面试机会，最终三家公司都给了他工作机会。洛克达因公司的工作机会涉及航天飞机主发动机的制造，是个重要的职位，但薪酬并不高。通用动力公司给出了一个不错的机会——加入毒刺便携式防空导弹的研发团队。穆勒很感兴趣，专程开车来到位于洛杉矶西部波莫纳市的工厂，可烟雾缭绕的环境让他仿佛置身森林大火之中。他不喜欢这样的环境，于是放弃了。休斯飞机公司提供的工作机会让穆勒可以有机会研发卫星，虽然工作内容与火箭发动机无关，但薪资待遇很好，工作地点也在他喜欢的埃尔塞贡多，所以最终他接受了这份工作。几年之后，穆勒又通过一位朋友找到了在TRW公司的工作机会。那是一家大型的汽车及航空航天制造商，在太空领域颇有建树，将尼尔·阿姆斯特朗和巴兹·奥尔德林带上月球的火箭发动机就是这家公司制造的。

穆勒在那里工作了十五个年头，其间几乎一直都在专注研发火箭发动机，有大型的，也有小型的。到了20世纪90年代中期，穆勒开始了TR-106项目，目的是要造出这几十年里最强劲的发动机。这个新型液体燃料发动机能产生65万磅的推力，比一架航天飞机的主发动机多出了30%。当时波音公司正在开发新的德尔塔Ⅳ型重型火箭，穆勒希望TR-106发动机能赢得波音公司的青睐，为他们的新火箭提供动力。据穆勒说，TRW公司当时估算，每台发动机的造价在500万美元左右。但波音最终选择了洛克达因公司生产的另一款发动机，其报价是TRW公司的四倍。当然，洛克达因公司在生产推进器方面有悠久的历史——就像是火箭发动机行业的耐克或路易威登——所以他们的报价里也包含了品牌溢价的成分。然而TRW并没有提出任何抗议。"我们的发动机性能很好，"穆勒说道，"但公司并没有为自己的产品据理力争。TRW并不真的在乎火箭制造业务，而是只关心航天器。火箭团队就像是为航天器而存在的附属品。"

在研发TR-106发动机的同时，穆勒也开始参加反应研究学会举办的一些活动。这个学会成立于1943年，在加利福尼亚州洛杉矶北部、靠近莫哈韦沙漠的地方拥有一块自己的试验基地。学会的成员们会在周末驱车数小时，来到远离城市北部的试验基地试射他们自制的火箭。在这些活动上，穆勒结交到了志同道合的朋友，其中就包括约翰·嘉维。两人意气相投，还共同研发了可能是世界上威力最强的自制火箭发动机，推力可达1.2万磅。在此过程中，穆勒负责了大部分的技术工作，嘉维则提供了位于一处工业园区内的场地，以及用来购买发动机所使用的贮箱的资金。他们给这个火箭起了个绰号——"大火箭"。

2002年1月的某一天，嘉维告诉穆勒，有个名叫埃隆·马斯克的互联网富豪周末想来见见他，看看他们自制的火箭。起初穆勒并没太当回事，可几天后马斯克真的来了，他的优雅精致与汗流浃背、不修边幅的火箭工程师们形成了鲜明的对比。马斯克走进来的时候，穆勒和嘉维正在使劲把一个80磅重的发动机安装到机架上。

"你们做过更大型的火箭吗？"马斯克问道。

穆勒给马斯克讲解了自己在研发TR-106重型发动机，以及其他一些推进器项目上的经验。马斯克回以连环炮式的发问，深究各种技术细节，包括发动机推力、喷注器设计，还有最重要的成本问题。他想知道穆勒最少需要多少钱才能造出一台强大的发动机。马斯克还想跟穆勒探讨更多，但无奈当晚还有别的安排。于是他问穆勒，可不可以在下周末再见一次面。

穆勒迟疑了。他刚买了一台55寸的三菱宽荧幕电视机，就是那种屏幕下面还有一截机身的大家伙。那个年代高清背投彩电是最热门的新科技，福克斯体育频道也将首次以宽荧幕格式转播超级碗的比赛。穆勒和妻子已经计划好，周末要办一个派对，向朋友们炫耀一下家里的新彩电。不过马斯克总能想办法达成目的——最后，他和嘉维，以及另外几个动力系统的专家也参与了穆勒在长岛家中的橄榄球观战派对。

"那天看比赛，我大概只看了一个进球。"穆勒回忆道。三个月之后，他加入了马斯克的SpaceX公司。

* * *

2016年春天，亚马逊的创始人杰夫·贝佐斯邀请了为数不多的几名记者来到他位于华盛顿肯特市的火箭工厂。贝佐斯已经秘密经营这家名为"蓝色起源"的航天企业十五年了。他之前从不允许媒体踏足半步的工厂，如今终于要向世人展露全貌了。贝佐斯和马斯克同样坚信，在向太阳系其他行星迁徙的征途上，人类必须先跨过一道关键的障碍：实现低成本太空旅行。因此他也在开发可回收火箭。

在招待媒体的三个小时里，贝佐斯带大家参观了自己气派的工厂，逐件炫耀蓝色起源的航天器、大型火箭发动机和大型3D打印机。他还跟大家分享了自己的一条重要理念——"Gradatim ferociter"，这是一句拉丁语，意思是"步步为营，大刀阔斧"。贝佐斯说，造火箭的第一步就是开发火箭发动机。当时他正在着手研发第四代发动机——BE-4。"发动机研发是前置时间很长的一环。"贝佐斯说道。他身穿蓝白格衬衫，搭配着名牌牛仔裤，一路闲庭信步、侃侃而谈："当你启动一个制造航天飞行器的项目时，发动机研发就是影响工程进度的决定性环节，通常要耗费六年到七年的时间。或许你一开始乐观地认为自己花四年就能搞定，但到头来终会发现，六年是逃不掉的。"

2019年秋天，我坐在马斯克的私人飞机上对他进行采访时提起了这段插曲。那是一个星期六的下午，我们正从洛杉矶飞往得克萨斯州的布朗斯维尔。这次采访原本安排在前一天傍晚，在SpaceX位于加利福尼亚州霍桑的工厂里进行。可过了预定时间一小时之后，马斯克的助手满怀歉意地发来消息，说他突然遇到了棘手的事，虽然十分抱歉，但采访只能延期。于是我回到酒店，准备收拾行李飞回休斯敦。这时那位助手又打来电话说，马斯克决定那个周末要去得克萨斯州，看看SpaceX星舰的建造现场，问我想不想跟着一起去，我们可以在飞行途中完成采访。

那天马斯克的三个儿子也与他同行，还有他们家的狗"马文"（这名字就取自卡通人物"火星人马文"）。马文是一只哈瓦那犬，它的毛发被打理得很漂亮，举止也被调教得很规矩。马文很爱主人，一直依偎在马斯克脚边。马斯克穿着一件印有"核爆火星"字样的黑色T恤衫和一条黑色牛仔裤。我进行采访时,所有人都一起围坐在飞机尾部的一张桌子旁边,因为马斯克希望孩子们也能听听父亲往日的经历。

当听到杰夫·贝佐斯关于发动机研发用时的见解时,马斯克笑了。"老实说,贝佐斯对工程技术并不在行,"他说道,"这么说吧,我很善于判断一个人是不是一名好工程师,也很善于优化团队的工程效率。而且我本人就很精通工程技术,所以大部分设计上的决策都由我亲自拍板。"这听起来像是自吹自擂,但在马斯克的带领下,SpaceX确实不到三年就完成了第一枚火箭发动机的研发和测试。

造火箭要先造发动机——至少在这一点上,马斯克和贝佐斯的看法是一致的。毕竟在英语中连"工程师"（engineer）这个词都是从"发动机"（engine）这个词根衍生出来的。从理论上来说,火箭动力系统的原理很简单:氧化剂和燃料从它们各自的贮箱汇入喷注器,两者混合后进入燃烧室并被点燃,燃烧产生超高温燃气,发动机的喷管引导燃气向火箭发射的反方向排出。之后的事就全靠牛顿第三运动定律了——每个作用力都会产生一个大小相等、方向相反的反作用力。

不过在现实中,要建造这么一台机器来操纵燃料的流动,控制燃料的燃烧,还要将一次爆炸的威力导流成能让某个物体升空的动力,其中的复杂程度超乎想象。更不用说还要考虑燃油效率的问题。一台火箭发动机的推力取决于燃料的流量、燃气出口速度和燃烧室压力。其中每一个变量越大,发动机就越能产生更大的推力,将更重的有效载荷送入轨道。相反,如果需要消耗过多的燃料来产生足够大的推力,或是发动机太重的话,火箭将永远不可能飞离地面。

马斯克很早就意识到，在动力系统方面，穆勒这个工程师可不仅仅是非常不错，而是相当了不起。马斯克想要给"猎鹰1号"火箭配备一个轻质的高性能发动机来提供大约7万磅的推力，他认为这足够将一颗小型卫星送入绕地轨道了。穆勒在TRW公司工作时设计并制造过不少发动机，有的推力比这个大，也有的推力比这个小。梅林发动机本可以借鉴其中的一些设计理念和巧思，但穆勒和马斯克都想从零开始做一次全新设计。穆勒说，业内的朋友们大都不相信有人能不靠政府支持，自行开发出一款新的液体燃料火箭发动机。

其实，SpaceX也不是凭空造出梅林发动机的。跟几乎所有的火箭发动机一样，梅林发动机也是从以往的设计进化而来的。就拿对发动机至关重要的涡轮泵来说，穆勒虽然开发过许多不同种类的发动机，但在研发涡轮泵方面的经验并不多。推动一枚火箭所需的燃料数量是惊人的，涡轮泵的作用就是将推进剂以尽可能高的速率输送到发动机里。在"猎鹰1号"火箭内部，液氧和煤油从各自的贮箱中分别流入高速旋转的泵内，从泵内流出的推进剂达到极高的压力并被喷射到燃烧室，从而产生巨大的推力。所以穆勒要解决的第一个问题就是：如何建造一个涡轮泵。

在20世纪90年代末，美国宇航局开发过一款名叫Fastrac的发动机，其推力几乎与梅林发动机的设计推力不相上下。除推力之外，两款发动机还有其他的相似之处——推进剂都是用液氧和煤油燃料混合而成，喷注器的设计很相近，设计时也都考虑到了重复使用的问题。Fastrac发动机在一系列的点火测试中都取得了成功，但美国宇航局还是在2001年终止了这个研发计划。

既然二者之间有这么多共通之处，穆勒认为美国宇航局为Fastrac发动机研发的涡轮泵或许能在SpaceX派上用场。于是，在2002年Fastrac发动机的开发计划寿终正寝之后不久，穆勒就与马斯克一同拜访了美国宇航局位于亚拉巴马州的马歇尔航天飞行中心。他们提出了购买涡轮泵的意向，也得到了许可，唯一的问题是，购买必须通过美国宇航局的既定采购流程，要耗费一两年时间。这速度对SpaceX来说太慢了，于是穆勒和马斯克转而将目光投向了这个涡轮泵的生产承包商——巴柏尼可斯公司。

出人意料的是，巴柏尼可斯公司为了开发Fastrac发动机的涡轮泵，度过了一段噩梦般的时光。为了让涡轮泵能适应更大推力的梅林发动机，巴柏尼可斯不得不重新修改许多设计，并和SpaceX的工程师们进行了反复研究和商讨。某一次双方在位于科罗拉多的巴柏尼可斯公司总部开会时，一位设计师的建议让穆勒选定了"梅林"这个名字。当时马斯克已经将火箭命名为"猎鹰"，他把发动机的命名权交给了穆勒，但要求不能使用类似FR-15这种代号，而必须取一个像样的名字。有位巴柏尼可斯公司的员工刚好是一名驯鹰师，他建议穆勒选一种猎鹰的名字来给发动机命名，并且报出了一长串名字。穆勒选中了"灰背隼"（灰背隼的英文是merlin，所以在中文里，这种发动机的名字被音译为"梅林"）——一种中型隼——给一级发动机命名，又将二级发动机命名为"红隼"——最小的一种隼。

巴柏尼可斯公司在2003年向SpaceX交付了经过重新设计的涡轮泵，但成品依然存在许多严重问题，这迫使穆勒和他的小团队在短期内恶补了涡轮泵技术。"坏消息是，没有不需要改进的地方，"穆勒说道，"但好消息是，我已经见识过了涡轮泵可能出现的所有故障，并切实掌握了排除故障的方法。"火箭要靠给燃料增压来让发动机产生最大推力,所以涡轮泵至关重要。后来,涡轮泵技术也成为SpaceX称霸全球发射市场的关键。穆勒说,最初巴柏尼可斯公司提供的涡轮泵重150磅,输出功率约为3000马力。在接下来的十五年里,SpaceX的工程师们不断为发动机的迭代做出努力,改进设计,升级零件。如今,"猎鹰9号"火箭的涡轮泵仍然保持着150磅的重量,但它能产生的功率已高达12000马力。

* * *

穆勒最初在SpaceX率领的团队规模很小。在他钻研梅林发动机的各项技术细节时,公司需要有人去找个地方建造试验场。因为火箭发动机的测试免不了发生意外,所以试验场必须建在偏远的地方。"火箭发动机研发的初期真是一个丑态百出的过程,这是无法避免的。"穆勒说,"总有许多地方会出错,而一旦出错,后果通常都是灾难性的。"

2002年8月,穆勒替马斯克把蒂姆·布扎招进了公司,由他负责建造试验场,并要求他,即使在试验场内发生爆炸也要确保安全。布扎生长于20世纪70年代末宾夕法尼亚州的钢铁之乡,电影《猎鹿人》就取材于那里严酷的现实环境。布扎的父亲拥有一家机械加工厂,布扎和他的兄弟们每天放学后都会去那里工作四个小时。布扎上九年级时就学会了给机械工具编程,他所展现出来的天赋为他赢得了宾夕法尼亚州立大学的录取通知书。在大学里,他爱上了研究火箭发动机。后来,布扎在麦克唐纳·道格拉斯公司和波音公司供职十四年,专注于研究飞机和火箭部件在极限状态下可能出现的故障。他参与的项目包括C-17大型军用运输机，以及德尔塔Ⅳ型重型火箭。2002年夏天，布扎重新装修了房子，这让他背上了双倍的按揭贷款。他的妻子生下第二个孩子后关掉了自己的公司，准备在家专心照顾孩子。就在这时，布扎在波音公司的前同事克里斯·汤普森打来电话，邀请他去SpaceX工作。谈起马斯克，布扎说："很难想象当时我是怎么做出的决定，要放弃一份波音公司的工作去跟一个素未谋面的人创业。"

上任之后，布扎很快开始着手设置试验场，让公司可以按进度需要随时对梅林发动机进行测试。当时，位于洛杉矶北部的莫哈韦航天航空港可以提供发动机测试所需的场地设施。莫哈韦航天航空港是个独一无二的存在，既是机场，又是太空船发射降落场，还是飞机坟场和火箭开发仓库。2004年，缩尺复合体公司的"太空船1号"在这里发射升空，这是史上第一次私人出资的载人航天飞行。21世纪初，还有许多航天公司把莫哈韦航天航空港作为研发运营的大本营，包括寰宇太空公司、马斯腾空间系统公司和维珍银河公司（维珍轨道公司的前身）。布扎觉得这里对SpaceX而言也是一处理想的试验场，于是先跟寰宇太空公司达成协议，利用他们的场地和设备进行测试。

这个试验场很快派上了用场。截至2002年秋天，穆勒已经建造出了梅林发动机燃气发生器的试验原型机。一个燃气发生器本身就是一个小火箭，氧化剂和过剩的燃料在其中燃烧，产生炙热乌黑的燃气来驱动涡轮，涡轮再驱动泵，为火箭的"心脏"——也就是推力室——输送能量。所以想要让一部火箭发动机运作起来，就得先从燃气发生器着手。

为此，布扎又从波音公司招募了一位叫杰瑞米·霍尔曼的年轻工程师。霍尔曼当时只有24岁，家乡在美国中西部，2000年刚从爱荷华州立大学毕业。在波音公司任职期间，霍尔曼曾与布扎并肩工作，并赢得了他的信任。2002年9月，霍尔曼加入SpaceX之后，迅速成长为动力系统的二把手，辅助穆勒的工作。10月份进行燃气发生器的测试时，霍尔曼负责指定测试当天的工作流程，并监控硬件部分。布扎负责编写软件程序，并监测地面辅助设备。穆勒则负责指挥整个行动。霍尔曼形容在穆勒手下工作就像是"读了一个液体推进方面的博士学位"。

燃气发生器最初的几次测试都令人心惊胆战。据霍尔曼说，直到2002年秋冬交替之际，他们才进行了第一次完整的90秒点火测试。这场测试在莫哈韦航天航空港上空生成了一团巨大的黑色烟雾，几乎就在测试刚结束的时候，风停了。事后霍尔曼说："这团乌黑的废气云真是太会找地方了，它稳稳地停在飞行控制塔周围，那是全机场最碍事的位置。"

穆勒一直在为"猎鹰1号"的燃气发生器及其他推进元件不断产出设计方案，他需要有人来实现这些设计。穆勒在TRW公司工作时就与一家叫野马工程公司的当地机械加工企业合作过。现在，他开始将自己为SpaceX绘制的图纸和一些文件通过邮件发送给那家公司的合伙人之一——鲍勃·里根。里根回忆道："那些人寄来的都是我从未见过的、异想天开的设计。"SpaceX的付款速度也很快，从收到采购订单起，一天之内里根就会拿到支票。一开始，里根还给马斯克的助理玛丽·贝丝·布朗解释了他一贯的做事流程——在和别的公司合作时，每次做完一个部件，里根就会同时提交一张发票，然后在三十天内收到支票。布朗听了不为所动，她表示，SpaceX必须第一时间拿到想要的部件。里根领会了布朗的意思，之后便开始优先处理穆勒的订单。

里根从1982年高中毕业开始，就在南加利福尼亚州开始从事机械加工了。在早期的职业生涯中，他加工过航天飞机的部件，也制造过固体火箭助推器，还参与制造了将哈勃空间望远镜固定在航天飞机上的支架。里根的客户里有不少大型航空航天企业，比如，波音公司制造德尔塔IV型重型火箭时，他就接到过很多来自这个项目的订单。

但在里根合作过的众多公司里，从未有哪一家像SpaceX这样行动神速。一旦接到SpaceX的订单，几天之后他就要寄出成品。2003年秋季，有一天霍尔曼打来电话，需要里根赶制一个特殊的零件。可里根却说爱莫能助，因为他跟合作伙伴闹翻了，不得不关闭野马工程公司。霍尔曼考虑了一圈备选的加工商，越想越绝望，因为SpaceX已经习惯了里根的响应速度。于是，霍尔曼敦促里根来见见马斯克。

里根是个糙汉子，留着长头发，戴着耳环，骑着大哈雷摩托，说话很生硬。霍尔曼起初有点儿担心，不知道马斯克会如何应对这样一个人。但后来，他还是跟穆勒达成了一致，两人都认为应该让里根这位机械师来见一见老板。其实他们根本不用担心里根的外表，在必要的时候，里根还是可以把自己拾掇干净的——毕竟他也为波音公司服务过，知道开会时应该穿得正式点儿，再打条领带。

另外马斯克并不在意你见他的时候打不打领带，或是戴不戴耳环，他只关心你能不能多快好省地做出实实在在的东西。在面谈中，马斯克告诉里根，现在SpaceX的所有开销都是他这个老板自掏腰包的。然后他问里根："你最低能接受多少薪酬？"两个人讨价还价了一会儿，最终马斯克还是答应了里根提出的要求，因为他确实需要里根的帮助。十分钟后，马斯克拿来了合同。那是一个星期六，11月1日，下午5点，马斯克希望他这位新入职的机械加工部副总裁当晚就能开工。

里根从野马工程公司招来了六名机械师，他的加工车间很快就在SpaceX的工厂里运作了起来。里根的加入给SpaceX节省了约50%的制造成本，使马斯克有足够的钱采购大量铝材，让团队像玩泥巴一样拿这些铝材来做各种尝试。有了内部团队，零件制造上有什么要求都可以直接沟通，价格上也不会有额外的加成，还免去了运输上的时间延迟。

在SpaceX内部，制造团队和工程师之间的沟通渠道非常开放。里根说："以前，如果有什么问题要跟客户确认，我得先打电话给代理商，让他打电话给工程师，可能一周之后我才会收到答复。"但在SpaceX，里根和大家坐在一起，中间只隔了几块隔板。如果认为工程师的设计不合理或者不可行，他就会直言不讳，对方也能尊重他的建议，这是一种互相尊重的关系。

里根和马斯克的相处很简单。"他不能容忍骗子，也讨厌小偷。"里根说，"如果你说能做到某件事，那就最好拼了命去兑现你的承诺。"马斯克显然很欣赏这位新员工的表现，尤其是里根每周都会在埃尔塞贡多的工厂里埋头工作近八十个小时。里根刚入职还不到一个月，马斯克就开着自己的迈凯伦F1跑车带里根去吃午饭。车还没开出停车场，马斯克就告诉里根，要给他涨薪一万美元。

"他们都说你很不错，"马斯克对里根说，"但我没想到你这么不错！"

里根也近距离目睹了穆勒和他的前雇主TRW公司之间的一段纠纷。2002年，穆勒刚离开TRW公司不久，航空航天业巨头诺斯罗普·格鲁曼公司（简称诺格公司）就收购了TRW公司的导弹开发和航天器部门。诺格公司是世界上最大的武器制造商之一，同时也有民用航空航天业务。波音公司和洛克希德·马丁公司是美国宇航局在太空业务上最大的两个承包商，诺格公司则紧随其后。

穆勒和他前雇主之间的纠纷牵涉到梅林发动机上的喷注器所使用的特殊设计。发动机上的这个部件控制着氧化剂和火箭燃料进入燃烧室的流量。流量过大，未燃烧的推进剂就会被排出发动机外，造成浪费；流量太小，就不能产生足够的推力。有几种不同的喷注器可以调节推进剂的流量，使其在点火前进行掺混。穆勒选择从他比较熟悉的一款设计入手，那是一种针栓式喷注器，有点儿像同轴电缆。就梅林发动机来说，液态氧从中轴内流过，像车轮的辐条那样呈扇形喷射，煤油燃料会从中轴的外侧流过，流出时形成一层圆筒形的液膜。"我们管这叫姜撞奶。"穆勒说。

之所以会产生纠纷，是因为在诺格公司看来，针栓式喷注器是TRW公司在1960年为阿波罗登月舱的下降火箭发动机而发明的。得知穆勒修改了这个设计并把它用在梅林发动机上之后，诺格公司向加利福尼亚州法庭提起了诉讼，指控穆勒和SpaceX窃取商业机密。SpaceX则反诉诺格公司，指控他们借着给美国空军当顾问的机会，对SpaceX进行监视。里根认为诺格公司的指控简直是无稽之谈，因为SpaceX至少尝试过50种不同的喷注器设计，不停地进行迭代。从2003年到2004年，里根的整个团队都在为这件事忙个不停。谈起这个诉讼，里根说："在我看来，这就是个天大的笑话。"

直到2005年初，两家公司才同意撤销对对方的起诉。但双方都不愿承认自己存在不当行为，也不愿意支付法律费用或赔偿。

SpaceX喜欢按自己的想法和进度来工作。马斯克需要不断进行测试和迭代，偶尔制造出一团巨大的黑色烟雾，不小心停在飞行控制塔周围。任何拖慢这些具有爆炸风险的尝试的因素，都会被SpaceX的团队看作进程中的绊脚石。所以到了2002年秋末，SpaceX意识到条条框框相对较多的莫哈韦航天航空港并不适合作为他们的试验场。

当动力系统团队在调整"猎鹰1号"发动机的燃气发生器时，布扎正在跟莫哈韦航天航空港的总经理斯图·威特就长期租赁的意向进行深入洽谈。威特此前已经就SpaceX的试验活动可能对环境造成的影响表达过担忧。现在到了谈判的最终阶段，他只能限制SpaceX的测试规模，规定只能测试推力在3万磅或以下的发动机，因为发动机越小，可能造成的爆炸威力就越小。但3万磅还不到SpaceX期望梅林发动机最终产生的推力的一半。

"当时，我眼前是一块已经打了桩的工地，手上有一堆正在推进的计划。"布扎回忆道，"我心想，这注定是一个无望成功的计划。"

SpaceX最终没有去莫哈韦。那年秋天，马斯克和他的动力系统团队考虑了一系列其他选址，包括位于加利福尼亚州、靠近莫哈韦的爱德华兹空军基地，还有美国宇航局在亚拉巴马州和密西西比州两个航天中心内的传统试验场。但这些都不够理想，因为马斯克希望找个不受政府约束的地方。那段时间，SpaceX得知了一家名叫"比尔航空航天"的火箭公司。该公司几年前已经破产，其在麦格雷戈的试验场也已经关闭，但在网上仍能找到那个试验场的照片，看上去还不错。

2002年11月，普渡大学邀请马斯克去演讲。这是一次尊贵的邀请，因为普渡大学的航空航天工程学科培养过几十名美国宇航局最负盛名的飞行指挥官和宇航员，其中就包括尼尔·阿姆斯特朗。马斯克去演讲时也带了一些团队的资深成员，以便招揽普渡的应届毕业生。借此机会，布扎和穆勒与一位名叫斯科特·梅耶尔的教授攀谈起来，并拿到乔·艾伦的联系方式。艾伦是麦格雷戈试验场的前雇员，现在也还住在那附近。

马斯克随即决定当天就飞去得克萨斯州，考察一下那个试验场。穆勒给艾伦打了一个卫星电话，看他是否愿意带路参观现场。艾伦是比尔航空航天公司的最后一名员工，在2000年10月公司倒闭之后留任了八个月，在资产清算期间负责看管试验场。艾伦出生于得克萨斯州附近的默里迪恩，有机械加工方面的工作背景，已经在航空航天业摸爬滚打了三十年以上。在比尔航空航天公司工作的三年里，艾伦发现与火箭相关的一切都要依靠电脑来运行，所以被裁员后，他开始在得克萨斯州立技术学院学习编程。穆勒打电话时他正在考试，他说："可以。在大三脚架下面找我，你们不会找不到那个建筑的。"

一行人驱车穿越平坦广阔的得克萨斯州中部，去往靠近麦格雷戈小镇的火箭试验场。高耸的混凝土三脚架确实很好找，艾伦也如约等在那里，身边停着他的蓝色雪佛兰旧皮卡。这个场地非常符合SpaceX的需要，因为它是专门用于测试火箭发动机的。艾伦带领马斯克及随行人员四处参观，向他们展示了三脚架测试台，介绍了监控发动机点火用的掩体和其他设施。麦格雷戈镇政府拥有这里的一切，并愿意对外出租。当地政府希望SpaceX能成为租客，所以愿意尽量减少干涉，也不限制发动机的体量。此外，与加利福尼亚州相比，得克萨斯州的监管环境更宽松，法律法规更利于经商。马斯克当场就雇用了艾伦，并租下场地。"这对我们来说真是一个完美的测试场地,"布扎说,"我们想要的一切这里都有。"

但唯一的欠缺就是交通条件差。麦格雷戈离洛杉矶有1400英里,离最近的商用机场也有两小时车程。整个动力系统团队要花上一整天时间才能到达那里,回来又得花费一整天。不过马斯克说这都不是问题,团队可以搭乘他的私人飞机,直接飞到麦格雷戈那个只有一条跑道的迷你机场,艾伦会开着一辆白色悍马车等候大家着陆。穆勒说:"我们把这个过程戏称为得克萨斯州大迁徙。"

时间从2002年迈入2003年,SpaceX成立才半年,马斯克就已经多了一处在得克萨斯州的办公地。发动机设计师们在那里搭建起一个新的试验场——一个空间开阔、规则宽松的试验场。在接下去的两年里,穆勒、布扎、霍尔曼会和其他同事一起打造梅林发动机,并将其投入使用。在此过程中他们会经历推力室烧毁、燃料箱炸毁等一系列事故,甚至还会搞出惊动特工来敲门的大骚动。但到了2005年,他们将从无到有地建造出一个强大的、足以将半吨载重推送往外太空的发动机。

这正是梅林发动机在"猎鹰1号"第一次发射中完成的任务。或者说,它至少坚持了34秒。

CHAPTER 3
夸贾林

（2003年1月—2005年5月）

2005年5月21日，这一天对SpaceX发射团队的成员们来说开始得很早，他们丝毫没有眷恋梦乡。在加利福尼亚州隆波克市的假日快捷酒店里，这十几名工程师和技术人员洗漱、更衣，并不确定当天下午会发生些什么，但心中都充满了希望。

上一次尝试以失败告终，这些员工希望"猎鹰1号"能在第二次尝试中直飞冲天，震撼洛杉矶以北的加利福尼亚州海岸。此时SpaceX成立已经有三年了，经过了许多漫长的白天和不眠的黑夜，这个团队终于设计并建造出了一枚火箭。公司也遵循了空军绝对权威的规定和要求，为一次关键性的测试拿到了点火许可。

那天早上，一队工程师脱离大部队，来到距离发射场地几英里外的小型发射指挥中心。所谓小型发射指挥中心其实是用一辆40英尺长的卡车拖车改装而成的，里面有数十台计算机工作站，工程师们把它叫作"指挥车"。大部队驱车直下，来到靠近海边的发射工位，为火箭的首次静态点火做好准备。静态点火测试中，在发动机点火燃烧的数秒间，火箭将被牵制在发射台上，不会飞离发射工位。通过这样的测试，可以确保火箭已经具备进行飞行试验的条件。

火箭试射场在洛杉矶以北，驱车三小时可达。能在距离工厂这么近的地方找到一个发射场地对于SpaceX而言是十分幸运的。五十多年前，美国空军便开始利用这里的沿海山地向太平洋上空发射导弹。后来这里逐渐发展成了美国一个主要的航天港。范登堡空军基地这个名字取自一名帮助策划了诺曼底登陆的将军。这里见证过上百次发射，包括波音公司的德尔塔助推器，洛克希德·马丁公司的"泰坦"火箭和"宇宙神"火箭，以及其他一些公司的各类火箭。如今，SpaceX这个不知天高地厚的新人也在这里取得了与这些行业大佬们平起平坐的席位——至少他们自己是这样认为的。

SpaceX的工程师和技术人员在发射现场忙碌着。渐渐地，他们三五成群地从发射工位撤离，准备开始将液氧和煤油泵入火箭的贮箱。很快，所有工作人员都挤进了指挥车里，戴上耳机，注视着监视器屏幕，看到火箭喷出的低温氧气在空中形成了云团，发射就在瞬息之间。但那一天，倒计时还是停留在了最后几秒。箭载计算机感应到哪里出了故障，或许是发动机内的压力过大，又或是温度过高，于是在点火前电脑就自动触发了梅林发动机的关机程序。

工程师们又尝试了多次，直到火箭所需的液氧燃料全部耗尽。令人沮丧的是，从洛杉矶驶来的装载液氧的卡车却掉头回去了。由于液氧的供应不足，当天不得不就此打住。SpaceX的发射团队为这一刻辛勤奋斗了很久，当夜幕降临太平洋沿岸，他们只觉得心都要碎了。

"这真的是我们第一次没有成功完成一件事，大家都觉得很丢脸。"安妮·钦纳里说道，她是带头帮助SpaceX在范登堡空军基地建设发射工位的一名工程师。她说："我们都很难接受这个事实。"

关闭火箭并锁好所有设备之后，这个疲惫沮丧的团队开车驶出山区，来到了离他们最近的隆波克市，打算在这里借酒消愁。为了麻木心中的痛楚，一位名叫乔什·荣格的工程师给大家点了一轮金施拉格肉桂酒。"所有人都聚集在同一个酒吧里，那晚大家都喝多了。"钦纳里回忆道，"我永远不会忘记那一天，那可能是我这辈子喝得最多的一次。"当晚有一段时间，大家甚至发现钦纳里不见了，好在后来还是找到了她。最终，所有人都安全地回到了酒店，筋疲力尽，垂头丧气，瘫倒在各自的床上。

第二天早上，快快不乐的马斯克给"猎鹰1号"测试和发射项目主管布扎打了个电话。还在宿醉中的布扎睡眼惺忪，他打起精神听着马斯克说，希望第二天再进行一次尝试。布扎费了一些口舌才说服老板，让他明白员工们都需要一些时间来恢复元气。因为在连续数天的奋战之后，大家都已经累坏了。

放下电话，布扎让发射团队的成员都先飞回洛杉矶。他给了团队两天的假期，让大家在下一次回来测试之前休整一下。当天下午，他也给自己放了个假，沿着101号国道开车回家。途中行驶到距圣芭芭拉以东几英里、标志性的圣诞老人街时，他停下车来休息了一会儿。

布扎后来告诉我："当时太阳正要下山，我走向海边，躺在沙滩上睡着了，大概睡了几个小时。醒来周围已经是一片漆黑，海风又冷又咸。"

1969年，尼尔·阿姆斯特朗在月球上迈出人类的第一步时，还只有3岁的安妮·钦纳里被父母叫醒，一起见证了这个时刻。对于"阿波罗11号"登月这件事，钦纳里仅存的印象是混沌与困惑，但这一刻或许也还是对她今后的人生产生了影响。整个童年时期，钦纳里都保持着对太空的兴趣，并希望自己有一天能飞向宇宙。到了20世纪80年代初，这个想法似乎不再是一个空想——就在钦纳里快要高中毕业时，美国宇航局将萨莉·莱德送上了太空。

那时，钦纳里的家已经搬到科罗拉多。她选择了去附近的空军学院上学，一是觉得新鲜，二是想着这条升学之路或许也能通向太空。在她获得了航天工程学学位之后的十多年里，空军一直是她的第二个家，让钦纳里实现了许多她渴望尝试的冒险——参与卫星的建造，评估外国制造的弹道导弹可能造成的威胁，在范登堡空军基地为一些发射公司提供协助。

时间来到世纪之交，钦纳里变得焦虑起来。30岁出头的她可以选择留在空军继续工作，积累一笔丰厚的养老金；又或是去私企另谋高就，这样就可以摆脱一些案头工作，更多地参与到实际工程中。

犹豫中的钦纳里一时兴起，参与了一次有关"月球殖民与探索"的研讨会，在会上她结识了詹姆士·沃茨。沃茨当时是Microcosm这家小型航空航天公司的总裁，公司位于南加利福尼亚州。1999年，沃茨聘用了钦纳里，很快又把跟她关系不错的几位前同事——包括格温·肖特威尔和汉斯·科尼格斯曼——也招进了公司。但后来，这几位好友相继离职。先是科尼格斯曼在2002年5月辞职，几个月后肖特威尔也辞职了。到了那年的9月，钦纳里也决定离开Microcosm公司。她感觉精力被耗尽了，需要暂时远离火箭事业。

但她那些去了SpaceX工作的老伙计们一直在游说她，直到那年深秋，他们终于说动了钦纳里去埃尔塞贡多面试。这些人知道，钦纳里有足够的资历，一定能帮到这家刚刚起步的公司，为"猎鹰1号"找到合适的发射场地。钦纳里在美国空军的工作经验可以帮助公司顺利获得范登堡军事基地的准入权和必要的军事许可。然而，马斯克本人——所有新员工招聘的最终决策者——对此并不买账，在面试过钦纳里之后不为所动。"我从未见过有人像他那样专注于自己想达成的愿景，"钦纳里在谈到这次面试经历的时候说道，"他很有压迫感，简直令人生畏。被他面试真是很难熬的经历。"这一次钦纳里并没有得到工作机会。

但她的老伙计们并没有放弃。2003年初，钦纳里以顾问的身份加入了SpaceX。很快，她曾作为军官驻扎在范登堡的经历就给SpaceX带来了好处——因为钦纳里熟悉那里的人，也知道基地是如何运作的。当年晚些时候，SpaceX就把钦纳里转正了。回过头来看，当初马斯克因直觉而拒收钦纳里，算是老马失蹄了。

"埃隆一开始并没有真正理解和外部机构打交道的重要性，也没认识到这部分工作的困难程度。"钦纳里解释道，"对于火箭的设计、开发、发射等各方面，美国空军都要进行监管。马斯克对此毫无概念，但这是我的专长所在。"

SpaceX想要在范登堡执行发射任务，不仅因为那是目前为止离他们工厂最近的发射场，还因为从那里发射的火箭几乎可以在不飞越陆地的情况下向正南飞行，这非常适合将卫星送入极地轨道。在这种条件下，航天器会先飞过南极点，然后飞过北极点。当地球自转时，极地轨道上的卫星就可以在一天之内观测到整个地球的情况。基于这个原因，许多小型商业卫星都会选择在极地轨道上飞行，而借助"猎鹰1号"火箭发射小型商业卫星就是SpaceX的目标业务。

在加入SpaceX之后，钦纳里先是整理编撰了出入范登堡军事基地所需的手续文件，替公司在这个庞大的基地拿到了一个发射工位。渐渐地，这位前空军军官也融入了公司具有硅谷特色的工作氛围——没日没夜地沉迷工作。深夜里，她也会在埃尔塞贡多办公室里和其他同事一起玩《雷神之锤》和《毁灭战士》之类的游戏。男性占主导的工作环境并没有让钦纳里感到不适应。"当时的航空航天业中男性占绝大多数，我已经习惯了自己是职场中唯一的女性。"钦纳里说道。

2004年初，美国空军同意让SpaceX使用范登堡基地的航天发射操作台3，缩写为SLC-3，大家更喜欢称它为"顺利场-3"。SLC-3有两个发射工位，是在20世纪50年代为"宇宙神"火箭最初几次发射而建造的。到了21世纪初，只有少数火箭会从东侧的发射工位发射，更小一点儿的西侧发射工位更是几乎被弃用了。SpaceX被允许使用西侧的发射工位，但那里的发射设备大多已被拆除，只剩下一栋小型的混凝土建筑和一条导流槽，方便热量和废气排出火箭。

当时在美国造火箭的公司都遵循着一套规规矩矩、不紧不慢的发射程序，从火箭推出发射工位到正式发射可能要经历好几个月。对于一家想将火箭发射商品化的公司来说，这显然是行不通的。在SpaceX的设想中，火箭出厂后，会立刻由改装过的半挂式平板卡车经101号公路转运到范登堡军事基地。运抵基地后，SpaceX的团队会在几小时到几天之内将火箭转运到发射工位，就像让钟表的指针从九点指向零点那样，使其从水平转为垂直指向天空的状态，随后发射项目主管就可以下令点火发射了。至少，这是SpaceX的愿景。

火箭发射的最后一声指令要由布扎来下达。他在新火箭试飞方面有丰富经验，清楚地知道想点火发射可没那么容易。首先，所有火箭在发射前都要经过几个月的检查和准备，这在范登堡是个大问题，因为这个发射场距离太平洋不足一英里，完全暴露在湿气与海风中。为了保护火箭，SpaceX买了一座大型的结构框架，上面覆盖了结实的防水布。搭完这个帐篷之后大家才意识到，必须能在火箭发射前把它挪开，不然防水布会被点燃。这个大框架本来不能移动，充满创造力的工程师动手给它装上了轮子，但要挪动这个庞然大物依然不是件容易事，于是发射团队又铺设了轨道。这样一来，他们就有一座可移动的防护罩来保护"猎鹰1号"火箭了。

然而，一场突如其来的暴风雨又给他们添了乱。2004年圣诞节后的两天，狂风从太平洋上呼啸而来，以每小时50英里的速度席卷了范登堡基地。布扎当时正在位于海豹滩的家里和家人一起享受假期，突然接到了驻守范登堡基地的公司负责人打来的电话，说一位空军军官发现遮盖火箭的大帐篷被吹下了山。可以说，是真正意义上的"脱轨"了。

"我很少有机会放假，何况那正是圣诞假期。可当时我却不得不立刻启程，驱车前往基地。"布扎说。后来，布扎和发射场地负责人奇普·巴塞特费了九牛二虎之力才把帐篷拖回原地。"我们动用了两辆云梯车把那个大帐篷吊起来并放回轨道上，然后再固定好。这个例子能很好地说明，不论公司多厉害，有时还是得靠一两个员工来奔走救急。"

2004年底到2005年初，布扎、钦纳里和其他发射团队的成员在范登堡基地完成了大量的工作：为整个发射场地安装电线，将指挥和控制设备连接到发射工位上，浇筑水泥路以便装载了液氧的槽罐车能顺利驶进发射场，如此等等。还有上百样奇奇怪怪的设备需要安装、组装，为火箭做好各种准备。终于，万事俱备了。

到了2005年春天，SpaceX第一枚完整的火箭终于被运到了范登堡空军基地。

马斯克从一开始就知道，单靠政府的发射合约是不可能让SpaceX保持长期盈利的。虽然低成本、可按需发射火箭对美军来说很有吸引力，但军方要发射的卫星数量十分有限。为了赚钱，SpaceX需要把客户群扩大至所谓的"商业客户"，包括为了获取地球遥感影像或其他商务目的而发射卫星的私营公司，以及一些没有火箭发射能力的国家。

2003年初，马来西亚的政府官员找到了SpaceX，询问有关"猎鹰1号"火箭的情况。这算是公司第一个真正意义上的商业客户。马来西亚正在制造一颗400磅载重的地球观测卫星，这些官员们想知道"猎鹰1号"能不能将其送上太空。马来西亚于2000年借助俄罗斯的火箭发射了第一颗微卫星"汀卫星1号"，现在想把一颗更大的卫星送到近赤道轨道。这个国家离赤道非常近，只差几个纬度，在赤道轨道上运行的卫星每天能飞越其国土十几次。

这个发射任务给SpaceX带来了不少难题。第一，要将卫星送入赤道轨道就得让"猎鹰1号"从范登堡向东飞，但有规定不允许火箭飞越美国国土，而范登堡位于美国西部，所以SpaceX需要一个能向东发射的场地。第二，马来西亚的卫星对于早期的"猎鹰1号"来说太重了。要把如此重的卫星送入轨道，火箭发射需要选在非常靠近赤道的地方，并借助地球自西向东自转产生的初速度。从赤道朝正东方向发射的卫星在飞往轨道的过程中占有每小时1000英里的初始速度。在效能上，这就意味着从低纬度发射的火箭可以比从高纬度发射的同款火箭搭载更多重量。如果在位于北纬28.5度的肯尼迪航天中心这样的传统场地发射，"猎鹰1号"就不具备将该卫星送入轨道的能力。

SpaceX当时的销售副总裁格温·肖特威尔非常想签下这个协议，她说："客户已经准备好要跟我们签订发射合同了。他们手里有600万美元。我们也想签约，但必须在靠近赤道的地方找到一个发射场。"

肖特威尔的工位离科尼格斯曼的工位很近。2003年春天，他们在一张用麦卡托投影法绘制的世界地图上逐寸搜索。科尼格斯曼的手指从加利福尼亚州海岸沿着赤道一路向西探索，一直到大约5000英里外的马绍尔群岛，中间都是汪洋大海。他们注视着这一连串绵延的小岛，肖特威尔突然认出了夸贾林环礁。她记得二战期间那里发生过一些战事，并且非常肯定那里现在还留有一些美军的军事设施。

夸贾林环礁一度是太平洋战区的焦点。1944年初，8.5万名美国陆军和海军士兵在夸贾林岛、罗伊岛和那慕尔岛上登陆。经过艰苦的战斗，美军终于在分散的马绍尔群岛上占领了第一个立足点，为进一步进攻关岛等更大目标开辟了道路。战争结束之后，美军将这些岛屿用作核武器的试验场，并于1964年在那里建立了军事基地。后来军队又在那里建造了罗纳德·里根弹道导弹防御试验场。该设施归美国陆军太空与导弹防御司令部管辖，司令部位于亚拉巴马州亨茨维尔市。夸贾林则归司令部中一位名叫蒂姆·芒果的中校负责管理。

这件事戳中了马斯克的笑点，他说："我有时会想，军方会不会真像《第22条军规》里写的那样，根据名字提拔军官。或许他们想整个搞笑的，于是就让芒果中校去管理一个热带小岛。"马斯克拿起电话，给坐在亚拉巴马司令部办公室里的芒果中校打了个电话。

对于芒果中校来说，这真是个不知从哪儿冒出来的电话。致电者先是自报家门说他叫埃隆·马斯克，接着用略带外国口音的英语说自己是个百万富翁，把在PayPal的股份卖掉并投入到航天事业上。

"我听他讲了两分钟，然后就挂断了电话。"芒果中校说道，"当时我心想，这人怕不是个傻子吧。"

但放下电话后，芒果中校还是上网搜索了一下"马斯克"这个名字。他找到一篇附有照片的新闻，照片里马斯克把手搭在他的迈凯轮F1跑车上。新闻中提到马斯克成立了一家名叫SpaceX的航天公司，并附上了公司主页的链接。芒果中校点进去浏览了一下公司的概况。或许这位名叫马斯克的老兄是认真的？芒果中校在SpaceX的网站上找到了公司的联系方式，然后拨通电话。电话那头立刻有人应答，就是刚才那个极具辨识度的声音。芒果中校在电话中重新介绍了自己，马斯克质问道："你刚才是不是挂我电话了？"

芒果中校在电话中说，他自己不久就要去洛杉矶出差，很愿意去埃尔塞贡多的SpaceX办公室看看。后来他去到那个空空荡荡的工厂，惊讶地发现马斯克就坐在办公室的中间，周围有十几名员工。他俩聊了一会儿，然后马斯克邀请芒果中校到洛杉矶的一家高级餐厅用餐。但这顿饭的费用肯定会远超军官每天的津贴，所以芒果中校需要致电军队的律师，咨询有关军纪准则方面的问题，这种事在他的军旅生涯中还是头一遭。律师告诉他，如果你去吃这顿饭，那就得自掏腰包。于是芒果中校对马斯克说："我们还是去便宜点儿的餐厅吃吧。"

大约一个月后，双方在美军位于亚拉巴马州北部雷德斯通阿森纳的基地继续进行谈判。马斯克和另几名SpaceX的员工飞到亨茨维尔，芒果中校也回请他们共进晚餐。亨茨维尔的餐厅虽无法与南加利福尼亚州的相提并论，但有地道的本土风味。中校决定带SpaceX团队去格林布黎尔餐厅用餐。这家餐厅虽然并不富丽堂皇，但烹制的南方美味堪称一绝。大家都让马斯克试试鲇鱼，他也同意了。餐厅很快就给他端来了一整条炸鲇鱼，连鱼头都还在。马斯克并没有迫不及待——至少不像餐厅里的当地人那么兴奋——不过最后还是把那条有头有尾的鲇鱼吃掉了。

2003年6月，马斯克派出克里斯·汤普森、科尼格斯曼和钦纳里前往夸贾林，评估其作为发射场的潜力。一行人在芒果中校的陪同下，从洛杉矶飞到2500英里外的檀香山，在希尔顿夏威夷度假村酒店住了一晚。这样安排是因为，美国大陆航空每周只有三架航班在从檀香山机场的14号登机口起飞后会经停马绍尔群岛上的多个机场，其中就包括夸贾林机场。航班的起飞时间是早上9点30分，飞机带着这群火箭科学家们又飞了2500英里，才到达环礁上最大也是最南边的岛屿。这个岛与环礁同名，就叫作夸贾林岛。

从空中俯瞰，这些岛屿简直美极了，像一串精致的珍珠，镶嵌在绿松石色的海面上。夸贾林环礁共由90个小岛组成，但其陆地面积的总和也不过6平方英里，约为曼哈顿岛的四分之一。每座被珊瑚覆盖的小岛都只是略高于海平面，围绕着世界上最大的潟湖，形成了一条断断续续的链条。

岛上的军队张开双臂热情地迎接这群来访者。要知道，夸贾林咸咸的海风和热带气候环境让岛上的军事基建饱受摧残，并且当时武装部队通常只为其主要试验场提供约60%的预算经费，剩下的40%要靠管理这些设施的官员们通过商业合同来帮补，所以芒果中校和其他军官一直都在寻找愿意为雷达、遥测和其他后勤服务支付费用的外部用户。

"那次旅程中，军方对我们的招待非常周到。"钦纳里说道，"他们把我们当作最重要的贵宾。"虽然岛上能吃饭的地方只有一个军队食堂，但军官们都尽力让客人们享受到尊贵的用餐体验。他们拿出了最好的餐具和桌布，精心准备了食物。有一张照片记录了SpaceX的三个人站在海滩边，满面笑容的样子，每个人还都有点儿被晒伤的样子。军队甚至为SpaceX的团队安排了一次直升机巡游，因为如果想要考察这座长达270英里的环礁岛，乘坐直升机是最好的方式。

此后，马斯克亲自到访过夸贾林，评估其潜力，并经历同样的直升机巡游。"这就像电影《现代启示录》里的场景。"马斯克提到的，是电影中罗伯特·杜瓦尔扮演的角色率领一支直升机中队前往攻击地点的经典场面。马斯克说："我们乘坐的就是电影里那种越战时代的'休伊'直升机，飞机的舱门也敞开着，就差配上《女战神的骑行》作为背景音乐了。我差点儿就想问，这飞机上有没有音响系统可以播个音乐。"

SpaceX的员工们打量过几个备选的小岛后，发现位于夸贾林岛以北大约20英里处的一小块土地似乎是建设火箭发射场的最佳选择。虽然那块土地只有8英亩大小，相当于纽约的两个街区，但对SpaceX来说这个面积刚合适。这块土地的位置也非常棒，小岛以东数千英里都是浩瀚的大海，没有任何陆地。除此之外，还有一个或许是最重要的优势——它毗邻的梅克岛是美军的导弹测试场之一，每天都会有一艘大型双体船往返于夸贾林岛和梅克岛之间，这艘船也可以为SpaceX的员工提供便利。

　　钦纳里跨过千里来到太平洋中央，来到一个人在地球上能够到达的最遥远陆地。但她当时并没有因为要在这个世界上最偏远的地方建起一座发射场而感到手足无措。"我可能是被SpaceX另类的企业文化洗脑了，觉得凡事皆有可能。"她回忆道，"我当时一心只想着火箭要能从这里发射该多棒呀！夸贾林真的很美，我从未见过比这里更美的水域。这里给了我最美妙的浮潜体验。当时我根本没想过，要把所有东西运进来，建起一个发射场会是多大的一个挑战。"

　　确实，2003年的钦纳里站在离家半个地球之外的岩石海滩上，对她来说一切还都是遥远的未来。总有一天，公司会在这个世外仙境建造第二个发射场，会将马来西亚的卫星送上赤道轨道。但这些都是后来的事。对于当时的"猎鹰1号"来说，通往太空的征程刚走到洛杉矶北部的山地，离夸贾林的珊瑚环礁还有很远。所以SpaceX的成员们回到了加利福尼亚州总部，他们周围的场景一下子又从潮汐和海浪换成了拥挤的交通和手头的工作。

　　那年5月的第一周，SpaceX在范登堡进行了第一次静态点火测试，并发现了软件程序中的错误和仪表上的问题。几周后他们进行了第二次尝试，就是最终要靠借酒浇愁来收场的那次。问题出在液氧上，他们总是没有足够的液氧。

美国空军有严格规定，在火箭的燃料箱和氧化剂箱都装满的情况下，任何人都不得靠近火箭。这很正常，因为一个装满燃料的火箭本质上就是一颗待引爆的炸弹。所以在测试中，当发动机熄火后，钦纳里和其他工程师们不能立刻跳上皮卡，呼啸驶入发射工位去检查发动机的计算机固件。他们得先把火箭中的液氧泄出到附近的砾石床中。

氧气要在非常低的温度下才能凝结成液体，零下297华氏度（约为零下182.8摄氏度）的低温仅比冥王星表面的温度略高一些。所以运送和储存这种低温燃料的过程充满了挑战。如果你看过火箭发射倒计时的画面，火箭排出的白色气体通常就是沸腾后从燃料箱溢出的液氧。使用液氧虽然麻烦，但回报绝对是值得的。因为液态比气态更节省空间，所以火箭可以使用体积较小较轻便的燃料箱。此外，液氧是一种强效氧化剂，与火箭燃料混合后能迅速被点燃并产生剧烈的燃烧。

只有在泄出液氧之后，SpaceX团队才能接近火箭。在解决了飞控计算机故障的问题之后，他们又要重复烦琐的过程，将液氧重新加注进贮箱内。当时公司靠租用槽罐车来运送液氧，但运输过程中难免会有蒸发，所以一辆车所带的液氧只够将火箭贮箱装满一到两次。5月末试验失败后的那天早上，马斯克在致电布扎时就曾为了液氧的事大发雷霆。马斯克说，如果发射团队再发生液氧不够的问题，他们就会被全体开除。钦纳里告诉我："后来我们总是开玩笑说，什么不够，液氧也得管够。"自从马斯克放出狠话之后，每次试验时总有至少两三台槽罐车一字排开，在发射场待命，以备不时之需。

这些在火箭研发早期遇到的困难都是可以理解的。任何一种新火箭的研发，无论设计多完善，工程多精良，在将单个部件组装成一枚完整火箭的过程中总会有问题出现。发现所有问题，并一一找到解决方法是需要时间的。

到5月27日，终于一切都准备就绪了。那天早上浓雾笼罩着火箭，但一切都进行得很顺利。当倒计时归零时，火箭开始隆隆作响。浓雾和发动机喷出的烟挡住了人们的视线，不过这并没有妨碍发射工位上的一切有序地推进。那一天，"猎鹰1号"第一次静态点火试验成功，发动机发出耀眼的光芒，翻滚的热浪和震天巨响随之而来。

不过测试过程中出现了伤员。数月来，SpaceX的员工都在试图驱赶一只在导流槽里安家的小猫头鹰，那个大型导流槽是为了在火箭发动机燃烧时导流尾焰而建造的。当梅林发动机点火时，那只小猫头鹰扑腾着飞出了导流槽，但还是不可避免地遭受了严重的烧伤。火箭在进行静态点火测试之前要先进行气体强制吹除，把残留的燃料排出管道，其间会有巨大的噪声，但那只小猫头鹰非常有定力，一整个早上都没有离开它的巢。最后工程师们是在附近的田地里找到了这只小鸟，并交给了动物救援组织。

"动物救援组织的姑娘们来到现场之后，显然都为那只猫头鹰感到难过，随后把它带走了。"汤姆·穆勒目睹了火箭发动机点火的全过程，他回忆道，"那只小猫头鹰当时看上去很不好。光是吹除过程中发出的响声就堪比五雷轰顶了，但它纹丝不动。后来，它似乎是知道发动机点火了，才下定决心离开了那里。"

SpaceX的团队已经取得了很大的成就,但想要让火箭飞上天,他们还有很长一段路要走。虽然在范登堡进行测试的"猎鹰1号"看上去像是一枚完整的火箭,但其实二级火箭里什么也没有,只是个空壳子。二级火箭的发动机需要在真空的太空环境中点火燃烧,但此刻这台发动机还没准备就绪。火箭的电气系统也要继续改进。要完成的工作还有很多,但至少,发射工位上的第一个重要测试已经圆满成功。

钦纳里和其他SpaceX成员都为此欣喜若狂,同时也感到筋疲力尽,因为他们连月来都在埋头解决无穷无尽的技术问题。"那晚我们也去喝酒了,这次不是借酒消愁,而是举杯庆祝。"钦纳里如是说道。星期五晚上的庆功会结束之后,她回到家美美地睡了一整个周末。

正当SpaceX的成员们坠入甜美梦乡时,空军的高级军官们意识到他们遇到了麻烦——一不留神,这个不可一世的公司就真的造出了一枚火箭,还进行了点火测试,很快就要准备发射了。

"今天我们完成了火箭发射前最重要的一步。"马斯克在测试成功后说,"几个月后,我们就能拿到空军的发射许可了。"

但事实并非如此。

美国空军和SpaceX的相处从一开始就不算融洽。军队作风严谨,等级森严,凡事都有诸多规矩。SpaceX认为大多数条条框框都是在浪费时间,所以企业文化很轻松,组织结构里几乎没有层级之分。SpaceX只想把事情办成,而空军中有些职位的职责就是要在签发许可之前对环境、安全、技术等各种细节进行仔细审查。

对于从未跟范登堡这种大型军事基地打过交道的人——例如科尼格斯曼——来说，这个过程既新奇又叫人头疼。"无论是讲话的方式，还是关注的重点，军方的人和我们的人都无法契合。"科尼格斯曼说道，"他们有些规定和要求我们是真心觉得好笑，笑到喘不过气来。估计他们也会这样笑话我们。"

但到了2005年初，双方都笑不出来了。肖特威尔一边在想办法让空军购买SpaceX的"猎鹰1号"发射服务，一边还要安抚基地的安全官员。肖特威尔回忆说，那年春天在范登堡的一次访问让她感到很不自在。当时她正带着一些空军高官参观，从这清一色的男性参观者中嗅到了不情不愿、不甚友好的气息。这种感觉并不是来自言辞，而是他们说话的方式。肖特威尔说："有点儿像我想象中黑手党开会的样子。他们的表现仿佛是在说，你们就是不可以这么干。"

尽管如此，从2004年到2005年初，美国空军还是迁就了这家火箭公司。钦纳里是SpaceX成员中最熟悉军方文化的人，她认为空军的领导者从根本上就不相信SpaceX能实现自己宏大的计划——在短时间里建造并发射一枚火箭，所以只提供了最低限度的支持，派遣了二三线的人员来负责批复文件和流程。钦纳里后来说道："前期并没有任何审查可言，因为他们根本不相信我们能鼓捣出些什么来。突然有一天，我们成功进行了静态点火测试，把他们给惊醒了。"

美国空军不看好私人创业的火箭公司也不是没有道理的，因为之前已经有许多这样的公司来过范登堡。他们也说着跟马斯克同样的豪言壮语——

要降低人类去往太空的成本，要制造专用于发射小型卫星的火箭，要用更新的科技和更精简的运作从根本上改变航空航天工业。但这些人无一例外都失败了。

其中最令人难忘的要数乔治·库普曼在1985年成立的Amroc公司。库普曼生活在南加利福尼亚州，是一位风云人物。他的兴趣广泛，从好莱坞到太空旅行，再到神秘学都有涉猎。他曾在越战中担任情报分析员，为军队拍摄过培训影片，也为好莱坞大片安排过特技场面。他交友甚广，其中包括著名演员丹·艾克罗伊德。正是通过艾克罗伊德，库普曼为1980年的电影《福禄双霸天》监制了特技场面。电影中有一个场景，一辆福特汽车被从1500英尺高空的直升机上砸向一个小广场，广场的周围满是摩天大楼。库普曼为这个镜头从联邦航空管理局拿到了许可。

1985年创立Amroc公司之后，库普曼从投资人那里得到2000万美元，聘请了一组工程师来研发创新的固液混合动力火箭发动机，这种发动机可以同时使用液体燃料和固体燃料。发动机的推力约为7万磅，与"猎鹰1号"火箭的发动机旗鼓相当。库普曼在1989年国际太空与发展大会上的发言也很像马斯克会说的话，只是早了一代人而已。

"我们想在现有基础上将发射成本降低90%，"库普曼说，"我们创办这家公司是要发展宇宙快递事业，像联邦快递那样，只不过我们要往来于地球轨道之间。这正是我们持续努力的目标。"和马斯克一样，库普曼想要将出入太空这件事常态化，这样人们就可以在太空里做生意，将人类的活动范围扩展到地球之外的远方。

詹姆斯·弗伦奇是一位杰出的工程师，曾在美国宇航局的喷气推进实验室供职20年，参与过"水手号计划""海盗号计划"和"旅行者计划"。他被任命为Amroc公司的首席工程师，同时也把迈克·格里芬带到了新公司，就是后来成为马斯克早期顾问的那位工程师。一开始，工程师们和库普曼相处得十分融洽，但后来他们逐渐意识到库普曼更像个老谋深算的投机者，而不是严肃的火箭科学家。库普曼对于行业内的流行语了如指掌，他掌握的知识或许有一英里宽，却只有一英寸[1]深。

由于缺乏政府支持，家底也不够雄厚，库普曼不得不依赖富有的捐助者。在与潜在投资人的会谈中，库普曼夸下海口，声称自己的火箭在六个月内就能发射。工程师很快就厌倦了这种做法。"他总是抛出一些不着边际的承诺，还总觉得我该支持他的说法，"弗伦奇说道，"但我不能这么做。我们曾为此陷入严肃的争论。"两年后，弗伦奇和格里芬都离开了这家公司。

最终，库普曼与空军达成了一个协议，并重建了范登堡基地的发射工位。1989年，年仅44岁的库普曼在一场车祸中不幸丧生。虽然失去了富有个人魅力的创始人，公司却没有放弃努力，他们将首次试射的火箭改名为"库普曼特快"。在同一年的10月初，发射进入了倒计时。但在火箭升空时，液氧输送管路上的阀门并没有完全打开。由于液氧流量不足，发动机无法产生足够的推力让火箭顺利升空，于是熊熊燃烧的火箭倒在了发射场坪上。后来，Amroc公司也遭遇了类似的命运。在勉强维持几年之后，公司将知识产权卖给了一家隶属于内华达山脉股份公司的子公司。

现在，埃隆·马斯克出现在范登堡空军基地，空军的一些官员们觉得

---

[1] 1英寸约为2.54厘米。

自己早就看透了私人公司的这种套路：有关航空航天业的革命不过是一些空谈，私人老板们开着漂亮的跑车，但最后钱烧完了就会灰溜溜地消失。

在21世纪初，美国空军还为范登堡基地制订过宏伟的计划，试图重建军方的发射计划。几十年前，白宫促成了一项旨在让军方为美国宇航局的航天飞机买单的协议。吉米·卡特总统下达了命令，美国空军发射任何通信卫星都必须使用美国宇航局的民用航天飞机。这种被迫建立的合作关系让军方感到恼火，但他们也不得不开始逐渐淘汰自己现有的旧火箭。

1982年6月，美国宇航局的航天飞机在其第四次发射中将首批军用有效载荷送入了预定轨道。要不是因为1986年"挑战者号"的惨剧，这场民用与军用航天之间的"包办婚姻"可能会继续下去。但"挑战者号"的失败也让军方的领导层最终说服了白宫，军队要有属于自己的运载火箭。空军将领们的论点是，美国宇航局需要花费多年时间来调查失事原因并制定解决方案，那他们就无法按需、及时地为军方执行太空飞行任务。此外，军方想要新型的火箭，而不是像在航天飞机时代之前那样，使用经过改造的洲际弹道导弹。里根政府同意了军方的要求，于是空军开始与洛克希德·马丁和波音这些承包商合作，对原有的"宇宙神"系列和"德尔塔"系列进行升级改造。

时间来到21世纪，让空军等候多时的新型、高性能火箭终于快要造好了。2003年，洛克希德·马丁公司酷炫的新型"宇宙神V型"火箭进入了研发周期的最终阶段。此时，他们需要在西海岸找一个能执行极地发射任务的发射工位。为此，美国空军将SLC-3东侧的发射工位分配给了洛克希德·马丁公司。这个发射工位毗邻SpaceX想要进行"猎鹰1号"火箭试射的平台，面积比SpaceX的还要大一些。在接近两年的时间里，美国空军投资了超过2亿美元，对发射场现有的移动勤务塔和脐带塔进行了改造，还扩宽了导流槽。在SpaceX对"猎鹰1号"进行静态点火测试的时候，改造工程也已经基本竣工了。而这刚改造完的发射场并不是附近唯一值得保护的重要资产。2005年春天，就在几英里之外的SLC-4发射台上竖起了一枚"泰坦IV"火箭，搭载着美国国家侦察局一颗价值10亿美元的卫星，等待着发射。

因为上述种种原因，SpaceX虽然满足了获得发射许可所需的所有条件，但"猎鹰1号"的发射申请就像是掉进了黑洞，有去无回，空军就是不肯在最终文件上签字。对于美国空军来说，他们需要权衡的情况并不复杂：是让一家新兴的航天公司发射一枚没把握的火箭，还是要保护自己宝贵的国家安全资产——毕竟"猎鹰1号"发射时万一稍有差池，就难免要殃及池鱼。对于空军将领们来说，这并不难抉择。于是军队表示，在"泰坦IV"火箭带着国家侦察局的卫星升空之前，不能给SpaceX签发发射许可。

可是，就连军方自己也无法确定"泰坦IV"火箭发射的确切日期。

SpaceX成功进行静态点火测试的时间是5月下旬，在测试成功的后一天，马斯克和布扎就分别与范登堡军事基地的负责人，以及美国国家侦察局的负责人进行了电话会议。这些军官表示，他们支持SpaceX发射"猎鹰1号"，但必须先等国家侦察局的天价卫星安全进入轨道才行。

这让SpaceX陷入了非常尴尬的境地。在"猎鹰1号"排队等待发射期间，产生的费用只能由SpaceX自己承担。他们只有在为客户完成了发射任务之后才能拿到报酬。而另一方面，军方与洛克希德·马丁公司和波音公司签的是成本加成协议。也就是说，如果遇到任何拖延，费用都将由政府承担，公司还会额外收取一笔费用。

"严格来说，我们并没有被赶出范登堡，"马斯克说道，"我们只是被雪藏了。空军从来也没有说过'不可以'，但也绝口不说'可以'。这种不置可否的情况持续了半年，不断消耗着公司的资源。这就像被吊着胃口，却不给你吃的。"

几乎从成立之初起，SpaceX就将希望寄托在这个发射场上，因为从这里发射可以轻松进入极地轨道，而且这里距离他们的工厂只有150英里。为了尽快建好整个发射场的地面系统，SpaceX已经投资了700万美元。这些钱政府是不会给报销的，要是打了水漂，马斯克也只好自认倒霉。他最初投入的资金里还有剩余，但考虑到需要给一百多位员工发工资，剩的钱也只够SpaceX再坚持一年左右时间。可就在这个节骨眼上，空军告诉马斯克，要想从范登堡发射火箭就必须等待，而且可能是无限期的等待。马斯克只能守在原地接受这个现实。一家天生具有冲劲的公司，以最快的速度向前冲刺，却撞进了一条铜墙铁壁的死胡同。

这确实不公平，但马斯克也没有太多选择，因为SpaceX面对的是低速运转的官僚机构。军方并没有说出"不"字来，要是他们否决了发射申请，SpaceX还可以提出异议，但现在想抗议都没有立足点。诉诸法律？法庭不可能给军方下强制令，即便几年后得到一个有利的判决，对于公司来说也是毫无意义的马后炮。

既然等不了，起诉又没有用，也无法提出抗议，马斯克选择了唯一的那条出路。在结束了与政府官员们的会议之后，马斯克直接打电话给布扎。他告诉布扎，我们要去夸贾林了，明天就开始打包行李。

自从钦纳里第一次拜访太平洋上的夸贾林环礁以来，时间已经过去了两年，与军队高官们推杯换盏的酒会饭局回想起来仿佛并不真切。此刻，距离SpaceX 5000英里的这一连串小岛牵动着这家公司的命脉。2005年上半年，钦纳里大部分时间都驻扎在范登堡空军基地。而现在，她、布扎，还有十几名工程师和技术人员将要把2005年下半年的全部时间都奉献给夸贾林。他们刚刚耗尽心血建造了第一个发射场，现在又将转身投入第二个发射场的建设。

夸贾林虽然远，但至少那里没有空军军官守着等SpaceX关门大吉。夸贾林的军队欢迎SpaceX，整个试验场都可以任由他们支配。

CHAPTER 4
第一次发射

（2005年5月—2006年6月）

夸贾林被波光粼粼的大海环绕着，是一个热带天堂。不过它是军队版本的天堂。这里没有豪华的度假酒店，没有宽敞的海景阳台，也没有任君取用的自助早餐。夸贾林岛上只有两家由军队管理的酒店，一家叫"梅西"，虽然与梅西百货同名，但除了名字之外两者毫无共通之处，另一家叫"夸贾林酒店"，同样平平无奇。酒店外墙是混凝土的，餐厅是军队风格的自助食堂，单调的客房里有发霉的味道，窗户很小，室内也谈不上有什么装潢，每件家具上都印有美国政府的编号，唯一的娱乐设备是部队的一台电视机，也只能收到几个最常见的频道。

"夸贾林这个地方，你要么很讨厌，要么就很喜欢。"汉斯·科尼格斯曼说。对科尼格斯曼这样寡言少语的德国工程师而言，这里就很对他的胃口。尽管军队没有把这里装点成天堂的样子，但它本就是个有着各种自然美景的热带岛屿。在有限的闲暇时间里，科尼格斯曼尽情地享用着环礁周围各处绝佳的潜点。

他最喜欢去的潜点是一艘沉没的德国军舰——"欧根亲王号"重型巡洋舰，全长700英尺，是二战时期的军舰，如今倒扣在115英尺的水面下。这艘重型巡洋舰曾协助"俾斯麦号"战列舰击沉英国皇家海军"胡德号"战列巡洋舰，直到战争结束时才向同盟国投降。美国海军最终把这艘船派到了位于马绍尔群岛另一边的比基尼环礁，作为原子弹试验的靶舰。它在1946年挨过了A实验（原子弹空爆实验）和B实验（原子弹水中爆炸实验），最后被拖到夸贾林的潟湖中并沉没在这里。船的螺旋桨和船舵还露出在水面上，但绝大部分船体都在水下。

"我们会潜到下面去逛一会儿，"科尼格斯曼说道，"我们会顺着龙骨往下游，潜到船下再上来。因为白天要工作，所以常常只能来夜潜，但也不是每个人都喜欢夜潜。"

"欧根亲王号"让科尼格斯曼想到自己的家乡德国。他在法兰克福度过了幸福的童年，后来开始意识到自己在科学和数学方面的天赋。他最喜欢的科目是物理，因为觉得这门课最容易。他希望学以致用，成为一名飞行员，但视力不够好。于是他想，航空航天可以算是次佳选择。

在柏林的一所技术大学待了几年后，科尼格斯曼对飞机失去了兴趣。这时他发现了人造卫星这个领域，并开始与其他学生一起研发有朝一日或许可以进入太空轨道的小型航天器。1989年，他搬到了德国北部不来梅大学的一个科研机构，在那里的应用空间科技及微重力中心工作。他带领着一个五人团队建造了一颗140磅重的卫星"不来梅号"，用于研究地球附近的微小陨石和尘埃颗粒。当时美国宇航局有一项计划，让国际伙伴一起参与航天飞机项目。他们挑选了"不来梅号"卫星来执行一项任务，计划于

1994年2月由"发现号"航天飞机进行发射。在发射前的一年里，科尼格斯曼到过美国不下十几次，他参观了美国宇航局的好几处设施，包括肯尼迪航天中心。宇航员们从发射塔走到航天飞机的那个平台，他也去走了走，还与当时发射任务的指挥官，曾四次进入太空的宇航员查尔斯·博尔登进行了简短的会面。

"不来梅号"卫星升空之后，科尼格斯曼感到坐立难安。他即将迎来30岁的生日，刚刚成家，妻子已经怀孕了。在美国的所见所闻让他喜欢上了这个国家，于是这对夫妇决定跨出人生中的一大步。1996年，科尼格斯曼把他的家整个儿搬到了洛杉矶，在Microcosm这家小公司里任职，帮助公司制造了一些能短程升空的轻型火箭。这些探空火箭没有到达轨道速度的足够动力，但能以抛物线轨迹飞行，在弧线轨迹的顶端短暂地脱离地球大气层，在向下坠落之前让其轻量的有效载荷经历几分钟失重状态。在火箭方面科尼格斯曼没有太多经验，可以说一点儿经验也没有，但说到控制小型卫星在太空中的飞行，他就有非常多的实操经验。所以他想，对火箭进行制导、导航和控制，肯定也是差不多的原理。

"我觉得这就是水到渠成的事，"科尼格斯曼说，"这也是生活大冒险的一部分。我妻子也很想来这里，一说到要来加利福尼亚州生活她就很开心。"

他们来了，经历了冒险，并且再也没有离开过。汉斯·科尼格斯曼自此也学到了很多有关火箭的知识。

最终，科尼格斯曼的冒险旅程一路向西。钦纳里和汤普森对夸贾林进行第一次实地探访时，他也一起去了。到了2003年，他已经对那里的地形相当熟悉，也深知那片遥远的环礁有多难接近。因此在2005年6月，当SpaceX准备启用其备用发射场时，科尼格斯曼身先士卒，带头向西冲锋。

他们有太多东西要搬了，除非SpaceX的员工每人随身携带火箭的各个部件，经历两天两程航班的折腾，从洛杉矶飞到夸贾林，不然大多数货物都得靠海运，运输周期长达一个月。在SpaceX位于埃尔塞贡多的总部，员工们开始打包数十辆海运货柜，这些货柜将被堆放到大型货船上，踏上海运之路。在范登堡空军基地建造发射场的经验还历历在目，这让SpaceX的团队深知接下来有一大堆东西需要组装、测试，不然"猎鹰1号"无法从欧姆雷克岛发射升空。所以，他们把所有的工具、升降机、管道、管材，还有电脑，统统塞进40英尺的集装箱里，再运送到洛杉矶港。那年夏天的三个月时间里，SpaceX一共运走了大约30吨的货物，其中一些通过海运穿越太平洋，另一些则依靠军队的空运。

科尼格斯曼和公司其他大多数人一样，并不介意这里军队风格的住宿条件。在SpaceX拥有自己的船，能直接往返欧姆雷克岛之前，员工们不得不与梅克岛上的乘客们共享一艘双体船。这艘船日出前从夸贾林岛码头出发，大约一小时之后到达欧姆雷克岛，SpaceX的员工就在那里下船，然后工作到傍晚，直至双体船再来接他们。晚上回到夸贾林岛后，他们还要为第二天做许多准备工作：解决当天出现的问题、与在加利福尼亚州总部的工程师们开会、安排后勤计划，又或是与军队官员沟通，以获取火箭发射所需的必要许可。

有一部分SpaceX的成员，比如钦纳里，基本上就算是住在夸贾林环礁了。整个2005年的下半年，这些人都是在夸贾林岛和欧姆雷克岛度过的。

另一部分成员，比如科尼格斯曼，因为家在加利福尼亚州，所以周中住在岛上，周末回到家里。久而久之，长途的舟车劳顿让SpaceX的团队精疲力竭。

"我到现在都没再去过夏威夷，因为在那六个月里，我去过太多次了，不想再去。"菲尔·卡苏夫回忆道，他是科尼格斯曼在电气部门的左膀右臂。

SpaceX刚开始在欧姆雷克岛动工时，那里几乎没有任何基建，只有一个很小的混凝土掩体。发射团队要自己浇筑出一个混凝土发射工位，还要建造一个用来停放火箭的厂房。他们在加利福尼亚州买了一个巨大的400千瓦发电机，再寄到夸贾林用于发电。布莱恩·比耶德的第一个任务就是让夸贾林岛和位于欧姆雷克岛上的火箭之间保持通信畅通。鉴于火箭容易爆炸，再加上欧姆雷克岛的面积实在太小，所以发射时所有人都必须从欧姆雷克岛撤离。于是SpaceX把控制中心设在夸贾林岛上的一处军事设施中。万一火箭发射后偏离轨道，"猎鹰1号"必须能接收到试验场操作员从夸贾林岛控制中心发出的指令。在夸贾林岛远眺，欧姆雷克岛差不多处在地平线上。比耶德不确定通视条件下无线电通信管不管用，于是尝试用UHF频段天线和其他通信设备从欧姆雷克岛的地面向夸贾林岛发射信号，结果信号实在太差。可当比耶德爬上高空升降机，上升到他预想中"猎鹰1号"火箭竖直时天线可达的高度时，信号却好得很。几十英尺的高差产生了质的变化，还节省了在两个岛中间建设信号中继站的钱。

比耶德和其他大多数员工一样，都是第一次体验赤道附近炎热潮湿的热带气候。在欧姆雷克岛的第一个月，岛上没有空调，除了跳进潟湖之外不存在其他有效的降温方法。陆地上唯一能让人乘个凉的地方就是那个两端开口的混凝土掩体，风从中间穿过，人们可以在里面躲避阳光，小歇片刻。有时他们会拿着军队专用的午餐盒，跑到掩体里吃三明治、曲奇饼和袋装薯片。这些人稳扎稳打地在岛上耕耘着，到了2005年秋天，基建已经差不多完成了。这群人只用了四个月就在这荒无人烟的地方建起了一个发射场地。

钦纳里把这建设速度归功于大家在范登堡空军基地SLC-3建设第一个发射工位时积累的经验。此外，在这个偏远的小岛上，军队官员们给了他们更多的自由度，这让SpaceX能以自己的节奏，也就是能快则快的节奏前进。"全速前进好像是SpaceX与生俱来的天赋，"钦纳里说道，"我们从未在犹豫不决中浪费时间。如果团队知道要把东西运走，就会立刻开始打包。"

在开发欧姆雷克岛发射场的过程中，SpaceX尽可能以短平快的节奏推进一切事情，即便需要为此牺牲一些打磨和精细化的工夫。举个例子，火箭在停放厂房内完成调整和组装之后，要被移动到距离发射点约150码远的混凝土斜坡上。工程师们在经过权衡后，认定他们不需要"精致的运输工具"来完成这件事，而是用后石器时代的方法——将火箭水平放置在一个被称作"强劲靠背"的设备里。这个设备有点儿像摇篮，装有巨大的金属轮子，可以在光滑的表面上滑动。但欧姆雷克岛的地表满是珊瑚、沙子和海草。为了让"摇篮"在这样的路面移动，发射团队先要在地上铺一块巨大的胶合板，推动"摇篮"在胶合板上前进五六英尺，再把胶合板移到前方，重复这个过程。这样做虽然狼狈不堪，但也能达到目的。到达发射工位之后，"强劲靠背"就会将"猎鹰1号"升起到竖直的位置，以便发射。

回顾当初建造发射工位的过程,科尼格斯曼也很难解释团队是如何做到如此神速的,尤其是在夸贾林岛和欧姆雷克岛之间交通条件如此艰苦的情况下。"我知道这很疯狂,是不是?我都不知道我们是怎么办到的。"他说。

到了9月,随着一、二级火箭陆续运抵发射场,现场的工作量又增加了,同时也带来了新一轮的物流灾难。发射团队在欧姆雷克岛埋头工作的过程中,保不齐就会有某个零件出问题,例如压力穹顶坏了,不换一个新的就没法继续推进发射计划。没人愿意在离家千里之外的地方干等两个星期无所事事,于是工程师们就飞回洛杉矶去,等新零件造好寄到夸贾林来。

但有的时候,发射团队刚离开环礁不久,一个看似棘手的问题却很快就被解决了。当时,SpaceX的员工们都会随身携带Palm公司生产的Treo智能手机。在第一次发射的筹备阶段,有一次他们中途飞回家,刚在檀香山降落,电话就响了。发射团队被告知随时可能需要折返,不过目前暂且还可以继续往洛杉矶去。等到一行人在晚上7点30分到达洛杉矶国际机场时,新消息来了,确定需要返回夸贾林,可下一班离港的航班要到第二天一大早才起飞。于是大家各自回家,睡几个小时,和家人朋友聊几句,就又登上了飞往夸贾林的航班。

那年秋天,SpaceX将一辆大型拖挂房车运到了欧姆雷克岛,于是工程师和技术人员有了可以过夜的地方,可以在现场工作到深夜,哪怕错过渡轮也没关系。但在偏远的海岛上,住宿条件相当简陋。为了提振士气,克里斯·汤普森给在这里过夜的同事们设计了T恤衫。当时《幸存者》这个实景真人秀高居全美最受欢迎电视节目的榜首,汤普森借用了该节目的标志作为设计蓝本，但把"智胜、超群、活到最后"的节目标语改成了"流汗、喝酒、发射成功"。任何人只要在房车里熬过一晚，就能赢得这件T恤衫。

那时，所有人都必须加班加点地工作，因为要做的事情实在太多了。总有问题要应对，即便是在太阳下山之后，工程师和技术人员也不眠不休，直到耗尽最后一丝力气。由工程师杰瑞米·霍尔曼带领的动力系统团队在欧姆雷克岛度过了一段尤为艰难的时光。梅林发动机的点火系统必须要非常可靠地点燃液氧和煤油燃料的混合物，光是为了做到这一点，团队就经历了数不尽的挫折。

在第一次发射前夕，欧姆雷克岛上的工程师和技术人员感觉自己被边缘化了，心里的怨气不断积攒。布扎、汤普森和科尼格斯曼等一些驻扎在夸贾林的高管常常会和远在加利福尼亚州总部的团队联络，通过电话会议解决棘手的问题。这些指示随即会以电话或邮件的形式下达到欧姆雷克岛，来帮助现场团队解决问题。但这种"指导"有时会给那些在前线处理硬件问题的同事们一种压迫感。

随着第一次发射的临近，驻扎在夸贾林的副总裁们开始抱怨书面记录不够完整，这更加剧了大家的压力。头头们下令，火箭上进行的任何调整都必须仔细记录下来。这让欧姆雷克岛上的工程师们感到恼火，他们已经在尽最大努力让"猎鹰1号"火箭做好发射准备了，却还要不断被催促加快进度，现在又被布置了之前不用做的事。对此所有人都感到愤愤不平，其中就包括布伦特·阿尔坦。终于，在临近第一次发射的某一天，紧张的气氛被推到了顶点。那天，驻扎在夸贾林的副总裁们又一次打来电话，抱怨文件、表格、任务单不齐全。"那次我们被骂得狗血喷头，"阿尔坦说，"我们觉得自己就像是欧姆雷克岛上的奴隶，一切权利都被剥夺了。"

况且，这群人还吃不饱。那是在欧姆雷克岛上的第一年，物流还很不发达。这个小岛上不仅缺少零件和工具，有时连食物供应都无法保证。就在大家因为文书工作遭到痛斥的那天，原定给岛上运送食物、啤酒和香烟的那艘船也没有出现。

"我们没日没夜地工作，还要被横加指责。"霍尔曼回忆道，"大家都受够了被使唤着做这个做那个，全都忍无可忍了。我们决定要做些什么来让他们意识到，我们也是团队的一分子。"

于是他们开始了罢工。霍尔曼戴上了Telex无线电通信耳机，给驻扎在夸贾林岛上的"猎鹰1号"发射项目主管蒂姆·布扎打电话说，如果没有食物和烟，欧姆雷克岛上的团队就不会开工，他们已经受够了。

布扎意识到了形势的严重性，急忙安排了一架军用直升机，当晚就运送几桶鸡翅和几条香烟到岛上。然而直升机飞行员却拒绝降落，理由是发射场坪上正在搭建一座用于储存燃料的高塔，很不安全。

不过布扎还是有他的办法。"我认识那个直升机飞行员，我答应他，只要他肯空投那些物资，我就在夸贾林岛上的蛇坑酒吧请他喝啤酒。"布扎说。所以，机上的人趁飞机盘旋时将食物和烟从舱门扔了下去。

对于为什么直升机飞行员不敢降落，阿尔坦有自己的一套说法：发射塔其实离直升机停机坪很远，但十几个衣衫褴褛的员工从黑暗中冲出来，那情形就像是《蝇王》中的一幕，实在太可怕了。大家都穿得破破烂烂，白衬衫上沾满了煤灰和煤油污渍，看到直升机来了就蜂拥向前。阿尔坦说："我们就像是岛上的野生动物，急迫地等待着食物。"有一位与霍尔曼并肩工作的王牌技术员叫埃德·托马斯，他第一时间扑向了香烟，将两支烟同时塞进嘴里，一通猛吸。

仅靠一丁点儿食物和尼古丁，欧姆雷克岛上的"兵变"就平息了。

到将近2005年11月底的时候，团队感觉一切都准备就绪了，SpaceX以惊人的速度在三年零六个月的时间里从无到有地建起了两个发射工位和一枚整装待发的火箭。到了11月27日，也就是感恩节之后的第三天，发射最前线的成员们在日出几小时前就早早起床，进行火箭的液氧和煤油加注。军方给了SpaceX一个六小时的发射窗口来进行静态点火测试，时间横跨上下午，正式发射则被安排在几天之后。静态点火测试的那天早上，向火箭充装氦气的过程比预想中更为复杂缓慢，甚至影响了倒计时的准时开始（在发射过程中，推进剂要从贮箱中排出，氦气的作用就是将贮箱中剩余的液氧和燃料挤入火箭发动机）。让现场雪上加霜的是，岛上一个大型的液氧储罐也出现了问题——储罐的一个阀门没有关闭，而是被放在了"排气"挡上。SpaceX不得不暂停倒计时程序，在获得军方准许的条件下，派了几名员工乘船上岛，去手动关闭阀门，随后重新为火箭注入燃料，结果时间就不够了。在倒计时期间，主发动机的计算机也出现了故障。事后，马斯克要求团队分头解决燃料和计算机的问题，争取在12月中旬再尝试一次。这样他们还有机会在2005年内完成发射。

SpaceX在12月20日又进行了一次尝试。这一次，加注过程顺利得多，但天公不作美，热带强风以每小时30英里以上的速度吹过夸贾林环礁，这超出了为安全发射设定的风速范围。失望透顶的发射团队开始进行推进剂泄出，准备改天再试。

然而，就在他们进行泄出操作的时候，灾难降临了。负责火箭结构的汤普森在夸贾林岛上的飞行控制室里目睹了泄出操作的全过程，他当时就觉得好像有哪里不对劲："那里是不是有一片阴影？"所有人抬头望向屏幕，眼看着那片阴影越来越大。接着燃料箱脱离了火箭，倾倒下来。

事故原因是有一个增压阀门失效了，当推进剂泄出时，燃料箱里迅速形成了一个真空环境，于是一级火箭的薄壁开始弯曲并向内塌陷。这场事故差点儿摧毁了整个火箭、发动机及所有设备。"控制室里一片惊慌，我们一心想要叫停现场。"汤普森说。千钧一发之际，他们放慢了泄出推进剂的过程以防止火箭坍缩失稳，否则"猎鹰1号"会被撕碎，碎片将四散在发射场坪周围。

那天晚些时候，汤普森、马斯克、科尼格斯曼，还有其他一些员工乘船来到欧姆雷克岛查看事故造成的损失。狂风横扫环礁，掀起巨浪。船驶过比吉岛时遇到了一道滚浪，汤普森被甩到空中。马斯克回忆起他的结构主管飞出去几英尺高，又重重地摔回船里，撞到了栏杆。到达欧姆雷克岛的时候，汤普森的膝盖已经肿得像个排球那么大了。火箭的情况一样不容乐观。一级火箭的燃料箱完全坍缩变形了，损失惨重。被抬着离开欧姆雷克岛返回夸贾林岛时，汤普森心里清楚，"猎鹰1号"是无望在年内完成发射了。

尽管经历了这许多挫折，科尼格斯曼却越来越深信，SpaceX开发火箭的方式方法是正确的。20世纪90年代，他在Microcosm公司的经历刚好提供了一个反面教材，说明那些资金不够充足、不够有紧迫感的公司注定要失败。Microcosm的创始人詹姆士·沃茨没有雄厚的财力，所以在建造"天蝎座"系列火箭时不得不依靠一系列小笔的政府资助，第一笔钱就是由美国空军研究实验室在1993年提供的数百万美元。公司的第一步是开发一个小型的亚轨道火箭，然后才是能将数吨载重送入近地轨道的两级火箭。

其实Microcosm公司的总体计划与SpaceX的计划并没有什么本质上的区别——都想开发一种简约的、低成本的火箭——在有需要的时候可以迅速被运到发射工位立刻发射，飞向太空。1999年和2001年，在新墨西哥州的白沙导弹试验场，科尼格斯曼曾两次为Microcosm发射了亚轨道版本的"天蝎座"火箭。该公司称这两次试射都是成功的，但其实不然。安妮·钦纳里当时也在Microcosm工作，确保公司能顺利出入白沙导弹试验场。据她说，在2001年的发射中，较大号的"天蝎座"原型机虽然升空了，但很快就偏离了轨道。原因之一就是科尼格斯曼的导航系统出了问题。后来，他带着从这次失败中吸取的教训加入了SpaceX。

科尼格斯曼认识到，想要做成一件事就得有足够的资金。詹姆士·沃茨努力依靠小额的政府合同来支付助推器的开发费用，"天蝎座计划"因此陷入了困境。2002年初，当科尼格斯曼第一次见到马斯克时，SpaceX还没成立。科尼格斯曼当时以为自己为公司找到了解决问题的出路——千万富翁的一笔投资或许就能为Microcosm的火箭计划注入新的活力。科尼格斯曼急于介绍马斯克给沃茨认识，于是给他俩安排了一次会面，讨论"天蝎座"项目及其资金需求。他希望自己的老板和投资人能一拍即合，但事实未能如他所愿。

"在我看来，Microcosm的火箭计划当时已是苟延残喘。"科尼格斯曼说道,"而这时刚好有个人想造火箭。那如果把他俩拉到一块儿,不就是一个双赢的局面吗,对不对?但问题是詹姆士在如何造火箭上有他自己的想法,埃隆也有自己的主意,所以詹姆士根本看不到合作的可能性。我对此感到很生气。"

这场灾难性的会面过去几周后,马斯克给科尼格斯曼打了个电话,问他会不会考虑来一个新的火箭公司工作。科尼格斯曼表示可以考虑。于是,雷厉风行的马斯克立刻就在科尼格斯曼位于圣佩德罗的家中安排了一场面试。圣佩德罗是位于洛杉矶南端的一个社区,区域里有一片大型港口。当时科尼格斯曼的父母刚好从德国来探亲,科尼格斯曼只好打发他们出门去看个电影。

面试进行了大概两个小时。一个南非人和一个德国人,在美国的一个客厅里探讨有关太空的话题。"他这么安排真的很巧妙,"科尼格斯曼说,"因为如果你想真正了解一个人,那就得到他们家里去看看,看看他们的厨房和书架。我的书架上有大量的技术书籍和经典文学。一定是那些航空航天教科书和阿西莫夫的小说打动了马斯克。"

当时汉斯·科尼格斯曼一家已经在美国生活了六年,正在犹豫是否继续这趟美洲冒险之旅。如果他们想要留下来——事实上大多数家庭成员都想要留下来——那么汉斯就得找到一份更好的工作,一份薪资更高、更有前途的工作。所以当马斯克向科尼格斯曼发出邀请时,科尼格斯曼在五毫秒内就答应了。因为这个项目靠的是马斯克自掏腰包,他拿出了1亿美元投入其中,所以科尼格斯曼不必担心会因为拿不到政府少得可怜的拨款而无法阔步向前。科尼格斯曼唯一想在合同上争取的是多一点假期,因为他需要额外的时间飞去德国探望家人。马斯克同意了，因为他非常清楚，科尼格斯曼会忙到根本没有时间用这些假期——事实也正如他所料。

在圣诞节前夕经历了一级火箭燃料箱的惨烈事故之后，转眼来到2006年初，SpaceX又运送了新的一级火箭到欧姆雷克岛。新火箭一到，发射团队就忙着将这级火箭与梅林发动机集成，为静态点火测试做好准备。军方让SpaceX在2月的头两个星期内完成点火测试，因为在那之后夸贾林发射基地要暂时关闭，进行为期超过一个月的维护。所以这次哪怕有一点儿差池，SpaceX的时间线都要再往后推好几周。

2月的第一周发射团队就把火箭组装好，并从欧姆雷克岛的停放厂房挪到发射台上。火箭来到发射工位后，一级火箭和二级火箭都有令人眼花缭乱的管路需要连接，燃料、氧化剂、氦气，以及其他气体和液体都要通过这些管路进行供应。此外，还需要电气设备，以保证能够调节贮箱的压力和控制阀门的开闭。每次火箭起竖之后，所有这些设备就要被连接起来；但如果火箭又要从起竖状态放倒，变为水平停放状态，这些设备又要被一一断开。

在火箭的头部连接二级火箭燃料管路和电力线路是一项十分烦琐的工作，几乎要用一天的时间来完成。这个任务经常都会落到结构工程师弗洛·李（弗洛伦斯·李的昵称）的肩上，后来她因为在高空升降机上的高超技术赢得了"云梯女王"的称号。与她共担此任的是科尼格斯曼的另一位主要副手——布伦特·阿尔坦。虽然"猎鹰1号"按照火箭的分类标准只能算是一枚小型火箭，但从发动机底部到有效载荷整流罩顶部的高度也有68英尺，几乎相当于六层楼那么高，站在高空升降机的小篮子里也得爬升一段时间才能到顶。

阿尔坦从小就恐高，对他而言，坐在高空升降机的小篮子里着实需要一些勇气。但沿着火箭侧壁布置的那些电缆都是阿尔坦负责的，所以布线的任务非他莫属。这要求他必须在热带的烈日下克服自己恐高的心魔。

"每次火箭起竖之后或放平之前，我都只好咬着牙，胆战心惊地跟弗洛一起坐着升降机上上下下。"

等李和阿尔坦连接好所有的线路，距离静态点火测试只剩几天时间了，火箭升空的准备工作已经进入了倒计时。在2月6日，发射团队准备给"猎鹰1号"通电，这一时刻总叫人神经紧张，因为说不准哪里就会出错。鉴于火箭上的电力需求，电气团队决定提高供电电压，给火箭提供更多电力供应，因为他们担心，如果不能将足够的电流通过长长的电缆送达火箭各处，就会造成供电不足。尽管如此，当他们尝试通电的时候，火箭还是没有运转起来。二级火箭的电力供应出现了问题。

于是，李和阿尔坦又坐上了高空升降机。要进入二级火箭并到达仪器舱是一项很不容易的任务。根据一切从简的原则，舱门没有密封设备，只是封了硅胶保证内部防水。李和阿尔坦要撕掉硅胶，拧松大概十几个螺丝，才能把舱门打开。就在门刚打开的一瞬间，两名工程师就闻到了不祥的气味——那是电子设备燃烧后发出的气味。他们开始检测给二级火箭各个部件供电的各种配电器，逐一进行排除。最后，他们来到一个主配电器面前，那是阿尔坦负责建构的。

它短路了。

"我的心提到了嗓子眼。"阿尔坦说，"我知道那是我负责的配电器，是我的设计造成了这次失败。而这一次失败至少会给项目造成一个半月的延迟。"

在检查了配电器的电路图之后,阿尔坦意识到,此处使用的电容器的额定值不足以承载发射小组为火箭通电时额外增加的电压。而一级火箭上也使用了同样的电容器,这意味着它也随时可能会短路。其实要给两个配电器更换电容器并不是一件难事,但问题是夸贾林岛上没有销售电子元件的商店。虽然此处所需的电容器成本只在5美元左右,但他们必须长途跋涉6000英里,去到位于明尼苏达州的得捷电子公司才能买到这个元件。

距离发射基地关闭只剩几天了,发射团队匆忙制订了一个计划。他们先让一名来自得克萨斯州的实习生乘坐马斯克较小的那架私人飞机,从SpaceX的工厂飞去明尼苏达州购买电容器。从夸贾林岛飞往檀香山的航班每周有三班,刚好有一班会在当天晚些时候离港。如果阿尔坦抓紧一点儿就可以赶上那个航班,在第二天下午到达洛杉矶跟实习生接头。时间非常紧迫。

阿尔坦和一名技术人员一起迅速拆除了一、二级火箭内的配电器,取出了里面的印制电路板,将其装进防护箱里——那也是阿尔坦唯一的行李。紧接着,阿尔坦便坐船飞快地赶往夸贾林机场。

阿尔坦大约是在深夜两点时抵达檀香山,后续飞往洛杉矶的航班要在大约五个小时之后才会起飞。时间短暂,他来不及去酒店休息。但檀香山机场在每天最后一班飞机抵达之后就会关闭,没法在航站楼里过夜的阿尔坦只好凑合着窝在机场入口处的一大块混凝土墙边,抓紧时间休息几个小时。机场虽然关了,但入口处的电子欢迎牌还在循环播放。阿尔坦回忆道:

"那天晚上我起码听了几百遍'马哈喽'（Mahalo，夏威夷语'谢谢'的意思），再加上情急之下激升的肾上腺素，那几个小时完全没睡着。"

飞机降落在洛杉矶之后，阿尔坦的妻子到机场接上他，径直去了位于内华达大街211号的SpaceX电气部门办公地，那名实习生已经带着新的电容器等在那里了。更换电容器的工作不到一小时就完成了，然后又花了两个小时完成"验收"测试，确保一切运作正常。然后，阿尔坦回家换了身干净的衣服，为后半程旅途做好准备。不过相较来程，飞回夸贾林的旅程就舒适多了，因为马斯克本人也要前往夸贾林，与团队一起督导静态点火测试。一行人鱼贯坐进马斯克另一架较大的私人飞机，启程返航。那名来自得克萨斯州的实习生也与大家同行，一是当作对他辛苦跑了一趟明尼苏达的奖励，二是万一有需要，也能多个帮手。

阿尔坦本想躺在私人飞机上宽敞的真皮座椅里补个觉，谁知马斯克劈头盖脸地向他扔来了许多问题：究竟发生了什么？为什么他的火箭里会有坏掉的电子元件？马斯克向来注重细节，每个问题他都要得到精准的答案，还要知道到达夸贾林之后的每一步计划。所以在返程过程中，阿尔坦还是连一次合眼的机会都没有。

到达夸贾林机场后，军方的直升机已经开着引擎等在那里了。但一如往常，来到夸贾林的访客在落地后先要填写报关表以便清关，并确保遵循军事基地正在实施的三级强制防护规则。完成这一系列手续之后，阿尔坦和实习生拿着防护箱跳上直升机，飞往欧姆雷克岛，重新在一、二级火箭里安装并连接配电器。这一次，火箭顺利完成了通电。阿尔坦清楚地记得，在当晚倒头睡去之前，他已经有将近六十个小时没合眼了。疯狂的电容器马拉松接力计划成功了，公司赶上了最后期限，还是可以在2月13日进行一次静态点火测试。

但那名实习生的结局就没这么开心了。他现在还在这个行业里工作，所以应他的要求在此隐去姓名。当年，在临时得知有机会前往夸贾林后，他就在工厂四处询问去到那个热带岛屿会是一种怎样的体验。他声称，当时的主管"建议"他带一支小手枪去，因为岛上有射击场。但这种说法似乎可信度不高，因为夸贾林是军事基地，这在SpaceX几乎是尽人皆知的常识。但不管怎样，实习生还是带上了一把手枪和大约一百发子弹。他在到达夸贾林时也老老实实地申报了这些物品，但由于清关的程序过于匆忙，工作人员没有留意到这一点。但当地的警察很快就意识到了自己的疏忽。

据"猎鹰1号"的发射项目主管蒂姆·布扎回忆，实习生到达的时候，他自己正站在控制室里，关注着欧姆雷克岛上的一举一动。"突然就有警察来敲门，"布扎说道，"他们问我知不知道那个实习生在哪儿。"

实习生立刻乖乖回到了夸贾林岛上，和布扎一起面见了岛上的宪兵长。最后实习生被准许回到洛杉矶，但他在SpaceX的职业生涯也就到此为止了。

故事到这儿还没有结束。布扎、阿尔坦和其他人都清楚地记得，那名实习生在离职前向全公司发送了一封题为《永别了，我在SpaceX的家人们》的邮件，内容慷慨激昂，仿佛一篇"宣言"。他解释了为什么认为有必要带着枪去夸贾林。

之后，再也没有他的消息了。

***

当发射基地在3月重新开放时，SpaceX宣布自己已经准备好要发射"猎鹰1号"火箭了。3月24日，星期五，发射控制团队很早就起床了，也不知道他们头天晚上休息了没有。他们有的住在夸贾林酒店，有的住在梅西酒店，还有几个人住在出租屋里。

"我记得自己一整夜都没睡。"卡苏夫说道。当时他和科尼格斯曼、阿尔坦一起住在一栋联排别墅里。"我太激动了，太紧张了，有太多的情绪充斥在头脑中。我的天哪，终于来到了这一天。要知道，这是一场马拉松式的冲刺。我们总觉得是在冲刺，但就是永远到不了终点。"

那天一早，他们跳上自行车，向位于岛上另一侧的发射控制中心前进。他们在清晨的疾风中逆风前行，但完全不觉得累，因为体内充满了期待和飙升的肾上腺素。

在斯巴达式的飞行控制室里，马斯克心烦意乱地来回踱步。为了火箭的静态点火测试和发射尝试，他已经多次乘坐私人飞机来到这个环礁。现在，他越来越迫不及待地想看到"猎鹰1号"发射升空。日后他会懂得在重要的发射之前把控公众的期望值，但在2006年他还没学到这个教训。"猎鹰1号"发射前几个月，马斯克就向著名媒体"快公司"的记者詹妮弗·莱因戈尔德透露说，"猎鹰1号"第一次发射取得成功的概率"大大超过"90%。

马斯克的思想总是很超前。当时，布扎和发射总指挥克里斯·汤普森忙碌着准备发射倒计时，马斯克在房间后侧高起的一块小平台上给自己找了个位置。在整个倒计时过程中，马斯克都在不停地召唤汤普森到他的位置上来，探讨关于制造"猎鹰5号"火箭所需的材料。"猎鹰5号"是马斯克计划中的下一枚火箭，将会搭载5台梅林发动机。马斯克想要更详细地了解汤普森准备为"猎鹰5号"的燃料箱订购一种特殊铝合金的计划。大约在倒计时30分钟的时候，马斯克走到汤普森所在的控制台前，两人开启了一场激烈的讨论，探讨为什么还没下订单购买这些材料。

"我们正在如火如荼地准备发射，他却要积极深入地探讨采购新材料，"汤普森说道，"我都惊呆了。他似乎完全没有意识到整个团队正在准备发射一枚火箭，而我是发射总指挥，要负责发出流程中的每一道指令。他的行为真是让我大跌眼镜。"

马斯克走开之后，布扎也疑惑地转过身来问汤普森："他这到底是在干吗？"

事实上，这就是马斯克平素的样子，他就是习惯了多线路同时推进。即使是在发射倒计时这样的关键时刻，他也还是有余力来操心公司在未来六个月甚至一年中的需求。但是船期和铝合金的价格根本就不在汤普森当下的思考范围之内，他面前有一枚火箭等着要发射——而且是公司有史以来第一枚火箭。那天他们所做的许多事都是前无古人的，充满了不确定性。然而马斯克的眼光却已经远远超越了当天的发射。

尽管老板不停地来打岔，倒计时还是颇为顺利地向前推进着，不加停顿地来到了0秒。"猎鹰1号"火箭的梅林发动机点燃了，火箭冉冉上升。钦纳里从"指挥车"里注视着正在爬升的火箭，回想起在一年多之内建起两个发射基地的经历，她简直不敢相信自己的眼睛。"我们终于倒数到0秒了。"她说，"如果你尝试了那么多次都还没能成功，就会不敢在这时放声欢呼。因为你会忍不住害怕火箭突然熄火，留在原地。所以我们等待了好几秒钟。然后，它是真的飞起来了。那感觉真是无以言表的狂喜。"

在控制室里的几乎每一个人，包括马斯克本人，都紧盯着监视器屏幕上的发射画面。5秒钟过去了，10秒钟过去了，"猎鹰1号"还在不断爬升，把沙滩、珊瑚礁和大海都抛在身后。熊熊的火焰发出明亮耀眼的光。火箭真的成功发射了。欢庆的情绪将控制室内紧张的气氛一扫而空。

但就在几秒钟内，剧情急转直下。

穆勒是第一个注意到梅林发动机出了问题的人。"噢，见鬼！"他惊呼道。

然后所有人都发现了问题——发动机本身似乎着火了。

"我们是在火箭向上爬升的过程中发现问题的。"马斯克说，"我们当时还抱有一丝期望，想着如果火箭上升得足够快，或许火就会熄灭，因为上升到一定高度就没有足够的氧气来助燃了。"

但火箭并没有上升到大气足够稀薄的地方。在"猎鹰1号"首次升空半分钟之后，梅林发动机熄火了。几秒钟后，火箭本身也停止了爬升，屈服于地心引力，开始朝着欧姆雷克岛坠落。架在发射工位上的摄像头传回了画面，震惊中的发射控制员们眼看着燃烧的火箭碎片坠入大海。很快，那个摄像头的信号也消失了。满怀烈火雄心的"猎鹰1号"化作烈火，一头栽了下来。差不多四年来，整个团队都在为这一刻付出不懈的努力。但就在不到一分钟的时间里，一切都戛然而止了。

"前一秒是美好的瞬间，下一秒却是噩梦，"钦纳里说，"像这样的事会让你大伤元气。"

火箭是在夸贾林当地时间早上10点30分发射的。发射失败之后，马斯克和SpaceX的一些高层立刻与军方的官员们碰了个头。很快，他们了解到起火的原因是主发动机顶端附近发生了燃料泄漏。虽然当时刚过中午，但要想把所有人集合起来，再乘坐大型双体船出海去搜索打捞火箭碎片，恐怕要花很长时间。而且在夸贾林所处的纬度，太阳在下午7点前就落山了。于是，马斯克和几名资深工程师决定当天下午先乘坐直升机前往欧姆雷克岛查看失事造成的损失状况，第二天一早再全力搜寻残骸。

但飞到欧姆雷克岛上空时，他们几乎看不到任何碎片。礁石上漂浮着一个降落伞，其他地方没有任何爆炸后的残骸。

他们开始拼凑所得信息，还原当时的状况。首先他们发现，岛上的大部分地方都有被海水喷溅过的痕迹。接着，他们看到了一些火箭的碎片，但没有发现大块的残骸。于是，他们认为火箭一定是撞进了欧姆雷克岛东边的珊瑚礁里。一段记录了发射过程的视频稍后证实了这种推测，视频中显示火箭在浅水中爆炸，向欧姆雷克岛喷射出一股海浪。

那天晚上，为了给发射团队打打气，金巴尔·马斯克决定为大家下厨做顿晚饭。他是埃隆的弟弟，也是SpaceX的早期投资人之一。在"猎鹰1号"第一次发射的筹备宣传期，他负责用博客向公众发布最新消息，那个博客叫作"夸贾林环礁和岛上的火箭们"。在夸贾林酒店住了几天之后，金巴尔吃厌了军队食堂里的伙食，所以走访了本地的杂货铺，细细研究了有限的食材。身为厨师的他和军队的一个雇员交上了朋友，那人家里有个后院和一个室外厨房。在第一次发射失败之后，金巴尔在那个朋友的小院里给大家煮了一锅番茄炖豆子，加了些本地产的鲜肉，还做了番茄面包沙拉。

"那就是一顿大锅饭，小院里也没有太多桌子，大家就围坐成一圈。"金巴尔说，"那是一个美妙的夜晚，但也是一个伤感的夜晚。"

在大家都高度紧张的时候，埃隆·马斯克总会用笑声来缓和气氛。马斯克很机智也很幽默，他会先说几件有趣的事，意识到其中某一个很好笑之后，就会不断地砸这个笑点，并把交谈中听到的融入这个笑点中。金巴尔回忆起当晚，大家坐在院子里吃炖菜的时候，他哥哥就是用这个路数活跃气氛的。

和所有热衷于火箭的人一样，那天随着火箭升空，埃隆·马斯克体内的肾上腺素也疯狂飙升。而到了晚上，他也从兴奋的高点被拍落到了谷底，他开始反思发生了什么，又该如何继续向前。金巴尔·马斯克说："他当然对发生的状况感到难过，但还是拿失败来说笑——因为除此之外你还能怎么办呢？"

第二天一早，一个令人欣慰的惊喜在码头等待着SpaceX的团队。那里聚集了100多人，大多数都是在岛上为军队工作的民众。夸贾林岛上的总人口也不过1000人。这些人不是要从码头坐船去梅克岛，而是单纯来表示自己对SpaceX这家小型火箭公司的支持。他们想通过捡拾"猎鹰1号"的碎片，来帮助SpaceX快速展开对事故的调查。

双体船在退潮时到达了欧姆雷克岛，SpaceX的团队和那些民众立刻兵分几路，对岛屿进行地毯式搜寻，寻找火箭碎片。在调查过程中，军方提供了地图，搜寻者需要在地图上标注找到火箭碎片的地点。"这就有点儿搞笑了。"科尼格斯曼回忆道，"其实碎片掉落在哪里并不重要，我们已经知道火箭坠落的原因了，至于它爆炸后碎片散落成怎样的分布，谁在乎呢？"

火箭上的小型有效载荷——"猎鹰卫星2号"——落回地面时，几乎刚好回到了它升空的地方。它完好无损地穿过了机械车间的屋顶，距离把它运到这里来的货运集装箱不远。戏谑的是，这颗40磅重的卫星为这次太空之旅等待了五年，但它最终的移动距离才不过几英尺。这颗卫星是美国空军学院的学生们制造的，只花了区区7.5万美元。按照原定计划，这颗通信卫星本该由美国宇航局的"亚特兰蒂斯号"航天飞机送入太空。但在2003年2月的"哥伦比亚号"航天飞机失事之后，美国宇航局终止了这个低成本卫星的发射试验。

在"哥伦比亚号"惨剧发生后不久，美国国防部高级研究计划局便介入进来，试图重新找机会发射这颗卫星。该机构一直在支持像"猎鹰1号"火箭这样创新的发射概念，所以出资购买了"猎鹰1号"的首次发射。虽然没人愿意因为火箭发射失败而损失一颗卫星，但这一颗也并不算是什么重要的国防装备，所以它就成了理想的测试有效载荷。

"得知这个决定，我们都高兴坏了，"蒂莫西·劳伦斯说道，当时他是一名中校，在科罗拉多州斯普林斯北郊的美国空军学院里负责"猎鹰卫星2号"项目，"当时我们想，这颗卫星有希望了。我们从一开始就积极参与，和SpaceX的团队见了面，双方相处得也很不错。"

发射协议规定，发射时要有一名负责有效载荷的代表驻扎在夸贾林。当SpaceX在2005年12月首次准备发射"猎鹰1号"时，劳伦斯的学生们都已经回家准备过圣诞节了。所以长途跋涉到夸贾林的这个重担就落到了劳伦斯自己肩上。但由于航班晚点，劳伦斯没赶上从檀香山到夸贾林的最后一班客机，最后不得不搭乘马斯克的私人飞机。一名美国空军的律师表示，只要政府按照客运航班的价格支付相应的费用给SpaceX，就不会违反相关规定。

在私人飞机起飞前，马斯克见到了劳伦斯，并邀请这位军官品尝了飞机上的苏格兰威士忌、唐培里侬香槟和蟹肉三明治。在飞行过程中，劳伦斯和机上的飞行员们聊得比较多，但也细细观察了马斯克兄弟二人。金巴尔一直在玩电子游戏，而他哥哥大部分时间都在阅读早期火箭科学家们的传记和奋斗史，包括由沃纳·冯·布劳恩引领的美国太空计划，以及由谢尔盖·科罗廖夫领导的苏联的太空计划。马斯克似乎想要搞清楚他们犯了哪些错误，并试图从中吸取教训。"马斯克能取得成功我一点儿都不惊讶，"劳伦斯说，"因为他真的是非常专注和投入。"

劳伦斯还记得3月24日在科罗拉多斯普林斯校园里和空军高级将领们一起观看发射直播时的情景，直播是由SpaceX公司为他们提供的。虽然最终并不是皆大欢喜的结局，但"猎鹰卫星2号"多舛的命运也算是告一段落了。史密森尼学会想要将"猎鹰卫星2号"放到国家航空航天博物馆里，但劳伦斯和其他一些空军军官认为，把它留给空军学院的学生们当教学工具或许是最好的选择。如今你依然可以在空军学院的博物馆里看到它。

* * *

在夸贾林，第一次发射失败后的打捞工作在没费多少力气进行调度的情况下就顺利地开展了。碎片被收集起来送到岛上的总装厂房，在那里从头到脚有序铺开。很快，地上便显现出火箭的原形。这项工作刚开始时或许很枯燥，但渐渐变得像一场有趣的寻宝游戏。忽然会有一个人从水里跳出来说："看，我找到了涡轮泵！"虽然火箭炸毁了，但好在没有人受伤。他们会从这次的失败中吸取经验，下一次就能让火箭顺利进入轨道。

科尼格斯曼几乎一整天都泡在水里。他找到了原本折叠好并塞在一级火箭顶端的降落伞，它大约50英尺长，是为了第一次尝试回收一级火箭而准备的。它在撞击中幸存了下来，悠然地漂在水面上。科尼格斯曼与海浪搏斗，试图拉动整个降落伞，但无法把它收起来。除了海浪，科尼格斯曼也要在情绪上跟失败搏斗，他比大多数成员都更受打击。他领导了"猎鹰1号"箭载计算机的测试，模拟了他能想到的所有情景。他针对所有可能发生的失败都研究了对策，尽全力确保这些预测中的失败不会发生在他的火箭上。可最终火箭还是着火掉进了大海里。

"我有点儿像那种'字典里没有失败'的人，这次也明明应该成功的。"科尼格斯曼说道，"所以失败对我来说绝对是一个惨痛的教训。"

"猎鹰1号"火箭首次发射的失败让科尼格斯曼陷入抑郁。后来妻子告诉他，回到洛杉矶之后，他有一整个月都没有跟任何人交流过，他自己却不记得有过这么一段时间。不过他也说道，每天晚上下班回到家时心情肯定是不好的，思绪混乱，试图整理各种信息和情绪。他还在想到底是哪里出错了，能做什么来确保以后不再出错。他的妻子只能默默接纳这一切。

马斯克似乎也认识到这次失败可能会给一些工程师带来情绪上的打击。在事故发生之后不久，他就给SpaceX团队写了一封鼓舞士气的邮件。他称赞了火箭主发动机的表现，受控飞行的表现，电气系统的表现，等等。他写道，初步判断事故的原因是点火升空6秒后发生的燃料泄漏，他表示公司会进行全面的分析，以确定到底哪里出了问题。他希望在半年之后尝试第二次发射。

在这封邮件中，马斯克也给出了一些安抚人心的观点。他写道，历史上其他有名的火箭在早期试射中也经常遭遇失败，包括欧洲的"阿丽亚娜系列"运载火箭、俄罗斯的"联盟号"和"质子号"运载火箭、美国的"飞马座"火箭，甚至连早期的"宇宙神"火箭亦是如此。

"当我亲身体会了要将火箭送入预定轨道是多么艰辛，就更尊敬那些坚持多年、为当今的航天业制造出火箭的人们。"他写道，"SpaceX是做好了长期战斗准备的，不管前路有多艰辛、多泥泞，我们最终一定会成功。"

在返回加利福尼亚州的私人飞机上，马斯克兄弟和几位副总裁及公司高管一起观看了电影《美国战队：世界警察》。这是一部2004年上映的电影，影片讽刺了美国作为全球警察的角色。金巴尔·马斯克说，电影无情的反讽刚好充当了大家紧张情绪的解药。"我们反复观看这部电影，"他说，"因为别的电影似乎都不太适合当时的心情。"

"猎鹰1号"发射失败了。虽然马斯克能拿失败来说笑，但并不代表他觉得这是件好笑的事。他的火箭爆炸了。他想知道事情究竟是怎么搞砸的，或者说更关键的问题是，是谁把它搞砸了。

CHAPTER 5
卖火箭

（2002年8月—2006年8月）

千禧年之初，科尼格斯曼在Microcosm工作时结交了不少好朋友，其中和他关系最好的要数格温·肖特威尔了。肖特威尔一头金发，性格张扬，非常聪明，一点儿没有人们对工程师刻板印象中的木讷和笨拙。高中时她是啦啦队队长，笑声爽朗，跟任何人都聊得来。与科尼格斯曼共事时他俩常常会结伴外出吃午饭。

2002年5月，科尼格斯曼这位德国工程师在SpaceX找到了新工作之后，肖特威尔为了给老朋友庆祝入职，带着科尼格斯曼去了他们在埃尔塞贡多最喜欢的餐厅吃午饭，那是一家名为"汉斯大厨"的比利时餐厅。肖特威尔有时候会打趣地把那个地方叫作汉"西"大厨，就为了取笑科尼格斯曼的口音。吃完午餐之后，她开车把科尼格斯曼送到几个街区之外的格兰大道东1310号，当时只有大概六名员工在那栋大楼里办公。停好车之后，科尼格斯曼邀请肖特威尔进去看看他新的大本营。

"你就进来见见埃隆呗。"他说道。

这个临时起意的会面大约只持续了十分钟，但就在这短短的时间里，马斯克对于航空航天事业的了解给肖特威尔留下了深刻的印象。他似乎不是那种从互联网大赚一票、在硅谷取得成功后想要寻求新刺激的投机者。马斯克阐述了想要通过自主开发火箭发动机及其他重要零部件来降低发射成本的计划，肖特威尔不住地点头表示认同。肖特威尔已经在航空航天领域工作了十多年，对行业里拖沓的发展速度再熟悉不过了，她觉得马斯克的想法很有道理。

"他很有说服力——令人生畏，但的确打动人。"肖特威尔说道。在他俩简短的会谈中，肖特威尔提到SpaceX或许应该聘请一名全职员工来负责"猎鹰1号"火箭的销售工作。吉姆·坎特雷尔当时正以顾问身份从事销售工作，但他不是SpaceX的全职员工。在这次办公室之旅临近尾声时，肖特威尔祝愿科尼格斯曼一切顺利，然后就走了，心中默默祝愿这家新公司也能一切顺利。随后，她便回到了自己忙碌的生活中。

当天下午晚些时候，马斯克觉得他确实应该请个全职的销售负责人。于是他设了一个"销售副总裁"的职位，并鼓励肖特威尔来应聘。肖特威尔没想到会有这么一个新的工作机会。肖特威尔在Microcosm公司工作了三年，已经运用自己的工程专业和销售技巧让公司在空间系统方面的业务增长了十倍，所以她很享受现在的状态。更重要的是，在2002年夏天，肖特威尔认为自己的生活中需要一些稳定性。与马斯克雇用的那些刚从大学毕业的年轻人不同，肖特威尔不能没日没夜地工作，她的私人生活中有许多事需要平衡。将近40岁的她当时正在经历离婚，有两个年幼的孩子要照顾，还有一套新公寓等着装修。对于航空航天工业来说，有像马斯克这样的人加入来打破现状是好事。但她是否希望自己当下的生活也被打乱呢？

"这真的要冒巨大风险。我当时几乎都已经决定不去了。"肖特威尔说，"我猜埃隆应该烦透我了，因为我在做决定之前真的拖了很久。"

但最后，她还是回应了机遇的召唤。让她做出最终决定的逻辑很简单。"你看，我肯定是会留在这个行业里的，"肖特威尔当时想，"那我是想继续以原先的模式去工作呢，还是想尝试朝着埃隆理想中的方向去发展呢？"就这样，她决定接受马斯克给她的挑战和风险。在经历了数周的纠结和犹豫之后，肖特威尔终于在从洛杉矶到帕萨迪纳的高速公路上给马斯克打了电话。

"听我说，犹豫这么久我真是太傻了，我决定接受这份工作。"肖特威尔说。

马斯克当时可能还没有意识到，这或许是他公司最重要的一项任命。

马斯克为SpaceX带来了资金、专业技术、领导力和其他许多东西。但要想在国际发射服务行业取得成功，需要的远远不只是这些，他还面临着很多挑战。首先，无论是美国的航空航天公司，还是俄罗斯、欧洲和世界其他地方从事火箭研发的机构，所有人都紧密地保护着自己的发射服务业务。其次，美国宇航局、美国空军，以及其他美国政府机构，对本身发射业务的现状都是基本满意的。再加上，美国的大型航空航天业务承包商都有经验老到的国会游说团来帮助自己占尽先机。综合考虑所有这些因素，马斯克的确需要一名搭档——既能和他一样天不怕地不怕，又要深谙政治之道，能游刃有余地驾驭这些关系。肖特威尔刚好就满足这些条件。

肖特威尔和马斯克看似毫无共同之处，但骨子里是同一类人。马斯克是个直肠子，有时候直到让人难以应对；肖特威尔却总是面带微笑，妙语连珠地化解尴尬。但就在如此迥异的外表之下，他俩却有同样的无畏信念，一心就想为了构建理想中的行业愿景向前冲。

接受了马斯克的工作邀约让肖特威尔得以摆脱传统航空航天企业的束缚。新官上任的第一天，她便着手拟订战略计划，研究如何将"猎鹰1号"火箭卖给美国政府和一些小型卫星客户。坐在格兰大道东1310号里的某个办公桌前，肖特威尔写了一份销售行动计划书。马斯克拿过来，只看了一眼就告诉她说，自己完全不在乎什么计不计划的，直接开干吧。

"我当时想，噢，好吧，这可真是让人耳目一新——不用再写烦人的计划书了。"肖特威尔回忆道。那是她第一次真正体会到马斯克的管理风格——别光说不练，火速行动起来。于是，肖特威尔先列出了业内的重要联系人，还有她认为会对小型运载火箭感兴趣的人。她手头没有马上就能发射的火箭，却恰好碰上了一个难得的机会。在2002年9月她加入SpaceX时，军方刚好对她要卖的东西感兴趣。

事情要从一年前说起。当美国航空77号航班撞向美国国防部总部时，一位名叫史蒂文·沃克的航空航天工程师就坐在五角大楼里自己的办公桌前。"9·11"恐怖袭击给沃克带来了深刻的冲击，他说："除非我们在行动发生的地点附近有一个基地，否则可能要花费很长时间才能采取干预行动，这让国防机构感到束手无策。"当肖特威尔加入SpaceX时，沃克刚好被调去美国国防部高级研究计划局，领导一个为加强军队快速反应而设立的项目。

令人哭笑不得的是，沃克在"9·11"事件后领导的项目也将被命名为"猎鹰"，得名于"基于美国本土的物理部署和发射计划"（Force Application and Launch from Continental United States）的英文首字母缩写。当项目被命名为"猎鹰"时，沃克完全不知道"猎鹰1号"火箭的存在。"猎鹰计划"有两个目标：其一是要开发超音速武器，其二就是要实现低成本发射——目标是以500万美元的价格将至少1000磅的载重送入太空轨道。这不仅能给军队赋予新能力，还能刺激停滞不前的美国航空航天工业。2003年5月，国防部高级研究计划局开始为小型火箭项目组织业界投标，最终收到了24份标书。沃克先是给出了9笔经费，每笔50万美元，用于设计开发和研究。当然，其中的部分经费还是落到了像洛克希德·马丁公司这样的资深企业手里，不过绝大多数经费都被拨给了像SpaceX这样的小型企业。最终，SpaceX和AirLaunch这两家公司进入了最后的选拔，他们的设计方案都是从C-17运输机上发射火箭。

美国国防部高级研究计划局对SpaceX的支持不仅限于这一发射项目。2005年，美国国防部也为SpaceX迁往夸贾林提供了便利，他们与当地的军队官员沟通，为SpaceX进入试验场提供方便，并帮助"猎鹰1号"火箭拿到了发射许可。沃克还提供了经费资助，促使空军学院的"猎鹰卫星2号"发射计划从航天飞机项目转移到2006年"猎鹰1号"的发射任务上。

"在我看来，将卫星送入轨道还在其次，重要的是让SpaceX和埃隆能在业界取得一席之地，从而将这个行业变得更好。"沃克说道，"他们对工作的态度非常打动我。虽然时而有些鲁莽、傲慢，但我认为这也是情有可原的。如果想做到其他商业企业从未做过的事，那必须要有足够的自信。"

1983年，萨莉·赖德成了第一位进入太空的女性。但在此后的许多年里，对于被当作女孩子们的榜样这件事她一直都觉得不适。在晚年的一次采访中，赖德谈到了自己是如何理解这件事的："各行各业里都应该有年轻女性作为榜样，这样女孩子们才能去憧憬自己将来从事这些工作时的样子。如果没有梦想中的样子，又从何勾勒现实呢？"

肖特威尔在工程方面的经历与此颇为相似。1969年，5岁的格温·肖特威尔和她的兄弟姐妹们被父亲叫到电视机旁观看"阿波罗11号"飞船登月的场景。在她模糊的记忆里，这个"节目"并不怎么有趣，不像她平时看的儿童节目那么"好看"。"阿波罗计划"并没有引起她更多的注意，也从未激起她对科学的兴趣。肖特威尔在芝加哥北部靠近威斯康星州边界的小镇利伯蒂维尔长大。她的生活围绕着课业和课外活动展开。她是学校的啦啦队队长，打过篮球，是校园红人。但就在她上高一或高二的某个星期六，这一切被改变了。那天，肖特威尔的母亲一时兴起，带她去参加了女性工程师协会在伊利诺伊理工学院举办的活动。在现场，肖特威尔从几位电气工程师、化学工程师和机械工程师那里吸取到了一些职业建议。

"我喜欢其中一位机械工程师，"肖特威尔说，"她谈吐优雅，举止从容，穿着一套得体的西装——你没听错，我当时就是这么想的，我就是觉得她很棒。而且，她还经营着一家属于自己的公司。"肖特威尔说的那位女士拥有一家建筑公司，致力在建筑工程中使用环保材料。那是在20世纪70年代末，环保还不是什么流行趋势。"我简直爱上她了，我说我要成为她那样的人。"肖特威尔说道，"这就是我成为工程师的原因。"

读高三的时候，肖特威尔并没有放眼全美去寻找工程学科最好的学校。照理说，像她这样的全优生可以有许多选择，但她只是申请了离家最近的西北大学。因为她想进那种不只是工程学科强，而且是其他非技术专业也很强的学校。当享有盛誉的麻省理工学院给她写信鼓励她报考时，小册子上那个响当当的名字让她望而却步。这不可能，她心想：我怎么可能去一所名叫"理工学院"的学校？肖特威尔可不想把大学生涯过成"极客"的样子。"我绝不要成为一个书呆子，"她说，"那时，这一点对我来说很重要。但现在，我为自己的'极客'属性感到自豪，也很支持我的孩子们专注于工程方面的学习。我丈夫是一名工程师，前夫也是，前夫的父母也都是工程师。现在大家可以自由地醉心于工程领域，但当初社会上的价值观并不是这样的。"

从高中到大学是一段艰难的蜕变。大一时，丰富的社交生活拖累了肖特威尔的学业，她的成绩勉强及格，工程专业课上的学习让她尤为头疼。改变这个状况的转机是一堂非常难的数据分析课。肖特威尔认真听了教授的讲解，但成堆的学习资料还是让她觉得无从下手。为了准备期末考试，她花了整整一个周末，尝试理解最基础的知识。在这个过程中，她突然就开窍了，最后还拿到全班最高分。当时老师肯定也很吃惊，因为当他把考卷发还给肖特威尔时，用狐疑的目光看了看她。很明显，老师怀疑她是用了什么作弊方法才拿到了如此优异的成绩。

带着她进步后的成绩和新找到的自信，肖特威尔开始申请各种工程类工作。1986年1月28日，她去IBM公司参加了面试。去面试的途中她停下了脚步，一家店门口的电视机里正在转播"挑战者号"航天飞机的发射。这次发射任务在全国范围内都是一个大新闻，因为这架航天飞机将首次把一位教师送上太空，她就是克里斯塔·麦考利夫。肖特威尔注视着屏幕，现场的情况越来越叫人害怕，火箭在升空73秒后解体，全程都还在地面摄像机能清晰拍摄到的范围内。肖特威尔事后勉强撑过了面试，但刚刚目睹的一切在她心中挥之不去。"我当时完全处于震惊当中，"她说，"我没有通过IBM的那次面试，我当时肯定表现得战战兢兢。"

她拿到的薪资最高、条件最好的工作机会来自克莱斯勒公司。那一年克莱斯勒公司一共招收了几十名应届毕业生，年薪4万美元左右，公司想将这批人培养成未来的管理层。在这个管培生计划中，肖特威尔可能这一周在底特律市中心的某所学校里学习汽车机械的相关知识，下一周就要和公司里的工程师一起设计新车。她说："我们有时改造发动机，有时研究阀门，有时又要改造变速箱，我非常喜欢这种体验。"不过事实证明，汽车工程并没有那么吸引人，因为许多真正的工程难题——也就是最有趣的部分——都被外包给承包商了，而这些承包商通常都在外国。所以到了1988年，当肖特威尔拿到了应用数学的研究生学位之后，这个来自美国中西部的姑娘决定搬到西海岸，在航天业这个当时仍由美国主导的领域开启自己的事业。她在位于洛杉矶的美国宇航公司（Aerospace Corporation）找到了工作，担任热分析工程师。

1991年，她在STS-39航天飞机的任务中，第一次真正体验了太空的"温度"。当宇宙飞船从阳光的直射下飞到完全黑暗的环境中时（例如飞到地球身后，地球把太阳遮住的时候），太空中温度的变化是非常快的。这次发射要搭载来自国防部、美国宇航局和国际团体的各种有效载荷实验。当航天飞机的载荷舱门打开时，各式载荷都要保持各自所需的温度——该热的热，该冷的冷。作为热分析师，肖特威尔在超级计算机上模拟了一下航天飞机绕地球运行时的温度变化模型，并将数据提供给位于休斯敦约翰逊太空中心的任务控制中心。这样的工作确实很有趣，但过了一段时间之后，肖特威尔意识到，在美国航天公司主要从事仿真分析的工作可能也不是她的最佳选择。

当了十年仿真分析工程师之后，她加入了Microcosm公司，主要负责销售业务，客户大多是她在美国航天公司工作时就打过交道的政府机构和航空航天企业。在她就职于Microcosm的三年中，公司从裁员的边缘起死回生，后来甚至不得不扩充人手。但就算是这一经历，也没能满足肖特威尔想要有所作为的渴望。在内心深处，她知道自己还能为这个世界奉献更多。因此，无论是要销售马斯克那八字还没一撇的火箭，还是要在这个大家公认的苛刻老板手下工作，都没有让她却步。

"当时我已经很熟悉这个行业了，"肖特威尔说道，"老战友们就是我的新客户，我当然能把SpaceX的火箭卖出去。这是不容置疑的。"

* * *

肖特威尔从一开始就很清楚，美国空军、美国宇航局和私人航天企业之间存在着复杂且不断演变的关系。而马斯克还在慢慢学习了解他新的政府客户。除了帮公司卖火箭，帮公司和老板维系和美国政府之间的关系也成了肖特威尔职责的一部分。

那些年，肖特威尔经常和马斯克一起出差。当时她和前夫隔周轮流照看两个孩子。轮到肖特威尔带孩子的那一周，她会提早到公司，晚上6点到7点下班，回家接替保姆。在她前夫照看孩子的那一周里，她就火力全开，工作到深夜，尽可能多地去完成需要出差的任务。2003年，她和马斯克到华盛顿出差，与时任美国国家侦察局局长的彼得·蒂茨开了一个会。蒂茨所领导的机构是SpaceX重要的潜在客户，因为他们负责为美国政府设计、建造并发射大量卫星。总体上来说，蒂茨支持SpaceX这个初创公司的想法，不过类似的失败案例他也见得多了。

肖特威尔说："我记得当时他把手放到埃隆的背上，差不多是一个拥抱的姿势，对马斯克说，'孩子，这事比你预想的可要困难多了，这是不可能实现的'。"话音刚落，马斯克突然挺直了腰杆。肖特威尔一下就读懂了老板的眼神。如果说在这次会议之前，马斯克对完成"猎鹰1号"还有些许怀疑的话，那么蒂茨家长式的姿态让他毅然决然地坚定了决心。"你这句话可算是让他打定主意了，"肖特威尔心里对蒂茨说道，"他一定会让你为此刻说过这句话感到后悔的。"

就在肖特威尔会见潜在客户时，团队还在不停地修改火箭设计。在最初的那几年里，工程师们不断设计、制造和测试"猎鹰1号"的各个硬件，如果哪个部件不行就要修改设计，把它替换掉。这家公司迭代式的设计理念对于许多航天领域的政府官员来说是全新的，他们习惯于稳妥的设计和缓慢推进的项目节奏。

肖特威尔说："一边要跟上火箭最新的修改进度，一边要向客户们解释为什么我们在操作模式上有这样那样的不同。这真的是一种挑战。"她会耐心地解释，公司采取这种方法是为了让错误尽量在设计初期就暴露出来，以便在最终成品中剔除这些错误。"这些都是政府客户，所以即便他们说想要提高效率，像这么快的变化还是会让他们感到不适应。这是我在SpaceX整个职业生涯中必须攻克的难关之一。"

获得了马斯克的信任之后，肖特威尔的职责范围就在不断地扩大。起初她只负责与客户打交道，但到最后，她的职能涵盖了人力资源、法务，以及SpaceX的日常运营。她的出现让马斯克能专注于自己最擅长的领域。在那几年里，马斯克涉足多个行业，在每个行业上的时间都不固定，但他通常每周还是会拿出一半时间来关注SpaceX。在SpaceX的时候，马斯克说他会将自己八到九成的时间花在解决工程问题上——这包括制定设计方案，以及优化从采购零件到建造发动机、火箭和航天器的流程。开会时，马斯克每次都能迅速做出决定，这也是保证SpaceX工作效率的关键所在。

"我会同时做出工程和预算上的决定，"马斯克说，"通常这种决策至少会牵涉两个人——一个工程师要想办法说服一个负责财务的人应该花这笔钱，可财务的人不懂工程，所以没法判断这样花钱对还是不对。不过，工程和财务两方面我都可以拿主意，换句话说，我相信我自己做出的决定。"

2003年，随着SpaceX对"猎鹰1号"火箭开发进程的深入，马斯克开始理解，像蒂茨这样的客户确实需要看到一些实物才会认可SpaceX公司。在那一年的感恩节前夕，马斯克向他的新任机械加工部副总裁鲍勃·里根施加压力，要他尽快造好公司的第一枚"猎鹰1号"火箭，用于向公众展示。但火箭确实还没准备好，所以里根的团队不得不临时做一个模型。他们连续数日每天工作十八个小时，造出了一个与实物等大的模型，赶在感恩节那天晚上完工了。火箭里面是空的，但从外面来看，梅林发动机和

一、二级火箭看上去都已经足够真实了。

"要让一个火箭模型看上去逼真可不是一件容易的事,"里根说道,"我们使出了浑身解数,幸好最后的成品看上去确实还不错。"

感恩节过后的那天,第一枚"猎鹰1号""火箭"从SpaceX的工厂出发,开始了它横跨美国的旅途。马斯克想在首都引起轰动,所以旅途的目的地是华盛顿特区。眼看就要平安抵达终点,拖车行驶到华盛顿郊区、正要开过一处铁轨时突然停住了。就在这时,红色的信号灯亮起,警示铃响了,栏杆落下来,刚好砸到"猎鹰1号"的顶部。不过幸好损坏程度并不严重,司机也赶在火车驶来之前减速刹车了。到达市区之后,在警车的护送之下,拖车驶进了华盛顿的市中心。这枚全长68英尺的火箭闪闪发光地独自停在独立大道上,与国家航空航天博物馆隔街相望。这就是马斯克的方式:如果人们需要亲眼看看火箭,那就让他们看吧。

肖特威尔欣赏马斯克的天赋,在面对质疑的时候,他能抛出这样一场大秀。当时马斯克对肖特威尔说,每个人都认为像SpaceX这样的私人公司要造出一艘入轨火箭是痴人说梦,是不可能实现的事情。"所以他的态度就是,我们就是要把这个大家伙运到那里、放在那儿,给所有的批评者看看。"肖特威尔如是说道。

华盛顿特区的活动是在12月4日举行的,当时夜间的气温接近0华氏度。马斯克站在火箭前面做了一个简短的演讲,随后就和宾客们一起躲进了对面的博物馆,SpaceX在那里为自己的员工、国会工作人员和潜在客户准备了餐会。蒂姆·芒果——在夸贾林发射场帮助过SpaceX的那名中校——也是受邀嘉宾之一。"那可能是我参加过的最有趣的社交活动了。"他说,"我当过伞兵,也曾是一名职业的骑牛大赛选手,现在是一名军衔不高的军官,能参加这样的活动,还有人递给你拿破仑白兰地,这可不是每天都会发生的事。"

马斯克的左膀右臂们也都出席了派对。穆勒、汤普森、科尼格斯曼和布扎都身穿燕尾服,挽着妻子一同出席,在现场与宾客们相谈尽欢。庆祝活动落下帷幕后,公司的几位副总裁和他们的妻子们决定去一家时髦的钢琴酒吧,继续把当晚欢庆的气氛推向高潮。但就在准备走出博物馆的时候,马斯克拖住了他们,要大家一起帮忙打包火箭,因为他决定当晚要把火箭挪到一个更偏远的地方过夜。于是,这些穿着燕尾服的工程师们没能去钢琴酒吧对酒当歌,而是回到了大街上,回到了火箭身旁。当时已过午夜,空中还飘着冰冷的细雨,他们用一块防水布盖住"猎鹰1号"以便运输。他们直到凌晨1点才回到妻子们的身旁,每个人都又湿又冷又累。

这是马斯克第一次做这样的"揭幕秀",此后,他的各式"揭幕秀"像乔布斯的苹果发布会一样令人期待、闻名于世。就"猎鹰1号"而言,马斯克已经需要政府客户们开始为发射下订单了,这也是他为SpaceX设想的盈利模式。然而,除国防部高级研究计划局的"猎鹰计划"这个小项目之外,政府还没有已确认的小型卫星发射需求,也没有和哪家公司签订过任何卫星制造合同。但马斯克还是预见到了这种需求,自掏腰包开发火箭来服务商业和政府客户,还按照规格制造了火箭。

"如果政府出钱雇你来设计、开发、建造并运营一个什么东西,那他就是客户。"肖特威尔说,"只要他为此买单,你就对设计没有发言权,对所有事都没有话语权。但没人为我们的设计或开发工作出钱,政府付费购买的只是发射服务。"这其实是件好事，让SpaceX可以按照马斯克和工程师们的意愿来制造火箭，这当然也带来一个问题——除非肖特威尔能签下大量的发射合同，否则公司只能走向穷途末路。

把"猎鹰1号"拖到首都华盛顿时，马斯克尤其想引起某一个政府机构的注意。在2003年初"哥伦比亚号"航天飞机失事之后，美国宇航局开始重新考虑后航天飞机时代的前景，甚至有传言，要用私人宇宙飞船将宇航员送入宇宙轨道。这样就有机会节省开支，让美国宇航局可以有经费去探索宇宙更深处。宇航局开始转向商业航天工业寻求帮助，这让马斯克感到SpaceX或许可以帮上忙。但他的希望落空了，美国宇航局另有计划。后来，这个计划导致了马斯克与国家航天局之间的一次重大冲突。另外，这次冲突最后神奇地拯救了他的火箭公司。

在SpaceX出现的许多年前，一家名为基斯特勒航空航天公司的美国公司就已经开始了对新火箭的研发。SpaceX和基斯特勒公司都想研发可回收的发射系统，但他们的做法大相径庭。2003年，SpaceX如火如荼地制造自己的第一枚火箭时，基斯特勒的研发工作已经持续了十年，钱花了不少，却一次发射都没有进行。那一年，基斯特勒申请了破产保护，公司当时申报的债务约为6亿美元，资产则仅为600万美元左右。

马斯克的初始投资是1亿美元。他很清楚，以这样的投资规模，他不可能仰仗传统的发动机和软硬件供应商们来制造"猎鹰1号"火箭。"你想让航空航天承包商巨头们为你干活？别做梦了，你拿出1000万美元，他们连眼皮都不会抬一抬。"马斯克说道。因此，SpaceX凡是所需都尽可能自主开发、自主生产，或者开拓非传统航空航天供应商。"大多数航空航天业人士根本就不搭理我们，"马斯克说，"他们不知道我是谁。就算知道，对我的印象也只是'一个十有八九会在航天业栽跟头的互联网新贵'。"

马斯克教导团队要用犀利的眼光审视火箭的每一个部件。在布莱恩·比耶德的记忆里，自己一直都在为此经受考验。一般的航空航天公司在拿到一项任务时，总会选择类似任务以前一直使用的零件，这就为工程师免去了鉴定新零件是否适用这项耗时又艰巨的工作。

但SpaceX并不这么想。"确实，很可能已经有成品存在了，"比耶德说，"但它针对你的项目做到最优化了吗？它的供应商好不好？那个供应商的二级、三级供应商又怎么样呢？如果你需要更快地拿到更多成品，这些供应商能满足你的需求吗？如果你要在成品上做一些修改，他们愿意为你去做吗？如果你改进了那个成品，他们会把它卖给你的竞争对手吗？"

基斯特勒公司的领导者以前都是美国宇航局的工程师骨干，在火箭设计方面遵循着传统的思维方式。该公司计划让K-1火箭从澳大利亚南部发射升空，带着4吨重的载荷到达近地轨道。基斯特勒在K-1火箭的有效载荷用户指南中为公司选用的业界一流供应商们大肆吹嘘："基斯特勒航空航天公司的每一个供应商都是航空航天产业的领导者，在制造相关零件方面有丰富卓越的经验。"这众多的供应商包括洛克希德·马丁公司（提供液氧贮箱）、诺格公司（箭体结构）、洛克达因公司（提供发动机）、德雷珀公司（提供电气设备）等。基斯特勒公司要设法整合所有这些高价组件，这就难怪他们会在2003年出现财务危机了。

但这家公司在美国宇航局那里还有一丝生机。长年在基斯特勒担任首席执行官的乔治·穆勒是美国宇航局"阿波罗计划"的功臣之一，在20世纪60年代领导了美国宇航局的载人航天计划，让美国为登月做出的努力步上了正轨，这一点是广受赞誉的。后来，他又为美国宇航局另一个重要的人类太空计划夯实了基础，那就是航天飞机计划。在离开美国宇航局之后，穆勒开始参与几家私人企业的运营，并从1995年开始领导基斯特勒公司。

2004年2月，在基斯特勒公司宣布破产一年之后，美国宇航局宣布与其签订一份价值2.27亿美元的合同。这笔钱将资助基斯特勒完成K-1火箭的制造并向国际空间站运送物资。一些观察家认为这是美国宇航局给穆勒这位时年85岁的"阿波罗计划"传奇人物的献礼，而宇航局对此的解释是，没有其他美国公司的火箭能够与K-1火箭竞争这份合同。当时基斯特勒公司表示已经完成了75%的火箭硬件和85%的设计工作，而飞行软件已经完全就绪了。

马斯克气炸了，他在阅读美国宇航局发出的新闻通稿时感到由衷的厌恶。他认为，美国宇航局给出这份合同是出于对基斯特勒的偏袒，而SpaceX是完全有能力参与这场竞争的。如果基斯特勒成功向空间站发送了物资，那有朝一日他们就也有可能把人类送入太空。"埃隆那时候就知道我们要建造能把人类送上国际空间站的飞船，"肖特威尔说，"当时我还不知道这个愿景，但他心里却很明确。"

SpaceX当然也没能在2004年完成发射，但至少已经开始常规的发动机测试了，距离第一次完整的静态点火测试大约还有一年时间。马斯克决定对美国宇航局的这次拨款提出抗议。

"很多人都跟我说不应该去抗议，"马斯克说，"因为十有八九会输，还会因此得罪一个潜在客户。但我认为，我们似乎比较占理，这件事应该通过竞争来决定。而且在我看来，如果现在不争取一下，那将来SpaceX就注定要失败，或者说成功的概率会大大降低。因为美国宇航局有可能与我们切断关系，而他们是太空发射任务最大的客户之一。所以我一定要去抗议。"

从美国宇航局和基斯特勒的角度来看，这次的货运合同拨款是公平竞争的一部分。一年之前，基斯特勒在一次展示太空实力的竞争中就赢得过美国宇航局的另一个合同，所以在2003年为空间站的货运任务挑选供应商时，美国宇航局认为基斯特勒是最佳选择。于是双方重新磋商，并修改了前一次通过竞争得到的合同。

"这显然是美国宇航局别出心裁的创新操作，当然他们也不是没去比较其他的供应商，但基斯特勒绝对是最强有力的选择，而SpaceX那时候相对来说还不为人所知。"罗伯·迈尔森说道。他是当时基斯特勒的一名项目经理，后来在贝佐斯的蓝色起源公司担任总裁长达十五年。

马斯克并不认同这种看法，也不会善罢甘休。他提出抗议并出人意料地赢得了胜利。美国政府问责局在公平性这个关键问题上做出了有利于SpaceX的裁决。美国宇航局之后撤销了给基斯特勒的拨款，并因此意识到需要为物资运输项目开辟一个新的竞争机制。后来，这个机制成为美国宇航局商业轨道运输服务计划的奠基石，这个计划在两年之后才出现，也永远改变了SpaceX的命运。

"在抗议这件事上我并没有什么贡献，"肖特威尔说，"所有的功劳都要归于埃隆。是他的远见成就了公司。"

针对基斯特勒的抗议只是马斯克和肖特威尔面对政府委员会和法庭进行的众多斗争之一。一年之后，SpaceX就和美国发射行业的三大巨头撕破了脸。SpaceX与诺格公司因为穆勒的火箭发动机技术对簿公堂，还起诉了波音公司和洛克希德·马丁公司，抗议他们计划将各自的发射业务合并为一家名为"联合发射联盟"的火箭公司。

自太空时代的曙光初现之时起，这两家政府的重要承包商已经建造了许许多多从美国土地上升空的火箭。20世纪90年代，两家公司都开发过新型火箭，波音公司制造的是"德尔塔Ⅳ型"系列火箭，洛克希德·马丁公司开发的是"宇宙神Ⅴ型"火箭。尽管这两家公司经常从美国空军和美国宇航局手里拿到大规模的国家安全发射合同，但在商业卫星发射方面，他们的新型火箭都无法在价格上与俄罗斯和欧洲的对手竞争。到2005年，在全球商业发射——例如发射用于电视转播及其他通信的大型卫星——这一市场上，美国的份额跌至几乎为零。这使得波音和洛克希德·马丁只能单靠争夺美国空军的合同来维持生计。

两家公司在争夺合同的竞争中逐渐撕破了脸，甚至指控对方盗窃。美国司法部对波音公司进行了调查，询问其如何获取了洛克希德·马丁公司数万页的商业机密。一时间诉讼不断。后来，美国空军因为担心失去使用"德尔塔"系列火箭，包括"德尔塔Ⅳ型"重型火箭的机会，于是介入了这场法律战争。为平息矛盾，国防部促成了一项交易：让洛克希德·马丁公司和波音公司把各自的火箭开发业务合并成一家公司，双方各持50%股份，条件是要保证"宇宙神"系列火箭和"德尔塔"系列火箭的发射进度。而且，在各单项发射合同之外，这家新公司每年还能从政府那里获得约10亿美元的付款。这样一来，军方得到了两种可以到达太空的火箭，而两家公司也得到了他们想要的——在接下来的十年里垄断国家安全发射业务，旱涝保收。

这是皆大欢喜的结局，唯一感到不满的就是马斯克。他向美国地方法院提起诉讼，要求停止合并，辩称SpaceX应该被允许参与这些发射任务的竞争。虽然SpaceX的确还没发射过火箭，但公司宏伟蓝图中的火箭比"猎鹰1号"更大。马斯克认为两家公司的合并违反了反垄断法。

但这一次，SpaceX败诉了。

"我们并不是想拆散那些老友联盟，只是想在竞争中拿到一个席位，"肖特威尔说道，"这就是我们所有的诉求了，仅仅是希望能公平竞争。"

SpaceX似乎从一开始就不得不为了生存而抗争。马斯克和肖特威尔成功的秘诀之一就是没有向大公司和政府机构现有的秩序低头。如果情况需要他们起诉政府，他们就去起诉政府。为了反击，马斯克会动用他能支配的一切。在成立后的三年时间里，SpaceX起诉过发射行业里最大的三个竞争对手，反对过空军提议的联合发射联盟的合并计划，还对美国宇航局发出的合约提出过抗议。在通往太空的路上，埃隆·马斯克不是踩着刀刃走，而是掰断了好几把利刃。

这当然会让肖特威尔的日子不好过，因为她会在各类行业峰会上遇到这些竞争对手，还要去缓和与政府官员之间紧张的关系。大约在"猎鹰1号"第一次发射的前一年，在那些纷争的间隙，肖特威尔受邀参观了洛克希德·马丁公司位于丹佛南部沃特顿峡谷的火箭工厂。自冷战初期以来，这家公司就开始在此地制造火箭，已有半个世纪之久。肖特威尔不记得为什么会受到邀请，但确实感受到了和在范登堡空军基地一样的"黑手党"氛围：如果你们还要接着搞下去，我们一定会压垮你们的。

最让肖特威尔吃惊的是这个工厂的空旷程度。她是在周中的某一天去参观的，也不是午饭时间，但偌大的工厂里没有一个人在搞火箭硬件。肖特威尔说："巨大的工厂里好像只有三个人。地板明光锃亮，设备硬件齐全，但就是没有人在工作。"

洛克希德·马丁和其他大型发射公司都靠报酬丰厚的政府合同喂养长大。每个发射任务，除去实际成本之外，他们还会得到一笔额外的费用。一般来说，成本越高这笔费用越高；项目时间越长，这笔费用也越高。肖特威尔说，SpaceX让自己区别于其他公司的一个方式就是推行固定价格的合同。这不仅能激励公司完成任务，还能促使客户保持基本需求，不要在设计火箭或航天器的时候提出代价高昂的改动要求。

"猎鹰1号"的发射定价是600万美元，SpaceX给政府和商业客户的都是这个统一价格。这个价格在当时是非常低廉的，公司一年必须发射数十枚"猎鹰1号"火箭才有可能盈利。当时在小型卫星发射市场上唯一具有可比性的美国火箭是由轨道科学公司生产的"飞马座"火箭，那是世界上第一枚由私人开发的入轨火箭，在1990年就飞上了太空。飞马座火箭可以由改装后的飞机从4万英尺高空发射，其有效载荷与"猎鹰1号"相当。但"飞马座"火箭的设计要简单得多，用的不是液体燃料而是固体燃料，原理与放烟火类似。而且它使用的都是现有硬件，把已有部件组装成一个新的火箭。

这种传统方式自然会导致成本升高。在21世纪初，当"猎鹰1号"进军市场时，"飞马座"火箭的单次发射成本在2600万到2800万美元之间。所以肖特威尔可以轻松击败对手，只要公司能把火箭造出来。正是因为"猎鹰1号"的价格优势非常明显，马斯克想要在公司网页最显著的位置加以宣传。

这样的信息透明度在那个时代是非常颠覆传统的。"SpaceX的做法掀开了神秘角落的幕布。"查德·安德森说道。他经营着一个名为"太空天使"的投资集团，密切关注着太空飞行领域的公共及私人投资。"在此之前，只有少数几家公司为政府和商业发射需求服务，他们更像是一个封闭的联盟。"

SpaceX用低廉的价格和高清的透明度颠覆了所有人的预期。肖特威尔在2003年签下了第一份发射合同，为美国国防部的军力转型办公室将一颗名为"战术卫星"的小型实验卫星送入轨道。这为公司带来了350万美元的收入。马来西亚政府支付了600万美元，用以从夸贾林发射卫星。国防部高级研究计划局购买了两个发射任务，其中包括"猎鹰1号"首次发射的有效载荷。加上一些小额的拨款，国防部高级研究计划局总共向SpaceX贡献了1600万美元。也正是这些早期客户陪着SpaceX熬过了"猎鹰1号"首次发射失败的难关。

"我认为这些早期客户不仅需要我们完成任务，更是希望我们能成功，所以他们和我们一起坚持着。"肖特威尔说，"如果不是认同SpaceX的理念，这些早期客户绝不会花钱雇这样一家特立独行的公司。"

坊间流传着一个笑话：如果你想成为百万富翁，那就先成为一个亿万富翁，然后创办一家火箭公司。马斯克在创办SpaceX之前没有亿万家产，但在SpaceX成立四年之后，他着实是输了不少钱。SpaceX在"猎鹰1号"发射之前签下的约2500万美元的合同中，只有一小部分会在发射成功之前到账。对于一笔1亿美元的投资来说，这回报似乎太低了。因此，美国宇航局是非常重要的潜在客户。

2006年春天，当安妮·钦纳里、蒂姆·布扎、汉斯·科尼格斯曼和其他人在夸贾林为"猎鹰1号"的首次发射埋头苦干时，肖特威尔和她的团队在埃尔塞贡多瞄准了一笔巨额奖金。虽然SpaceX的资金还不至于消耗殆尽，但要搬去一个新的发射场，还要支付160名员工的工资薪酬，这些正把公司推向赤字的边缘。好在马斯克就基斯特勒的合同提出了抗议，美国宇航局重新启动了使用私人火箭和航天器向国际空间站运送物资的竞标程序。这一次，宇航局收到了21份标书，并从申请者中筛选出了6名入围者。

SpaceX也位列其中。在那年春夏与美国宇航局的谈判中，SpaceX搞清楚了宇航局主要有两个顾虑：首先是SpaceX的技术质量，毕竟"猎鹰1号"火箭刚经历了事故；其次是资金，马斯克是否有足够的钱来完成火箭的开发。对于SpaceX来说，要满足美国宇航局的需求，不仅需要将"猎鹰1号"升级为更大的运载火箭，给它配备9个梅林发动机，还要开发轨道航天器。这些事情从来没有私人公司做过。对SpaceX资金方面的担忧也是合理的，看起来马斯克至少需要引进外部投资。肖特威尔率领一个小团队，应对着美国宇航局的无数问题。

2006年的夏天似乎尤为漫长，SpaceX和其他入围者等待着结果，究竟谁能获得这份报酬丰厚的合同呢？到了8月份，美国宇航局终于打来电话。当时肖特威尔和马斯克都在埃尔塞贡多公司总部的楼上。挂断电话后，他们立刻在工厂召集了一次员工大会，大家都停下了手上新一枚"猎鹰1号"火箭的工作。马斯克站在工厂餐厅门口，员工们都聚过来。他的发言非常简短。

"结果就是，"他说，"我们赢了。"

这一胜利在许多方面都对SpaceX意义重大。首先是金钱，这个合同价值2.78亿美元，能让马斯克加快其建造大型入轨火箭的计划，确保公司未来的发展，也能让团队安心解决"猎鹰1号"火箭现有的问题。有了这笔资金，公司就可以搬去位于霍桑、面积更大的办公地点，也就是如今SpaceX具有标志性的总部。但这一纸合同最大的意义还是在于，它代表了美国宇航局对SpaceX的认可。"这真的非常重要，"肖特威尔说，"那时我们只是一家小公司，一群莽夫。当年3月，我们刚炸飞了一枚火箭。在我看来，尽管我们经历了失败，美国宇航局还是给予了认可，因为他们觉得我们有能成事的态度。"

简而言之，SpaceX是成大器的料子。格温·肖特威尔也一样。二十年前，她在芝加哥遇到了那位衣着考究、白手起家的机械工程师，那位女士让肖特威尔相信自己也能成为一名工程师。如今，肖特威尔成了脚蹬高跟鞋，身穿精致套装的女强人。是时候轮到她向别人展示风采了。

CHAPTER 6
第二次发射

（2006年3月—2007年3月）

埃隆·马斯克也知道，他在SpaceX的早期员工身上施加了非比寻常的重压，于是决定奖励那些在2004年把大部分时间用在往返于得克萨斯州和其他地方，忙着完成发动机测试和其他工作的员工们。任何在2004年内离家超过两百天的员工都可以在2005年内享受一次为期两周的假期，无论去哪里度假，所有花销都由公司买单。

"这的确是非常高姿态了。"杰瑞米·霍尔曼说道，"全公司大概只有十到十五人符合条件，对于我们曾经辛苦的出差和做出的牺牲都是一种肯定。"和其他符合条件的员工一样，霍尔曼只需要告诉玛丽·贝丝·布朗他想去哪儿度假，其他的一切她都会帮忙安排好。

霍尔曼原本就计划在那一年结婚，所以他决定用这个假期来度蜜月：一周在新西兰，一周在大溪地。大多数符合条件的员工都在2005年上半年休了带薪假期，但霍尔曼一直等到了下半年，因为他和未婚妻珍妮要在秋天完婚。他们把婚礼定在10月的某一天，好让家人们都可以去新娘的家乡——位于纽约州阿尔巴尼以北的小镇梅卡尼克维尔。

那年秋天,"猎鹰1号"的制造工作不断推进,火箭似乎刚好会在霍尔曼举行婚礼期间准备就绪,进入发射程序。公司问霍尔曼能不能推迟婚礼,被他拒绝了,因为婚礼的诸多计划都已经敲定好。更何况,霍尔曼和珍妮已经为SpaceX牺牲够多了。婚礼按照原计划在10月8日举行。霍尔曼把蜜月旅行定在了稍后的感恩节假期期间,因为他预计"猎鹰1号"在那之前肯定已经完成首次发射了。却未曾想到,SpaceX在感恩节过后才尝试进行了第一次静态点火测试,霍尔曼最终也没能出现在现场。

"SpaceX首次尝试发射时,我和珍妮在波拉波拉岛的海上小屋里,"霍尔曼说,"我们不能上网,只有在酒店的大堂才能收到微弱信号。后来我得知静态点火测试被取消了,回到洛杉矶才知道测试没能进行下去的原因。"

结束蜜月之旅后,霍尔曼立刻投入了第一次发射的准备任务中,为期数月都驻扎在夸贾林。他作为发射支持组的成员参与了2006年3月的第一次发射。发射前一天晚上,他和包括弗洛·李、布伦特·阿尔坦在内的一些工程师和技术人员一起,很晚才在欧姆雷克岛上吃了晚饭,然后又在星空下熬夜检查发射设备,相互开着玩笑以驱散心中的紧张。日出前几小时,他们做好了发射前最后的准备,确保液氧供应充足,最后一次检查了整枚火箭。然后在加注操作开始前撤退到几英里外的梅克岛。

他们从梅克岛上的混凝土掩体中观察发射情况,一边紧盯着霍尔曼的电脑,监测从"猎鹰1号"传回的数据,一边注视着李的电脑接收到的视频影像。梅林发动机失火并停止运作之后,火箭翻滚着跌入大海,掩体内原本洋溢着激动的叫喊声和欢乐的谈话声,此刻都戛然而止了。接下来,在接到发射场的许可之后，他们爬到掩体外，下到码头，登上开往欧姆雷克岛的船。所有人全程几乎都没怎么出声，都不知道该说些什么。等他们到达现场，准备进行初步调查时，烟雾几乎已经散尽。"我真的太震惊了。我们花了那么多时间才把火箭组装到一起，"李说，"看到它就这样突然炸裂成碎片散落在地上，我真的很受打击。"

还没在欧姆雷克岛上搜寻多久，发射支持组的成员就听到了直升机桨叶呼啸的声音。那是马斯克、穆勒和发射控制室里的几名工程师在空中查看状况，以准备收集碎片。李和其他人很欣赏马斯克在失败发生后给大家的鼓励，他激励大家找出问题，解决问题，继续向前。李说："我一直觉得他很有动力去找到出路，重整旗鼓。"

马斯克肯定是要重整旗鼓的，但也要对那些造成失败的人问责。这是他的天性，如果哪里出错了，他就要找出罪魁祸首，然后将自己的沮丧好好发泄一番。在他眼里，"猎鹰1号"的发射失败要归因于增压输送系统员工在工作中的不严谨，因为他们是最后触碰火箭的一批人。他在公开场合也是这么说的。4月5日，距离第一次发射失败还不到两周，马斯克就在国家空间研讨会这样重要的场合上公开表示："目前所有的分析表明，问题出在发射前一天没有做好检查工作。"他还说，犯下这个错误的是"团队中最有经验的技术人员之一"。

在"猎鹰1号"发射后的几小时内，工程师们就查到故障原因是燃料泄漏。一个B型螺母（管路连接端的螺母）没有可靠地拧紧在煤油输送管路上。这个小小的B型螺母可以确保管道连接处的密封状态——当然前提是要拧紧到形成一定扭矩。但在准备发射期间，为了连接位于发动机附近相对脆弱的电气系统中的部件，这个B型螺母曾被反复拆卸。就在3月份那次发射的当天，霍尔曼和公司当时最好的技术人员之一埃迪·托马斯还为了要重新连接一个点火阀而拆下了这个B型螺母。升空前6秒，煤油管路打开时，煤油开始由这个螺母的位置泄漏到发动机上。当发动机在倒数3秒点火时，泄漏出来积攒到一定量的煤油燃起了肉眼可见的火焰。火箭正常起飞，但飞到第34秒时，燃起的火焰迫使发动机关闭。从发动机喷管喷出的火焰可以让火箭上升，但发动机本身着火就是天大的灾难。

在"猎鹰1号"发射失败之后，霍尔曼力争尽可能多地找回火箭的硬件设备，研究数据，试图准确地拼凑出事故的前因后果。作为这次发射任务动力系统的主管，他为火箭能升空感到自豪，也热切地期待着下一次发射能成功进入轨道。霍尔曼在欧姆雷克岛上多待了几天，清理现场，收拾残骸，为下一次发射尝试做好准备。因此那几天他都没什么时间上网，直到坐上从檀香山飞往洛杉矶的航班。霍尔曼回忆说，他连上了无线网络，慢慢加载着有关事故的各类报道。终于，他发现有些报道指出，马斯克将事故归咎于他和托马斯没把煤油管路上的B型螺母拧紧。这样的指责似乎不公平，因为并没有数据支持这种说法。当飞机降落在洛杉矶时，霍尔曼已经气坏了。

霍尔曼说，他径直驱车两英里来到了SpaceX位于埃尔塞贡多的工厂，直接把车停在了大楼门口，大步流星地来到马斯克所在的隔间，完全无视玛丽·贝丝·布朗的阻拦。霍尔曼不喜欢被单挑出来示众，如果逼不得已，凭着过去四年在SpaceX的经验，他完全可以轻松地找到一份新工作。但托马斯就不一样了，这名技术人员要供养正在读中学的女儿以及整个家庭。因此，霍尔曼不惜向老板大发雷霆，也要维护他珍视的技术人员的声誉，谴责老板公开让他们蒙羞。

霍尔曼说，几分钟后格温·肖特威尔出现了，把霍尔曼从马斯克的桌前拉开。然后穆勒也来了，他和霍尔曼谈了一会儿，梳理了当时的情况。最终，霍尔曼说自己要回家借着周末冷静一下，下星期一再回公司。等到星期一的时候，霍尔曼告诉穆勒，要让他留在SpaceX有一个条件：他再也不想跟马斯克讲话了。

马斯克对这件事的印象并非如此。"我一点儿都不记得霍尔曼曾冲到我的隔间来，况且他的意见也不会左右我的想法。"马斯克说，"准确地说，问题就是他有时候的工作表现达不到成功发射火箭所需的严格标准。"不过后来托马斯又在SpaceX工作了大约十年之久，马斯克待他也不错。"我还参加了他的退休派对，并以最高的评价感谢了他做出的贡献。"马斯克说道。

不管霍尔曼和马斯克之间发生过什么，穆勒只知道自己不想失去左膀右臂。霍尔曼在麦格雷戈和夸贾林挥洒过汗水，而且几乎从初创之日起就是公司的一员，是值得信任和依赖的同伴。所以穆勒站出来表明了自己的立场。担任首次发射任务经理的大卫·吉格回忆说，在动力系统工程师霍尔曼与马斯克发生冲突之后，穆勒还是选择力挺霍尔曼。

"他的态度就是，如果你想开除杰瑞米，那就是不想要我继续留在公司了。"吉格说，"我觉得汤姆能这么做真的很了不起，我认为这就是为什么他能建立起一支好团队。因为他是团队坚强的后盾。"

最终，事实证明霍尔曼和托马斯并不是发射事故的罪魁祸首。第一次发射的失败是由热带的气候环境造成的，而不是因为霍尔曼和托马斯的疏忽。人们在欧姆雷克岛回收的残骸中找到了被怀疑出问题的煤油管路，那个B型螺母虽然裂开了，但用于螺栓防松的保险丝依然将剩余部分完好地固定在管路上，这就是霍尔曼和托马斯当初拧紧的。美国国防部高级研究计划局在几个月后公布了一份关于"猎鹰1号"发射事故的审查报告，国防部的结论是，"起火的唯一原因是煤油泵入口管路压力传感器上的铝制B型螺母出现了晶间腐蚀现象，导致螺母开裂，从而引发了后续事故"。就是这么一个价值5美元的螺母，因为发射前一晚在欧姆雷克岛上被海水喷溅到，在被腐蚀后出现裂纹，导致了悲剧。

"只能说我们运气太差了，"穆勒说，"世上没有比这更倒霉的事了。"

早在"猎鹰1号"首次发射之前很久，马斯克、穆勒和托马斯就探讨过有关B型螺母的问题，围绕应该使用铝制螺母还是不锈钢螺母进行过辩论。穆勒说，大多数火箭用的都是铝制螺母。托马斯在海军陆战队服役期间经常乘坐直升机，他也说，停靠在世界各地的美国航母上的直升机常年暴露在海上四溅的浪花中，那些飞机上使用的也都是铝制螺母。于是，马斯克最终同意了使用铝制螺母，毕竟其重量是不锈钢螺母的三分之一——对火箭而言，每一丁点儿重量都很关键。

在发射之前，SpaceX的工程师们就已经非常担心海水盐雾的腐蚀作用了，所以他们在火箭零件上涂抹了ACF-50防腐涂层。但他们涂得还不够细致彻底，也没有想到腐蚀性的环境会造成这么严重的损害，所以连用来存放火箭的厂房也没有进行环境控制。"老实讲，我们做了蠢事，让火箭暴露在室外太久了，还有很多诸如此类的疏忽。"科尼格斯曼说，"简言之，我们低估了环境的恶劣程度，不过也从中吸取了教训。"

最夸张的疏忽要算，有一次发射团队竟然让火箭暴露在毫无遮挡的发射场坪上长达数周之久。2005年12月20日，SpaceX曾准备发射"猎鹰1号"，但最终不得不在倒计时阶段放弃了这一尝试（就是一级燃料箱在泄出燃料时发生塌陷的那一次）。那时距离圣诞节就只有五天了，精疲力竭的发射团队在此之前已经连续好几个月牺牲了个人时间，所以当时大家一心只想回到美国本土去，抓住假期的尾巴。

匆忙之中，他们没有将火箭收入停放厂房，而是把它留在了原地。虽然厂房不过是在铝制的框架上盖了些布，这算不上是坚固的结构，但至少能给火箭提供最低限度的保护。然而，如果要将火箭从竖直躺倒至水平，再推回厂房，有些人可能就要赶不上回家的航班了。布扎和大伙儿都认为，反正他们1月初就要回到这里了，"猎鹰1号"最多也就是在恶劣的环境中曝露两个礼拜。谁知后来由于生产替用硬件的时间延迟，他们直到1月20日才返回岛上并把火箭推回厂房。

就这样，一级发动机在严苛的自然条件下整整暴露了一个月。充满盐雾的信风几乎终日不停地吹过欧姆雷克岛。发射场坪距离大海不到100码，巨大的海浪将盐分抛向空中，并完全覆盖了火箭的外露表面。

"那里的腐蚀环境简直令人发指，"马斯克说，"在夸贾林岛上，如果你有自行车，你会觉得车上总是蒙着一层盐雾。你得把车放在背风处，不然它很快就会变成一堆氧化铝或氧化铁。在这里，只有刚刚上岛的新人才会把自行车放在迎风处。深谙其道的本地人都不会这样做，除非想让自行车报废。"

事实上，无论有没有腐蚀的问题，SpaceX都会失去这枚火箭。在欧姆雷克岛上为"猎鹰1号"做发射准备时，一名工程师打开了一个阀门，为的是让二级液氧燃料箱在泄出液氧的过程中更顺利地排空，可这个阀门后来就再没关上过。所以即便"猎鹰1号"的一级火箭正常升空，二级贮箱也不能保持足够的压力将"猎鹰卫星2号"推入预定轨道。

这一情况是在后来的数据审查中发现的。马斯克质问团队，为什么像阀门没关闭这样的问题电脑会没有检测到。答案很简单：团队根本没顾得上安装传感器。SpaceX的第一次重大失败教会了马斯克一件事：火箭发射团队的发展速度是有上限的。他还是会鞭策团队，但同时也会给大家更多空间。

"虽然大家都想尽快实现发射，但我们还有不少缺陷需要改进。"布扎说道，"我们不希望下一次发射毁在这些缺陷上，因为这一次的失败已经够痛苦了。SpaceX从上到下都意识到，需要花点儿时间来解决所有问题。"

马斯克决定，第二次发射不搭载真正的卫星，而是携带一个载荷模拟器，这样公司就能专注于把"猎鹰1号"火箭搞好。团队也确实用足了时间，第一次发射和第二次发射之间隔了差不多一整年。在2006年余下的时间里，SpaceX开始采用更接近传统航空航天企业的做法。比如，在传统的火箭组装过程中，会有专人仔细记录每一个组件或零件的序列号。制造第一枚"猎鹰1号"火箭时，没人做过这样的记录，但后来这个环节就补上了。第二枚"猎鹰1号"火箭配备了各种检测设备，以确保压力、温度和其他条件都在可接受的范围之内。如果有人没把阀门关好，电脑就会发出警报。

"就成熟度和纪律性而言，在准备第二次发射时，我们简直蜕变成了一家完全不同的公司。"安妮·钦纳里说，"第一次发射的失败帮助了我们。"

为了让火箭升级，SpaceX还修改了设计，他们称这个改版为"猎鹰1.1号"。工程师们毕竟经过了一年时间的锤炼，在制造、测试并试飞第一枚火箭的过程中提升了自己的水准。比如，电气团队找到了更好的方法来为整个火箭铺设数英里长的电子线路。从外观上看，"猎鹰1号"可能没什么变化，内核却已经发生了质的改变。

更多的改变也来自新的领导层。在"猎鹰1号"第一次发射失败前不久，马斯克宣布为公司聘请了首任总裁兼首席运营官吉姆·梅瑟。自2001年以来，这位行业资深人士一直担任着海上发射公司的总裁，这是一家由四个国家共同拥有的火箭公司。截至梅瑟离职，这家公司已经从某个移动的海上平台上发射过共计19枚乌克兰产的火箭了。

梅瑟时年45岁，他的到任对于一家初创公司来说就像是一次传统的成人礼——创业几年后，从外部迎来一位高规格的高管，成为一家之长。这样的任命是为了用秩序来制约混乱。"随着业务不断增长，总有一天你要走出创业时的车库，拥有一支专业化管理的团队。"梅瑟这样说道。于是，他尝试用更专业的方法来管理SpaceX。比如看到员工们在工厂里穿着人字拖走来走去时，他明令禁止了这种行为。这引起了工人们的不悦。作为妥协，梅瑟没有禁止他们在工厂里穿短裤。

梅瑟在波音接受了二十年传统航空航天企业的洗礼，他的确给SpaceX带来了严谨和沉稳。他帮助SpaceX建立了库存管理系统和质检措施，促使公司在第一次和第二次发射之间成熟起来。但在一些员工，例如科尼格斯曼看来，梅瑟态度傲慢，好像自己比SpaceX的任何人都更懂火箭似的。科尼格斯曼之所以会有这样的感觉，是因为梅瑟对他这位电气部件负责人尤为严厉。梅瑟已经对"猎鹰1号"箭载计算机进行了超过使用条件的严苛测试，当他针对电气部件进行更严格的测试时，故障开始出现了。

"我以为在这方面他应该比我更清楚，而我也已经说得很明白了，"梅瑟谈起这位德国工程师时说，"但我想他并不认同我的想法。"

且不说梅瑟是不是一个傲慢的人，他对自己的经验肯定是信心十足的，他也力争帮助SpaceX避免其他火箭公司曾经犯过的错误。当惯了首席执行官的梅瑟大力推行了他自己认为必要的改革，而这导致了与终极大老板之间的冲突。在SpaceX工作了几个月之后，梅瑟告诉马斯克，公司应该雇用几个"系统"工程师来整体评估火箭的潜在风险。他还试图实施更严格的计划安排。2006年，马斯克已经在研究"猎鹰9号"的发射日期了，但梅瑟进行了独立评估之后，认为马斯克预想的发射日期过于乐观。对于梅瑟来说，他所做的都是一个处于专业管理下的公司应该做的事。但在马斯克看来，这些都是没有必要的繁文缛节。

"管理海上发射公司这么久，我习惯了为公司拿主意，"梅瑟说，"但到头来，马斯克不想让权。随着我参与的决策越来越多，我们的意见开始出现碰撞。很显然，埃隆还没准备好让我掌管公司，而我也不是那种唯命是从的人。"

不到2006年底，梅瑟就离开了SpaceX，继而成了发动机制造商洛克达因公司的总裁。梅瑟在SpaceX的任期只持续了九个月，只能说双方不是最合适。布扎认为，梅瑟为SpaceX打造了很多优势，但最终他还是不愿意被塑造成马斯克理想中的样子。"克里斯·汤普森也有过同样的困扰，"布扎说，"在与埃隆共事这件事上，汤姆、汉斯和我选择的是折中路线。"所谓折中路线，是指马斯克确实会听取有用的点子，也鼓励辩论，还会将资金和权力赋能给手下的资深员工，但归根结底，还是得他自己说了算。

在"猎鹰1号"火箭第二次发射之前，马斯克召集了公司所有的副总裁和高级工程师，讨论大家对于即将到来的发射还有哪些担忧。公司的每一个重要部门——包括箭体结构、动力系统、电气系统，都各自罗列了10条发射任务可能存在的风险项。比如某一组阀门在模拟测试中表现不佳，或是某个供应商生产的某一批部件可能无法通过鉴定测试。工程师团队会针对这些问题进行讨论，并找出解决方案。

科尼格斯曼要从许多问题中挑出最关键的。令他在意的问题之一是二级火箭贮箱的晃动问题。在火箭发射时，推进剂不断燃烧，贮箱不断排空，就像冲厕所时的水箱那样。在贮箱排空的过程中，箱内剩余的推进剂可能会发生晃动。如果晃动足够严重，就可能造成火箭失控。这就像端着一碗汤奔跑，如果奔跑的运动与晃动相叠加，汤就会洒得到处都是。

控制晃动的一种方法是在贮箱边缘插入挡板，其实就是插一些金属板以起到抑制作用，这也有助于引导推进剂流向二级火箭发动机。SpaceX在一级火箭上采用了这种方法，但由于二级火箭要带着有效载荷飞入预定轨道，所以需要考虑这种方法可能造成的有效载荷损失，能不加挡板就最好不加。除了实际进行发射之外，没有其他办法能对二级火箭进行可靠的测试，所以科尼格斯曼让史蒂夫·戴维斯用计算机模型来模拟二级火箭中的燃料晃动现象。

2003年中入职的戴维斯是最早加入公司的那批员工之一。到2007年时，他负责"猎鹰1号"火箭的制导、导航和控制。他为二级火箭内可能发生的晃动建立了三种不同的模型，并在不同的假定条件下不断测试。在大多数情况下，二级火箭的表现都很正常。但在极少数情况下，火箭确实出现了失控的状况。"这不是单个地方出错就能造成的后果，"他说，"许多条件叠加在一起才会产生这样的悲剧结果。"

二级火箭还存在许多其他风险。戴维斯一共列出了15项潜在风险并整理好演示文稿，准备向科尼格斯曼汇报。最让戴维斯担心的其实是火箭在飞行过程中可能产生弯曲，而"晃动"现象在15项中只排到第11项。"晃动确实存在未知的危险性，"戴维斯说，"但这次发射还有许多已知的风险需要解决。"

马斯克在第二次发射之前来到了内华达大街211号的电气团队办公室和团队会面，共同探讨大家担忧的问题。科尼格斯曼在会上展示了团队总结的这些风险。最后，大家选择接受其中大多数的风险，包括燃料晃动。如果要解决所有这些风险就要多花几个月去学习研究，还有可能要给火箭增添很大的重量。在SpaceX看来，最直接的解决方法就是让火箭飞起来，一次飞行试验比持续数月的分析、假定和模拟更能给出定论。

而且他们真的不能再给火箭添加更多重量了。SpaceX曾夸下海口，要造出一枚能将1000磅有效载荷送入近地轨道的火箭，如今却在实现承诺的路上遭遇了坎坷。梅林发动机的性能不如预期那么高效，重量却超出了原计划。虽然整个火箭几乎都是铝制结构的，但有一些零件还是比预计的要重。

"造火箭就是不停地在两件事上纠结：一是重量，二是性能。"马斯克说，"在有效载荷方面我们已经退无可退了，二级火箭每增加一磅重量，可搭载的卫星重量就要减少一磅。"

关于增加挡板防止燃料晃动，马斯克还担心这会影响二级火箭结构的完整性。挡板必须焊接到铝合金的贮箱壁上，但出于对重量的考量，二级火箭的贮箱壁做得非常薄，同时还要承受高压。焊接会在挡板和贮箱侧面的接口处形成一个薄弱环节，给整个结构带来隐患。马斯克认为，这种复杂的操作很可能会让二级火箭内部的风险有增无减。

"晃动这个风险甚至都排不进前十，"马斯克说，"它能带来多大的危害呢？"

当马斯克和他的领导团队正在为下一次发射中的重大风险进行辩论时，弗洛·李和其他几十名员工正在工厂里赶制第二枚"猎鹰1号"火箭。一路追寻着太空梦的她也是最早加入SpaceX的员工之一。在她小时候，父母会在周末开车带着她和她哥哥，从特拉华州穿过切萨皮克湾大桥，来到华盛顿特区的国家航空航天博物馆参观。有一天，小弗洛·李在博物馆的IMAX影院里找到了自己的人生理想。那天影院里放映的是1990年发行的电影《蓝色星球》，影片中有一些从太空中拍到的地球镜头，那是由宇航员从航天飞机上拍摄到的。

李回忆道："我当时就想，天哪，这就是我将来要做的事。"她也想有朝一日进入太空，从那里亲眼看看地球，赞叹这颗星球的蓝色之美。

然而，成为宇航员的童年梦想搁浅了。经过思考之后，李认为工程学是通往太空最直接的途径。特拉华大学没有航空航天专业，于是她选择了机械工程专业。读研的时候，她去了斯坦福大学，因为该校的航空航天工程专业享有盛誉。而且李已经在特拉华生活了20多年，她想去探索更广阔的天地。李说："我总觉得自己之所以能成为一个梦想家，是因为特拉华太无聊了。"

李第一次听说SpaceX是在2003年的春天，当时她正在准备申请读博，希望这能让自己离实现宇航员之梦更近一步。那天她和朋友们在本地的廉价酒吧"安东尼奥的疯人院"里喝酒——这是他们每周四晚上的固定节目。当晚闲聊的话题就是马斯克，因为他亲自打了个电话给李的一名同班同学，邀请他去埃尔塞贡多面试。马斯克想要打造一枚新型火箭的愿景在李的心中留下了烙印。一个月后，在一次招聘会上，SpaceX的展位吸引了她的目光。她提交了一份简历，很快就收到面试邀请。她先是见了克里斯·汤普森，然后是马斯克。SpaceX当时需要有人负责"猎鹰1号"的贮箱和其余箭体结构。李虽然读过结构方面的课程，但缺乏实操经验，甚至不确定自己是否想要这份工作。留在斯坦福可以读完博士学位，还能享受舒适的社交生活。选择SpaceX则意味着要肩负艰巨的任务。

她最后还是接下了这份工作，但随即又开始质疑自己的决定。她从湾区沿着5号州际公路开车前往洛杉矶，她的小甲壳虫在下到圣费尔南多谷的道路上时放慢了速度，缓缓向前爬行。车子逐寸向前挪动，李有大把时间来思索前路有什么在等着他。当她想到身后远在湾区的朋友们时，眼泪不禁夺眶而出——她在洛杉矶几乎一个熟人都没有。

但工作很快吞噬了李的种种担忧。如果连多余的社交时间都没有，谁还在乎有没有朋友呢？另外好在她喜欢同事们，并很快就和大家打成了一片。2003年6月，李刚加入公司不久就跟着克里斯·汤普森和其他工程师学习航空航天理论，也和技术人员们肩并肩一起解决硬件问题。

"就算是下了班，各种事情还是会在我脑子里不停地打转，有太多信息需要消化处理了。"李说道，"我不确定具体是到了什么时候，但应该就是在入职几个月后，我突然进入了一种可以完全专注于当下的状态里。我感觉找到了真正属于自己的生活，可以把所有精力都投入到我需要完成的事上。这种感觉真的很棒。"

李一步步赢得了汤普森的信任，成了火箭结构部门主要的副手之一。顾名思义，他们部门的主要任务就是负责箭体结构，确保箭体能熬过发射全程，承受住极高的加速度，在高压下能可靠地装载低温推进剂。而且结构必须要够轻，否则火箭永远都飞不上天。汤普森把李当作女儿一样看待，把火箭有效载荷整流罩的任务交给了她。这是火箭顶部的圆锥体，作用是在火箭升空过程中保护有效载荷。传统的航空航天公司通常会从供应商那里购买整流罩，但马斯克想让SpaceX自己设计和制造。

一开始，李从互联网上找了许多美国宇航局的相关文件来研读。在选定了一种整流罩的设计之后，李和其他几名工程师一起构建了模型来测试他们的想法。这种充满实操的工作方式和校园中的科研环境相去甚远，李在课堂上学习过材料的理论特性，例如强度和刚度，也学习过一些数学原理，可以用来计算给定结构的失稳临界点。但现在，她要在现实世界中构建实物。

"在'猎鹰1号'的研发初期，几乎任何事我们都得自己上手。"李说，"我就是在那时学会了使用铆钉枪，还学会了如何把东西焊接到一起。做出东西之后，还要对它的结构进行测试。我们得让自己确信，那些在计算机上确认无误的结构成为实物之后也能通过测试，不会在发射到太空的过程中发生断裂。"

2006年11月，当全新的一级火箭运抵欧姆雷克岛，全公司的注意力又从美国本土回到了夸贾林岛。马斯克把发射日期设定在1月。在整个12月里，发射团队检查了一级和二级火箭，并将它们组装成一枚完整的火箭。到圣诞节时，发射团队纷纷回家过节了，但还剩下许多工作没有完成。此时布扎很清楚，想在1月完成发射已经不可能了。

SpaceX的工程师们需要应付的挑战之一，就是要让火箭与地面的辅助设备保持通信畅通。圣诞节刚过完没几天，布扎和科尼格斯曼就开始讨论与梅林发动机的控制计算机相关的问题了。这个计算机在12月的测试中不时会突然关机。很快他们就意识到，光靠讨论没有用，必须在火箭上进行实际操作才能找到解决问题的方法。于是这两位副总裁向各自的妻子说明了事情的重要性，然后双双踏上了飞往夸贾林的航班。他俩在欧姆雷克岛上跨年，之后就埋头解决计算机的问题并调试软件。公司里只有他们和试验场的主管莎伦·赫斯特在这个热带孤岛上。身为父亲和丈夫的两个男人对牺牲了陪伴家人的时间表示非常懊悔，但手头的工作也必须有人去完成。最终两人还是坚持了下来，喝着廉价的啤酒，在孤独中寻找奋斗的意义。"对我来说，欧姆雷克岛上与世隔绝的环境似乎还能起到激励作用，"科尼格斯曼说，"这里就像是另一个星球。"那是一段艰难的时期，他们刚失去了一枚火箭，又被迫远离家人，但再一次摸到火箭还是让他们心潮澎湃。对于布扎和科尼格斯曼来说，2007年正充满希望地拉开帷幕。

虽然SpaceX错过了原定于1月的发射日，但在新年里回到欧姆雷克岛的工程师和技术人员们还是取得了稳健的进展。每次发射之前，公司都必须进行两次重要的测试，确保火箭准备就绪。第一个测试被称为"带装彩排"，这里的"装"不是舞台上的全套行头，而是要将推进剂装进火箭，将发射倒计时的过程进行到将近最后60秒左右。推进剂加注测试之后，再过几天或几周，发动机还要进行发射前的静态点火测试。

所有这些测试都需要大量的液氧。为保证供应，SpaceX从美国本土订购了5000加仑的液氧。在集装箱穿行于热带海域中的一个月时间里，储存液氧的低温储罐中有大约三分之一的液氧会蒸发掉，所以到了岛上，液氧还是不够用。布扎在寻找新办法的时候发现了一台机器，广告说它既能冷凝空气，还能从中分离出液氧。布扎想，这样一来问题不就解决啦？马斯克竟也被说动，签署了购买机器的合同。

电气工程师菲尔·卡苏夫记得那台机器运抵欧姆雷克岛时的情形。那是一个超乎大家想象的大包裹，组装好之后大概有半个标准集装箱那么大。卡苏夫回忆道："这个大家伙就像是某个疯狂的科学家在自己实验室里捣鼓出来的作品。各种部件旋转着呼呼作响，机身上还装有很多阀门和仪表。"工程师和技术人员花了好几天来给这部机器热身、上油、润滑，才把它开动起来。但很快它就冒烟了，还发出噪声。大约45分钟之后，当好奇的工程师们再次回到机器面前时，布扎兴奋地惊呼：它开始运作了！后来，它每天能产出大约300加仑液氧，确实补充了公司的液氧供应，但远不能做到一劳永逸。

"愿意花钱去尝试也是埃隆的一个特点，"卡苏夫说，"这真的很不一样。如果是在波音公司，做出任何尝试之前你都要先搞清楚，万一失败了要承担什么后果。但埃隆的做法是，先试了再说呗。如果行不通，我们可以再把它卖出去。要是卖不掉，那就当是花钱交学费了。"

这个液氧机的运作需要消耗大量电力，等待它的将是一个悲惨的结局。一段时间之后，布扎的团队把液氧机搬回夸贾林岛，并培训了一个名叫佳维的本地人来操作这台机器。每当机器启动，开始产出液氧的时候，佳维都必须守在一旁。一天晚上，布扎正坐在梅西酒店的门廊上，岛上突然停电了。布扎感到大事不妙，立马跨上自行车赶往发射控制中心，来到他们安置液氧机的地方。他知道，断电会给这台复杂的机器造成严重破坏，随之会迸出火花，引起火灾。"那就是一场可怕的雷暴，"布扎说，"佳维感觉自己是去地狱走了一遭。"最后，液氧机烧成了一堆焦炭。参照军方一贯的做法，SpaceX将报废的机器扔进了潟湖。如今它已经成了一块人工鱼礁。

准备第一次发射时，SpaceX在夸贾林经历了艰苦卓绝的数月奋战，才磕磕绊绊地开始静态点火测试。相比之下，第二次发射的准备工作在几周之内就得到了顺利推进，这有赖于上一次的经验和新引进的流程。一切都进展得迅速高效，直到发射前最后48小时。

2007年3月16日，SpaceX成功完成了"猎鹰1号"一级火箭的静态点火测试。四天之后，他们就要正式发射了。然而，在倒数60秒时，火箭上的计算机探测到的压力数据显示燃料阀门有泄漏，紧接着就自动关闭了倒数程序。这可能是火箭真的出了问题，也可能是传感器误报警，如果不对硬件进行检测就无法做出判断。布扎决定泄出火箭里的推进剂，找出并解决问题。

与此同时，马斯克正在埃尔塞贡多总部的指挥车上观看这次试射。

SpaceX原计划将这辆改装后的牵引拖车用作范登堡发射任务的移动发射控制中心，现在它被赋予了新的使命。配备完善的车上有电视屏幕可以播放来自欧姆雷克岛的直播画面，马斯克可以在车上追踪倒数的每一步。此刻，情况让他很不高兴。

马斯克已经为第二次试射等待了将近一年，很想完成这次发射。他追问布扎，为什么要清空燃料箱检查整个火箭。答案是，为了安全。他又问，难道不能忽略电脑发出的终止信号，重启火箭，就在当天再进行一次试射吗。回答是，如果传感器检测到的问题是真实存在的，那将会威胁到发射任务的成败。

布扎是发射的负责人，所以他说了算。他下的命令是：泄出推进剂。"埃隆简直失望透顶，"布扎说，"如果他当时是在夸贾林的控制室里，我猜他会按照自己的意志来行事。好在他身处5000英里之外，这给了我回旋的余地，让我能有更多时间来解决这个问题。"

之后发射团队进行了深入研究，发现问题太复杂了，不可能通过简单的重启来解决。这证明了布扎推迟发射的决定完全正确。在之后的几个小时里，夸贾林岛和欧姆雷克岛上的工程师们解决了电脑警示的问题。午夜时分，布扎和他的团队才离开夸贾林岛上的控制室，抓紧时间去睡几小时，他们都对即将到来的发射充满了信心。

对于欧姆雷克岛上的发射支持组来说，推迟发射24小时，就意味着又一个不眠之夜，因为他们要连夜让硬件为第二次试射做好准备。月落日升，时间来到了3月21日，霍尔曼、李和其他发射支持组的成员照例在推进剂加注开始之前完成最后的准备工作。但与第一次发射不同的是，霍尔曼和李这次不会同时在梅克岛上观看第二次发射。当大家从欧姆雷克岛撤退的时候，他俩会去往不同的方向。李还是会和其他几个人一起坐船到梅克岛的掩体，霍尔曼则会乘坐直升机返回夸贾林岛。在第二次发射任务中，霍尔曼要从SpaceX的飞行控制室里监测火箭动力系统的表现。

第二天早上的发射倒计时进行得很顺利。这一次，计算机平安无事地进入了60秒倒计时。最后几秒钟时间显得十分缓慢，简直是一场煎熬，以至于数到0秒时，大家都觉得好像突然发生了奇迹一般。发动机点燃了，烟雾腾起，火焰喷射出来。但火箭并没有爬升。在升空前的最后一次系统监测中，火箭上的电脑发现燃烧室内的压力没有达到预定的数值——发射计划又一次流产了。这简直是发射团队的噩梦。

"我知道这一次没法再搪塞埃隆了，"布扎说，"我的脑袋都快要炸开了。我必须另辟蹊径来解决这个危机。"

布扎的头脑疯狂地运转着。他通过耳机与远在加利福尼亚州的穆勒和马斯克，还有同在控制室里的霍尔曼连线。这些人在一起耗费了多年时间，开发和测试梅林发动机，个个都对它了如指掌。传感器读取的发动机燃烧室室压仅仅比发射允许的最低数值低了五个百分点。造成这一问题的原因是煤油燃料的温度比平时低了一点儿。后来他们意识到，煤油燃料的温度之所以会低于正常值，与前一天的发射失败有关。SpaceX通常将80华氏度（约为26.7摄氏度）的煤油燃料储存在欧姆雷克岛上的一个隔热油罐里。在发射前一天，当他们将煤油燃料从油罐加注到火箭里时，煤油在一级火箭中温度降低。但由于发射延期，煤油燃料又被重新装回隔热油罐中。在不到24小时的时间里，油罐中煤油的温度没能回升到预期水平，所以第二天重新为火箭灌注燃料时煤油的温度低于要求。

布扎和其他人知道，他们要做的就是稍稍提高火箭中煤油的温度。传感器检测到的温度是64华氏度（约为17.8摄氏度），布扎让霍尔曼计算一下温度需要提高到多少才能避免电脑再次自动终止发射。这位推进工程师得到的答案是69华氏度。

只需要高5华氏度，就这么简单。布扎认为如果他们清空一半的燃料，再重新把火箭加注满，那火箭上煤油的温度应该能达到72华氏度。从重启倒数到0秒发射的一个小时里，预计燃料的温度还会下降3华氏度。这就很有希望达到目标温度了。而如果要泄出更多燃料就可能会耗费太多时间，而且远处海平面上的乌云正在酝酿着暴风雨。布扎与远在埃尔塞贡多总部的穆勒和马斯克分享了自己拟订的计划，大家都表示支持。

岛上时间下午1点10分，第二枚"猎鹰1号"火箭开始了它第三次倒数流程。发动机勉强通过了最后的燃烧室室压监测，火箭终于点火升空了。这一次，发动机的火焰只出现在了本就该发生燃烧的地方。

在发射控制室里，霍尔曼顾不上抬头望向屏幕上的发射画面。他疲倦的双眼死死盯着监视器上火箭动力系统传来的数据。虽然火箭爬升的画面扣人心弦，但镜头无法传递所有的信息，数据却很少说谎。在第一次发射中，霍尔曼目睹了梅林发动机燃烧室室压跌到零点，所以他比大多数人更早知道"猎鹰1号"即将坠落地面。不过第二次发射中传回的数据体现了截然不同的情况：火箭温度正常，贮箱压力值良好。这一次，"猎鹰1号"呼啸着冲入天空。几分钟之后，一、二级火箭分离，二级火箭继续向上爬升。天时地利人和，梅林发动机顺利地运转着。此刻霍尔曼感觉好极了。第一次发射以苦涩的结局收尾，但第二次发射的滋味就甜多了。

几英里之外，李也在关注火箭发射。随着火箭的升空，她也越发兴奋。很快，"猎鹰1号"就跨过了太空的门槛，飞越了62英里。李参与设计、制造和测试的有效载荷整流罩也按照预定程序成功实现了分离，追随着一级火箭坠入大气层。目视着屏幕上从火箭发回的影像，李发现正在观看的地球画面是从自己参与制造的火箭上传来的。忽然间，她又回到了6岁的时候，回到了那个航空航天博物馆的影院里。李说："看到从宇宙发回的地球画面让我和童年的记忆产生了连接，这感觉真是太美妙了。"

美妙的时刻并没有持续太久。一级火箭分离之后没几分钟，李就发现有些不对劲。"猎鹰1号"的二级火箭开始偏离轨道。慢慢地，它开始发生旋转。当旋转速度超过每分钟60次时，红隼发动机起火了。虽然这次火箭已经升到了太空，但还是没能进入稳定的绕地轨道。二级火箭开始坠落，最后掉进了夸贾林以东几百英里的大海里。那个区域靠近一座被海水淹没了大部分面积的珊瑚岛礁——金曼礁。后来大家才意识到一个令人哭笑不得的事实："金曼"（Kingman）就是科尼格斯曼（Koenigsmann）在英语里的变体。

SpaceX的第二次发射已经很接近成功了。与第一次发射相比，可以说是实现了飞跃。布扎说，夸贾林岛上控制室里的人们都对发射取得的成果感到欣慰。发射任务虽然没有百分之百完成，但也算取得了95%的成功吧。自从第一次发射失败以来，他们经历了艰辛的一年，如今火箭终于能从一级发动机点火，到一、二级火箭分离，再到二级发动机点火，整流罩分离。公司成立不到五年，火箭已经突破了大气层。SpaceX的下一个目标非常清晰：太空轨道。

"我们总是说，差不多要经历三次发射才能进到太空轨道。"布扎说，"所以在第二次发射之后的那个晚上，我们其实算是庆祝了一下。"

*　*　*

马斯克也对自己的火箭公司重拾了信心。在第二次发射后不久，他公开表示这次发射标志着SpaceX"向前迈进了一大步"。这一次，没人需要去欧姆雷克岛附近的珊瑚礁里打捞残骸。霍尔曼、李，还有其他工程师清理了发射场，并清点了库存，以便了解下一次发射前还需要准备哪些物资。结束了欧姆雷克岛上的收尾工作之后，团队回到加利福尼亚州。此时他们心中有一个明确且可实现的目标：在下一次发射中到达太空轨道。对此他们信心满满。

很快，他们在分析中得知，是前面说到的"晃动"拖了后腿。正如一些仿真分析指出的那样，二级贮箱中的液氧在发射几分钟后发生了晃动，导致了致命的振荡。一个已知的问题，一个他们深入讨论过、最终被排在风险第11位、决定不予处置的问题，最终摧毁了他们的火箭。

"现如今，"马斯克说，"前11个风险隐患我都会认真过问。一定要多看这一项。"

此言不虚。SpaceX如今还会在发射前列出前11个风险项。这是"猎鹰1号"火箭第二次发射失败之后留下的传统。另一个传统就是无尽的权衡：一边是火箭自重加上它要带入轨道的有效载荷，另一边是可能造成发射失败的风险项。而太空轨道仅仅是第一步——而且是最简单的一步。越要去得远就越困难。马斯克的终极目标是去到火星。火箭送入太空轨道的每一磅质量中，只有一些零头能抵达火星表面，其他都要消耗在负责将航天器安全推向火星的推进剂、火箭结构和各种硬件上。所以，从一开始马斯克就知道，它将不断地在质量、性能、成本和风险之间做出艰难的权衡。

在20世纪90年代初期，为了更高效、更向商业运营模式靠拢，美国宇航局在处理太空科学任务时采取了"更快、更好、更便宜"的原则。但直到SpaceX成立时，美国航天局好几个遵循该原则的重要任务都失败了。所以，航天领域流传着一个段子：一次任务绝不可能同时满足这三个条件，你必须从中舍弃一条。但在推动高性能、安全又廉价的火箭这件事上，马斯克没有做取舍，三样他都要。他想要SpaceX发展得更快，造出更好的火箭，再以更低廉的价格售出。

想要造出更好的火箭，就必须限制火箭的整体重量，所以马斯克极力争取为火箭减重。如果让他给火箭设计者颁奖，他一定会颁给那些能简化设计的工程师，那些能帮他减重的人。工程师们经常会为应急考虑添加一些以防万一的零部件。这样一来，火箭很快就会变得很累赘。给火箭添加结构是要付出代价的，这也就是为什么在第二次发射时，马斯克宁愿接受致命的风险也不添加防晃挡板。

马斯克也非常追求高效。按质量计算，一枚火箭大约有85%到90%的重量都是推进剂。因此，为了产生足够推力，发动机的推进剂消耗量哪怕稍微大一丁点儿都会对质量造成巨大影响。有时，SpaceX的团队会建议稍微牺牲发动机的效率，具体来讲就是在设计中牺牲"比冲量"。同样一箱汽油，一辆更省油的车能跑得更远。同理，更高效的火箭发动机会产生更大的推力。所以像牺牲发动机效率这样的建议，马斯克是不可能同意的。

"造火箭这件事，以进入太空轨道为目标时，进展总是顺利的。"马斯克说，"火箭上的有效载荷容量充足。但如果你在这里损失一点儿性能，那里放弃一点儿比冲量，到最后你手上就只能剩下一枚烂火箭。即使每次都只损失1%到2%，也会积少成多，产生质变。"

这是马斯克在"猎鹰1号"第一次发射中学到的经验。他的第一枚火箭既没有像他标榜的那样能搭载1000磅载荷，也没有到达指定轨道。"所以我们要全力以赴争取每一点儿重量，也要尽量优化比冲量。"马斯克说道。如今在构建"星舰"发射系统的过程中，他正为此进行着艰苦的抗争。"星舰"是他实现火星移民计划的希望。这艘宇宙飞船听起来像是来自科幻小说，它巨大的一级火箭有28个猛禽发动机，它的二级火箭有朝一日将有能力运送几十个人到火星，而且能回收和重复使用。为此，在已经很紧张的重量分配中，必须预留返回和着陆用的燃料。

"为了这史无前例的可回收，更要对重量斤斤计较。"马斯克说，"这一点我要说清楚，可能不像别的不动脑子的火箭科学家那样，每次发射完把火箭扔掉就完事了。制造一枚能够从地球轨道上回收并重复使用的火箭是人类最难的工程问题之一，还从来没有人成功过，因为我们地球上的重力太大了。如果是在火星上完成回收，那就完全没有问题，在月球上也很容易做到。在地球上，要建造一个能完全回收再用的运载系统简直比登天还难。如果能成功，这将是人类历史上最重大的一次突破。它就是有这么难，这也就是为什么我会伤透了脑筋。真的，我感觉我们不过是一群猴子。回望地球的历史，不久前我们还在树上荡秋千、吃香蕉呢。我们是如何走到今天这一步的呢？我也没有答案。"

在第二次发射中，马斯克和SpaceX冒险忽略了防晃挡板，最后为此付出了惨重的代价。但即便是猴子，也能从错误中吸取教训。在"猎鹰1号"火箭日后的飞行中，二级燃料箱内会安装防晃挡板。性能受损也比到不了预定轨道要好很多。

CHAPTER 7
得克萨斯

（2003年1月—2008年8月）

汤姆·穆勒紧攥拳头，紧张地观看了"猎鹰1号"火箭的第二次发射。坐在马斯克身旁的这位动力系统负责人感觉自己和老板之间原本牢固的关系已经出现了裂痕。尽管马斯克在公开场合只是点了霍尔曼和托马斯的名，将导致"猎鹰1号"第一次发射失败的燃料泄漏归咎于他们，但关起门来，穆勒也没有逃过老板的盛怒。这两个人曾经紧密地合作，共同设计和制造了梅林火箭发动机，现在却渐渐生出了令人不自在的隔阂。

"我负责的发动机着火了，这让我陷入了极为糟糕的境地。"穆勒说道，"在两次发射之间的一整年时间里，我和埃隆的关系都不算太好。"

在第一次发射失败之后，马斯克想帮助团队逃离挫败感，重整士气，于是花了十几万美元，包下一趟零重力航班，让员工们体验一把太空飞行中的失重感。许多人都是带着太空梦加入SpaceX的，就算不是真的想要成为宇航员，也多少期望着有朝一日能坐上自己公司生产的火箭。所以那一次，有将近四十名SpaceX的员工在波音727飞机上经历了几次短暂的失重体验。当飞机沿抛物线飞行时，他们时而有几分钟飘浮在机舱里，伸手就能够到弧形的舱顶，时而又被将近两个G的重力加速度拉向舱底。

"组织那次零重力飞行，就像给成绩好的学生发奖品，"穆勒悻悻地说道，"我就没能得到这个体验失重的机会。"明明是SpaceX最出色的工程师之一，穆勒竟然被剔除于这次活动的邀请名单之外。

在第二次发射之前，穆勒和马斯克对发射任务进行了详尽的探讨。两人一致同意只要二级发动机（红隼发动机）点火，这次发射任务就算是成功了。红隼发动机设计简洁、动力强大，还从未出现过任何重大问题。当红隼发动机在第二次发射过程中点火发动时，穆勒情不自禁地从椅子上弹了起来，振臂欢呼。马斯克也同样抑制不住兴奋，与穆勒拥抱在一起，激动地欢呼。就在这一瞬间，过往所有的嫌隙皆已冰释。虽然没过几分钟二级火箭就出现意外，失去了控制，也没能浇灭现场兴奋的情绪。燃料晃动造成的失控可不是穆勒的错。

穆勒和马斯克能重建信任是一件好事，因为前方还有更艰巨的任务在等待着他们。穆勒和他的动力系统团队正在加利福尼亚州研发一款更先进的梅林发动机，不久就能拿到得克萨斯州的试验场上进行测试。这个新的发动机将对公司产生巨大影响。

确实巨大，它差点儿搞垮了SpaceX。

那时候，许多火箭公司都已经破产了。在SpaceX之前使用范登堡空军基地作为发射试验场的Amroc公司也想过制造一款低成本火箭，但这个公司在20世纪90年代就破产了。最早加入SpaceX的主要员工，包括科尼格斯曼在内，早年都在Microcosm公司工作过，但停滞不前的火箭项目让这些人纷纷逃离。2002年底，SpaceX曾在莫哈韦沙漠进行了第一次火箭发动机燃气发生器的测试，但就在之前一年，一家名为"旋转火箭"的商业航空航天公司刚在那里耗尽了所有资金。

最具象的失败之证，就是伫立在麦格雷戈发动机试验场上的巨型混凝土三脚架了。这座赫然耸立在郊外的废弃建筑仿佛是某个远古文明留下的寂静遗迹。留下这座巨塔的安迪·比尔和他的比尔航空航天公司的经历也动摇过不少创业者的信心。比尔的发射事业并不缺少资金，这位来自达拉斯的银行家常年稳居全球最富有的两百人之列。他创办公司时的启动资金是2亿美元，两倍于马斯克投入SpaceX的资金。他想做的事和马斯克也差不多——开发服务于商业客户的大型火箭。在这个过程中，他甚至还取得过一些技术上的成就——截至2000年，比尔航空航天公司已经研发出了一款非常厉害的大型发动机，并且其原型机完成了21秒的点火测试。但它和SpaceX一样，在成长道路上遇到了许多政治和资金方面的难题。2000年公司倒闭时比尔总结了几个原因，其中就包括没有可以长期使用的发射场，以及美国宇航局对传统承包商的偏袒。

"只要美国宇航局和美国政府可以闭门选择发射系统并给予津贴，私人发射产业就不可能存在。"比尔在2000年解散公司时说过，"虽然波音公司和洛克希德·马丁公司也是私人企业，但他们的发射系统和组件都是各种军事计划的衍生品。"换句话说，美国宇航局倾斜了竞争平台，对新的发射公司造成不公。

2004年美国宇航局拨款给基斯特勒公司时，马斯克本来也没有说

"不"的权力。但他并不满足于发表愤怒的声明，也不想向现有秩序低头。面对是非，马斯克能做出清晰的判断。一旦认定美国宇航局或美国政府给出津贴的做法不公平，他就果断采取了法律行动。也正是因为有这样的判断力，所以在2002年11月参观麦格雷戈发射场时，马斯克没有让比尔公司的失败历史影响他的决策。

SpaceX租下这个试验场后迅速推进了各项工作。布扎、艾伦和另外几名员工着手浇筑混凝土，为梅林发动机的首次测试建造一个水平平台，他们还修复了一栋可用于测试监控和其他各种操作的碉楼。在这个过程中，SpaceX的团队也渐渐开始了解这个从各方面来看都还是荒漠的得克萨斯州试验场。

在建设初期，马斯克曾带着他的父亲埃罗尔来参观过试验场。这父子二人的关系一言难尽。马斯克有一个颇为艰辛的童年，但他依旧将自己的工程学启蒙归功于父亲，正是幼年时制作电路板和模型飞机的过程让他学到了受用终身的重要一课。"我父亲是一位出色的电气和机械工程师，"马斯克说道，"在这方面他曾经是我的导师——尽管当时我并没有意识到这一点。"2003年时老马斯克住在洛杉矶，埃隆觉得他或许可以在麦格雷戈的建设上帮些忙。

艾伦带着两位马斯克四处参观，走进了一栋他们称之为"仪器舱"的大楼，大楼的上方就是未来梅林发动机的测试平台。艾伦先走进屋子，稍作打扫，其他人尾随其后。艾伦弯下腰正要捡起地上的一张纸，却发现一条响尾蛇正朝他发出咝咝声。他把纸放回原处，先是冷静地告诉两位马斯克不要靠近这个区域，随后走出仪器舱，找了一根铁棍折回房间，打向那条响尾蛇。这一幕给埃罗尔·马斯克留下了深刻的印象。艾伦听到他对穆勒说:"这小伙儿是你手下的员工吗?"

除了响尾蛇,麦格雷戈还住着其他小动物,比如黑田蟋蟀。这种昆虫在秋季产卵,到春天卵开始孵化,大约三个月后幼虫变作成虫,长出翅膀,疯狂地寻找配偶。此时,成千上万的蟋蟀会汇聚成乌泱泱的虫群,像积雪一样堆在门口或墙壁上,在夜晚尤其容易被明亮的灯光吸引。据艾伦说,消灭它们最好的方法不是杀虫剂,而是肥皂水或洗衣液。

"肥皂水会让它们窒息,"艾伦说,"这比我们试过的任何杀虫剂都有用。但这些虫子死掉之后会发出死马一般的臭味。"

这些蟋蟀的尸体会堆成小山,工程师和技术人员们只能用扫帚和吹叶机来对付它们。他们每年都免不了要和成群结队的蟋蟀大战一番。

不过至少蟋蟀不咬人,而同样在得克萨斯州中部很常见的黑寡妇蜘蛛和响尾蛇就没这么客气了。

如此种种都没有阻止动力系统团队着手开展工作。到了2003年春天,他们已经完成了发动机推力室组件的第一次点火测试,饮尽了穆勒从布朗办公桌上顺走的人头马干邑。四天之后,他们准备进行推力室组件的第二次短暂点火测试。那天晚上云层很低,时间已近午夜。测试取得了成功,于是团队回到住处准备休息。

第二天一早,当他们的白色悍马驶向试验场时,等在那里的是一些不速之客——两辆黑色的特工专用车停在大门口。动力系统团队并不知道,他们的测试平台和梅林发动机推力室出口端几乎正对着当时在任的总统乔治·W.布什在克劳福德的农场。候在门口的特工们神情严肃,他们想知道前一天晚上都发生了什么，是什么东西震得农场的窗户都在颤抖，把所有人都吵醒了。特工们问了许多尖锐的问题，看上去很生气。SpaceX无法调整测试平台的方向，只能在日后的测试中提前向周围的社区发出预警。

要说穆勒的团队为何能迅速地推进梅林发动机的测试，还要追溯到早期的一项设计决策。从一开始马斯克就想造出可重复使用的火箭，但首先要解决发动机的问题。火箭发动机的温度极高。在梅林发动机的燃烧室里，氧气和煤油混合燃烧产生的火焰可以高达6100华氏度（约为3371.1摄氏度），即使是通过喷管排出燃烧室的废气也保持着这样的高温。喷管位于发动机尾端，通过控制高温燃气的流动来使气体膨胀、加速。这样的高温足以熔化铝、钛、钢，或其他常用于制造发动机的金属。

避免发动机熔化的方法之一是冷却发动机内壁及喷管。就像冷却剂流过汽车发动机带走热量那样，火箭的再生冷却系统使处于室温的推进剂循环流过发动机内壁上的小管道，以此来吸收热量。这个系统巧妙地使用了火箭上已有的燃料，但增加了发动机整体设计的复杂性。还有一种更简单的办法是在燃烧室和发动机喷嘴内壁使用烧蚀材料。当推进剂燃烧时，烧蚀材料会被烧焦，碳化剥落，这样就保护了覆盖在烧蚀材料下的燃烧室和喷嘴。

在加入SpaceX之前，穆勒已经在烧蚀设计方面有不少经验。他担心SpaceX请不到设计师来为梅林发动机的燃烧室和喷管设计复杂的冷却系统，于是在早期的几次讨论中说服了马斯克，使其相信烧蚀的方法能使SpaceX更快实现火箭入轨的目标。而且他告诉马斯克，烧蚀设计的成本大概是再生冷却系统的一半。

"穆勒说烧蚀喷管肯定没问题，但事实并非如此。"马斯克说，"这东西可把我们害惨了。"

在麦格雷戈的前几年里，烧蚀喷管确实在各个方面都给SpaceX制造了许多麻烦。烧蚀材料的材质类似纤维玻璃，由树脂和硅纤维混合而成。这种玻璃织物很脆，不容易处理，在精细的固化过程中，哪怕有一点点小的瑕疵或轻微的裂纹都可能导致测试中出现更大的裂纹。因为迫不及待想在2003年底进行测试，穆勒派霍尔曼去烧蚀燃烧室的供应商那里监督生产。供应商是位于亨廷顿海滩的AAE航空航天公司，随着SpaceX开始对发动机进行更长时间的燃烧测试，AAE公司的产品质量开始跟不上SpaceX的要求了。

燃烧室的造价大约是3万美元。在交付之后，动力系统团队会进行一次初步的压力测试。但一个接着一个的燃烧室都在测试中发生了烧蚀涂层起泡、继而开裂的现象。每出现一个经不起考验的燃烧室，都意味着得克萨斯州试验场上的测试又要再推迟一次，因为只要梅林发动机多点火几秒钟，这样的不合格产品就得彻底换掉。当时的情况十分危急，用穆勒的话来说："仿佛SpaceX的命运都悬在这些燃烧室的涂层上了。"

后来马斯克想出一个点子——在燃烧室内涂上环氧树脂，这种像胶水一样具有黏性的物质能渗透到裂缝里并固化，或许就能解决问题。但这想法实际上管不管用，唯有看天意了。穆勒不确定环氧树脂能否粘在烧蚀材料上，还是会像油和水一样不相融。不过马斯克异想天开的点子有的时候还是挺奏效的，而且再怎么说他是老板，他说了算。12月下旬，马斯克将几个没通过压力测试的燃烧室带上私人飞机，回到了SpaceX在埃尔塞贡多的工厂。他出现在工厂时的打扮是要去参加圣诞派对：脚上蹬着皮鞋，身穿精致的衬衫，搭配着设计师品牌的牛仔裤。深夜，他和动力系统团队一起将环氧树脂涂抹在发动机燃烧室的内壁上。一通操作之后，马斯克和其他人身上都沾满了黏黏的东西。他那双价值两千美金的皮鞋算是报废了，原本要去的派对也错过了，但他几乎都没留意到这一点。

如果能够拯救梅林发动机的动力系统，那这点儿牺牲完全值得。马斯克坚信自己的点子能让牺牲得到回报，直到拿着涂了环氧树脂的发动机燃烧室去进行压力测试。没过多久，随着压力渐渐增强，环氧树脂就脱落了。很快，涂层就飞离内壁，露出了下面的裂缝。

虽然马斯克的点子没有成功，但和他一起忙碌了一晚上、又脏又累的工程师和技术人员们并没有觉得老板拖着所有人做了无用功。相反，马斯克愿意卷起袖子和员工一起投入工作的态度，赢得了大家对这位领导者的钦佩。

既然没有捷径可走，而动力系统团队还坚持致力于烧蚀发动机的开发，那就只能继续对现有方案进行微调，然后在麦格雷戈对各种方案进行测试。这是一项耗时冗长、又热又脏的工作。团队得花费数月时间，重新设计收敛带，以支持脆性的烧蚀结构。经过改造的发动机燃烧室和喷管可以在烈焰高温下坚持160秒，但设计上的改动让燃烧室舱壁和喷管都变得更厚了。重量增加了，性能还不尽如人意，这是马斯克最不想看到的两件事。

测量发动机燃烧性能的变量被称作"特征速度"，也写作"C*"。每一次发动机在得克萨斯州完成测试之后，穆勒或霍尔曼都会打电话给马斯克，告诉他测试中C*的数值。这个数值越高代表着发动机性能越好。引入烧蚀材料后，经过几个月的努力，他们终于将C*提升到了一个很高的水平，数值在95左右，但这个数值只能维持几秒钟，随后燃烧室就会发生爆炸。想要到达太空轨道，梅林发动机就必须保持燃烧数分钟之久。为了达到这个目标，动力系统团队只能将C*值调低。数值一路被调到了87，回到了大约一年前研发刚起步时的水平。而发动机性能每损失一分一毫，就意味着火箭的运载能力又减少了一点。

SpaceX在麦格雷戈安装了一套松下的电视摄像系统，用于监测发动机测试的过程。马斯克经常会在加利福尼亚州登录这个系统，关注测试情况。有时测试结束后，他会抢先打电话来索取数据，于是在得克萨斯州的团队必须想办法抢在电话打来之前把C*的数值计算出来。一开始，搜集数据的工作落在了霍尔曼的肩上。发动机关闭之后，他要爬进发动机里，用一把卡尺测量燃烧室和喷管之间那个"喉部"的直径。得克萨斯州的天气本来就很热，为了更快地拿到数据，霍尔曼不等发动机完全冷却就得往里钻。"这是我迄今为止干过最热最脏的活儿了。"霍尔曼说道。

在收集完数据、计算好测试结果之后，驻扎在得克萨斯州现场的工作人员也没有谁愿意主动打电话给马斯克，或是接他打来的这通电话。因为公司的这位总工程师对烧蚀发动机的设计越来越失望。

"结果就是燃烧室超级重，燃烧室和喷嘴之间的喉口又特别厚，情况真的糟透了。"马斯克说道，"发动机又重，性能又差，更讽刺的是，最后的成本比造一个再生冷却系统更贵，简直太离谱了。烧蚀真的是一个非常错误的选择。"

但火箭试飞的那天总会来临。一旦烧蚀问题得到解决，动力系统团队就还是得坚持使用这个方案，因为公司想要在最短的时间内实现发射。所以当下的首要任务就是搞出一台能用于发射的发动机——哪怕它现阶段在各方面都还不尽如人意。除了烧蚀问题，动力系统团队在2003年到2004年的大部分时间里还有更多问题需要解决，包括调整发动机喷注器，精确地计算出在各个时间点该有多少推进剂注入燃烧室，加强密封性能，等等。要解决的问题似乎没有穷尽。一开始布扎觉得能乘坐马斯克的私人飞机到得克萨斯州的试验场是一种优待。但慢慢地，新鲜感消失了，这成了一种累人的负担——对于穆勒和布扎这两个家有幼童的家长来说更是如此。

穆勒和布扎过着双重人生。他们通常是先在麦格雷戈工作十天，每天轮班十二到十四个小时，然后回到加利福尼亚州，在周四到周日的下午腾出休息时间来陪伴家人，接着又乘坐马斯克的私人专机飞回得克萨斯州。近两年来，每隔一个星期的周日晚上，霍尔曼都会开车经过海豹滩，从布扎家接上他一起去往长滩的私人机场。布扎的小女儿布兰迪和艾比很快就意识到了这个规律。当1岁的艾比看到霍尔曼靠近家里的大门时，她就会说："杰瑞米坏坏。"因为他的到来预示着痛苦的道别。"多年来，我的小女儿都不喜欢杰瑞米·霍尔曼。"布扎说，"因为每次她见到杰瑞米之后，我就会消失十天。"

在这段艰难的日子里，布扎想尽办法做到一位父亲所能做的一切。每次动身去得克萨斯州之前，他都要准备两本一模一样的儿童读物，一本留在加利福尼亚州的家里，一本装进随身行李箱。到了得克萨斯州，布扎会在深夜回到位于韦科郊区的公司公寓。因为得克萨斯州比加利福尼亚州早两个小时，所以他能赶上孩子们上床睡觉的时间。他会打电话给家里，跟女儿们聊上一会儿，然后让她们找出留在家里的那本书，陪她们读故事。

由于工作实在是太累了,布扎有时早上醒来会发现书还扣在自己脸上。晚上打电话时,女儿就会说:"爸爸,你昨晚又睡着了。"

尽管生活如此艰苦,工作本身还是挺令人振奋的,因为总在追逐新的里程碑。经过大约两年后,在2005年1月,穆勒的团队实现了重大突破,为梅林发动机进行了第一次整机点火测试。烧蚀材料在发动机燃烧室内碳化剥落,发动机仍在继续燃烧,直到燃料箱中的推进剂用尽。过程中,穆勒和动力系统团队所在的掩体都被撼动了。SpaceX让梅林火箭发动机不间断燃烧了160秒,这足够完成一次到达太空轨道的发射了。

但这还不算大功告成。虽然梅林发动机通过了最关键的测试,但SpaceX还得确保"猎鹰1号"的燃料箱能经受住发射和飞行中产生的压力,这对于"猎鹰1号"的内部设计来说是一项尤为艰巨的挑战。"猎鹰1号"的燃料箱就像两个头尾相连的易拉罐,罐子之间只有一个拱顶。在大多数火箭上,燃料和氧化剂分别装在两个完全分开的燃料箱里。"猎鹰1号"的设计减轻了质量,但增加了风险,因为两种推进剂之间只隔着一层薄壁。

2005年1月25日夜晚,布扎在得克萨斯州批准团队进行一项结构测试。工程师们想要确认燃料箱在发射过程中能否承受比预期更大的压力,看看"猎鹰1号"的极限在哪里。于是他们开始向燃料箱施压,先是达到了预计发射压力的100%。但当压力上升到110%时,火箭突然裂成了两半。这是一场灾难,因为测试摧毁了本要用来发射的一级火箭。

当时马斯克在埃尔塞贡多,通过得克萨斯州的视频连线观看了测试的进程,克里斯·汤普森也在他旁边。他俩当场就吓坏了。"整个火箭就这么炸开了,"汤普森回忆道,"两个燃料箱中间共用的拱顶就这样挂在火箭外面,像一个摇摇欲坠的雷达天线。我俩心想,见鬼了,发生了什么啊。"

马斯克和汤普森当晚就飞去了得克萨斯州,对测试的残局进行分析和复盘。他们觉得问题出在火箭的焊缝上,那些接缝处理得很差。面对这些燃料箱,马斯克和汤普森越看越生气。几年前他们去威斯康星参观燃料箱供应商的工厂时,还曾对其工艺赞不绝口——就是马斯克在快捷假日酒店被烤面包机烫伤手的那次。但到了2005年初,当马斯克和汤普森飞去该公司总部时,早年的好印象已经荡然无存了。据汤普森回忆,马斯克大步走进工厂的焊接车间,看了一眼他们的总经理戴夫·施密茨,又扫视了一眼在场的其他人,一股脑儿将胸中的愤怒发泄了出来。

"你们这些人可把我搞死了,这滋味可不好受啊。"马斯克吼道,"我可不喜欢被人搞。"

整个厂里的空气都凝结了。"他吼完这一句之后,四下静到连一根针掉在地上都能听见。所有人都在原地僵住了,也包括我们这些随行的人。"汤普森说道。

但这一吼引起了供应商足够的重视。到了那年3月,崭新的一级火箭已经准备就绪,要在麦格雷戈进行测试了。两个月之后"猎鹰1号"火箭就在范登堡空军基地成功完成了静态点火测试。而火箭的第一次发射也将在2006年3月进行。

"猎鹰1号"火箭首次发射过后没几周,汤姆·穆勒就在打电话面试动力系统的暑期实习生了。那一年夏天,他们团队需要额外的人手到麦格雷戈来帮忙。扎卡里·邓恩是其中一名候选人,当时他正在斯坦福大学的宿舍里焦急地等待着SpaceX的来电。马斯克描绘的以低成本进入太空的愿景吸引着曾攻读英文专业的扎卡里，他愿意穿过半个美国，去追寻在SpaceX工作的梦想。3月份邓恩在宿舍里观看了"猎鹰1号"发射的网络直播，这点燃了他的激情，让他比以往任何时候都更想加入SpaceX一起奋斗。此刻，他正在宿舍里来回踱步，等待着机会的降临。

邓恩担心SpaceX可能已经不需要像他这样的人了。因为这家公司已经不再是一个只有几十人的初创团队，带着叛逆的态度，梦想着要造出一枚火箭。他们已经造出了一枚火箭，甚至完成了发射（不管结果是不是成功）。在邓恩看来，他错过了公司最重要的创业成型期，错过了为公司做出重大贡献的最佳时机。

终于，电话铃响了，是穆勒打来的。这位动力系统主管先是问了几个有关火箭发动机的技术问题。邓恩记得那些问题并不难，只是为了确保他了解有关火箭的一些基本原理，比如气体在火箭发动机内部严酷的环境下会有怎样的表现。随后，穆勒问邓恩介不介意暑假驻扎在得克萨斯州。毕竟从加利福尼亚州到得克萨斯州路途遥远，工作也会很辛苦，而且得克萨斯州的夏天酷热难当。又过了没几分钟，穆勒谢过邓恩，说他晚些会再联系获得实习机会的同学。

然而，邓恩不想就这样挂断电话。从穆勒的话里，他听不出自己会被录用还是婉拒。邓恩不是一个轻易放弃的人，他恳切地想为自己加分："穆勒先生，去SpaceX工作是我的梦想。这就是我毕生想从事的事业。如果有什么问题您想要问我，或是有什么方式可以让我向您证明我就是你们要找的那个人，请您尽管提出来。"

说完了这些之后，邓恩停顿了一下，忐忑地期待着。

"可以，"穆勒对邓恩说，"今年夏天你到得克萨斯州来吧。"

早在十年前邓恩就尝试摆弄火箭了，那时他还住在偏远的、山峦起伏的田纳西州东部。一开始他只是玩玩火箭模型，但到了1998年，荷默·希坎姆的经典回忆录《火箭男孩》燃起了邓恩对火箭更深的兴趣。他学会了将硝酸钾磨成细粉，再与糖混合，加热之后融化了的糖会覆盖在硝酸钾上，成为可以填装进火箭管身里实现发射的燃料。"我炸掉过不计其数的火箭和其他硬件，"邓恩回忆道，"失败的次数远比成功的次数多得多。"但最终，他做的火箭能升到一英里左右的空中。

就在邓恩即将进入大学的时候，另一股力量吸引了他。出于对文学的兴趣，他放弃了计算机工程学，转而攻读英文专业。两年之后，他又转去学习地质学。又过了一年，因为地质学太"纯"科学了，邓恩再次改了专业，选择了机械工程并坚持读完。到大四的时候，邓恩对太空飞行和火箭的未来有了许多思考。

就像四年前的马斯克一样，2005年的邓恩先是在美国宇航局的网站上搜索了有关宇宙探索的计划。那时的美国宇航局已经定下了一个计划，要造一枚类似"阿波罗"飞船的火箭，实现一个类似"阿波罗计划"的重返月球行动。邓恩越往下浏览，越觉得自己无法苟同美国宇航局的计划，因为这就是新瓶装旧酒。邓恩说："我感觉美国宇航局在做的事无法为我们实现宇宙探索的梦想。"那段时间邓恩正醉心于阅读安·兰德写的小说，他不禁思考，在公立机构停滞不前的这些年里，那些做事更灵活、更专注的私人公司能不能在太空飞行方面取得更大的成就呢？

就在这节骨眼上，邓恩偶然发现了SpaceX这家公司和那位不怕冒险的创始人。他看到了一则2003年末的旧新闻。就在那个冬天，马斯克带着他闪亮亮的"猎鹰1号"火箭，在华盛顿特区的市中心刮起了一阵旋风。这则新闻让邓恩大受震撼——这就是未来啊！邓恩突然知道自己该做什么了。他要加入SpaceX，帮助埃隆·马斯克制造火箭，改变世界。

2005年初，SpaceX才成立了不到三年，就已经在为首次火箭发射做准备了。邓恩毫不迟疑地打开SpaceX的网站，搜索实习机会。招聘广告上写着，寻找早露锋芒、保持出类拔萃、积极进取的实干家，只鼓励"人中龙凤"报名自荐。邓恩想，他只是一个普通的机械工程专业毕业生，全国成千上万莘莘学子中的普通一员，何以称得SpaceX所说的"人中龙凤"呢？

网站上还进一步举例说，符合要求的申请人或许在高中时就成功制作过液体燃料火箭。但邓恩做的糖和硝酸钾的混合装置是相对简单的固体燃料火箭，"所以我觉得，那时候我还没准备好。"邓恩回忆道。

最后，邓恩从杜克大学毕业，申请了另一家公司的暑期实习计划——那家公司就是蓝色起源。贝佐斯的航天公司比SpaceX要神秘得多，但它的基本理念也是想通过大幅降低人员和物资进入太空轨道的成本来重塑航天工业。在和这个本部位于西雅图附近的小公司进行了一系列电话面试之后，邓恩接到一通来电，告知他落榜了，不过他是十个实习名额之后的"第一候补"。蓝色起源的招聘人员告诉邓恩，如果十个人里有任何人退出，公司都会打电话给他。

邓恩说："我在电话里跟招聘人员说，就让我去为你们工作一个月吧，你们不用给我钱。一个月过后，如果我没有比其他十位实习生更努力，我就打道回府。我会坦然接受这个结果，还会感激能有这段经历。但如果我干得出色，比其他人都努力，那你们就把我留下来，按照实习生的待遇，让我干到暑期结束。"

招聘人员拒绝了这个提议，也没再给邓恩打过电话。

邓恩思考着自己未来的职业规划，却不知道下一步该怎么做。他想，或许先读一个硕士，再读个火箭科学的博士学位，借此成为某个领域的专家，这将是他在SpaceX得到工作机会的最佳途径。于是，他抱着这个目的报考了斯坦福大学。在校园里，邓恩遇到了一个用固体和液体推进剂研发混合动力火箭的学生群体，并和他们交上了朋友。邓恩全情投入在这个项目上，在此过程中，他认识了一位名叫埃里克·罗莫的MBA在读生。罗莫曾在2003年1月到2004年初期间在SpaceX的动力系统团队工作过。在和罗莫的交谈中，邓恩意识到，攻读一个火箭科学的博士学位并不能助他一臂之力，因为SpaceX需要的是实干家而不是学究。他应该在攻读硕士学位的同时尽可能多地获取实践经验，并竭尽全力在2006年夏天获得在SpaceX实习的机会。在与邓恩合作项目的过程中，罗莫承诺会替邓恩向自己在SpaceX的老上司穆勒美言几句。

2006年春季学期的课程刚一结束，邓恩就把行李塞进自己的丰田皮卡，驱车整整24个小时，从加利福尼亚州一路开到了得克萨斯州的麦格雷戈。这里是一个典型的得克萨斯州小镇，非常寂静，只有一个交叉路口，路边有许多皮卡车和一些褪色的广告，还有必不可少的DQ冰激凌店。几乎每一个得克萨斯州小镇上都会有一家DQ冰激凌店。抵达麦格雷戈之后，邓恩先是穿过了一个工业园区，然后驶入一条通往SpaceX试验场的长长车道，那里有一个测试台和一座碉楼。2006年时那里还没有警卫室，也没有大门来阻挡任何人进出，肉眼可见的地标就只有那座三脚架测试台。邓恩抱着敬畏的心情向试验场靠近。"我感觉自己好像是来到了精英联盟的总部。"他回忆道。

那年夏天，公司里人人士气高昂。马斯克期盼着能在当年底或2007年初完成"猎鹰1号"的第二次发射任务，动力系统团队有许多工作要忙。负责二级火箭的工程师们很快就会把红隼发动机运到麦格雷戈，然后一级火箭也要经历一系列深入测试。所以这注定是一个忙碌又炎热的夏天，白天漫长炎热，夜晚忙碌无眠。

在二级火箭发动机抵达麦格雷戈之前，邓恩有一星期左右的时间来适应这里的环境和试验场设施。他和试验场的其他人不仅要与得克萨斯州的野生动物斗智斗勇，还要抵御炙热难挡的天气。该地区在7月底到8月初的日平均最高气温可以达到98华氏度（约36.7摄氏度）。2006年夏天，从7月12日到8月27日，麦格雷戈试验场里的温度计水银柱只有6天没在100华氏度以上。

迪安·小野和其余在埃尔塞贡多参与开发的工程师们将红隼发动机送到了麦格雷戈，以便在"猎鹰1号"下一次发射之前对其进行测试。发动机拆封之后，工程师团队就开始夜以继日地鼓捣硬件。"这就是现实中公司做事的速度，"邓恩回忆道，"那是我第一次体会到SpaceX的工作日程可以有多紧凑。"

截至2006年，动力系统团队已经日益壮大。每天早上8点左右，二十几名工程师和技术人员就开始了一天的工作，他们通常会忙碌到午夜之后，这就是麦格雷戈平平无奇的一天。每当有发动机运抵现场，技术人员会先在一个小型厂房里进行初步检查，确保运输途中没出任何差池。随后，他们会给发动机添加一些零件和仪器，以便在测试中得到各种数据。在完成了这些准备工作之后，技术人员会将发动机吊装到测试台上。这个高耸的平台可以固定住发动机，同时也配备了管路系统，用来向发动机输入推进剂并带走废气。平台上还有无数的连接线，用来获取发动机性能的数据。

发动机一旦固定到测试台上，先要进行一系列电气检查，然后技术人员要确保控制火箭推进剂开关的关键阀门运作正常。还有许多其他流程：要确保所有的推进剂管路、发动机燃烧室都没有泄漏，要注入氮气，帮助排走发动机内的所有气体……完成这些准备工作需要好几天时间。

梅林发动机从底部到顶部高约10英尺，顶部与火箭的其他部分相连。工程师和技术人员穿着短衣短裤、网球鞋爬到测试台上鼓捣发动机，时而努力调整这个，时而匍匐爬进狭窄的空间里修理那个。在此期间，总有摇滚乐响彻整个测试台。那些音乐来自附近的"1047熊电台"，电波整天都在播放着林纳·史金纳、空中铁匠、滚石乐队的作品。对邓恩来说，尽管天气热到快把人烤焦了，漫长的夏日中仍不乏一些美妙的时刻，总有一些瞬间让他意识到自己正在实现一年半之前在杜克大学时憧憬过的梦想。他流着汗，或是拧动着扳手，或是专注于计算，无论做什么都是实打实地在帮马斯克造火箭。

"每天下午1点左右总会起风，横扫过得克萨斯州的试验场。"邓恩说，"你可能正在测试台上忙碌，然后就能体会到奇妙的感觉：身旁是你每天爬进爬出进行调试的火箭发动机，耳边是暴烈的摇滚乐声，忽然吹来一阵微风，拂过被炙烤了一上午的身体。你会不禁感叹，这样的日子真美好啊。"

如何安全地点燃一台火箭发动机是最棘手的难题之一。"猎鹰1号"火箭所使用的液氧和煤油燃料需要一个初始能量的突增，或是一个火花来触发燃烧，随后燃烧所产生的大量高温气体才能推动火箭起飞。所以，需要一个点火器来产生火花。这听上去很简单，但要在准确的时间点上保证每次都能成功地点燃一台火箭发动机其实是一项非常艰巨的任务。这是多年来困扰着动力系统团队的终极问题，无论是在埃尔塞贡多、夸贾林，还是麦格雷戈。

SpaceX一开始选择氢气点火器，后来又改用了一种具有挥发性的化学混合物TEA-TEB。TEA-TEB是三乙基铝烷和三乙基硼烷的混合物，本质上是两种金属物质各自与三个碳氢原子相连。连接这些分子的化学键非常脆弱，很容易断开。事实上，TEA-TEB一遇到氧气就会立刻自燃，产生绿色的火焰。所以，为了启动火箭发动机，就要将氧气泵入燃烧室内与TEA-TEB发生接触。在燃烧开始后，煤油燃料会被注入燃烧室，而TEA-TEB点火剂的流道会被关闭。随着液氧和煤油燃料的流量增大，发动机的推力也会增大。

直到十年之后，SpaceX依然在为点火问题伤脑筋，那是因为他们要让"猎鹰9号"一级火箭实现回收着陆。这意味着发动机要进行二次点火——不是在稳定的发射台上，而是在重回大气层时的超音速湍流中。经过多次的尝试和失败，SpaceX学到许多经验教训，其中就包括一定要备足TEA-TEB点火剂，保证在火箭升空之后还能多次点燃多个梅林发动机。2018年猎鹰重型火箭首次发射时,这个问题尤为显著。在多次为三台发动机重新点火之后,火箭内已经没有足够的点火剂来点燃两台外部的发动机了。无法点火会带来什么后果呢?火箭在距离回收船约一个美式足球场长度那么远的地方以300英里的时速猛烈地拍入海面,海上回收船受了轻伤,火箭则葬身海底。

在麦格雷戈的团队看来,只要进行了点火测试,火箭发动机就算是已经准备好进行正式发射了,尽管在那之前还要经历一系列的阶段性测试。最初的测试只冒出些许火焰,随后是低工况测试,接着是短暂的满工况测试,最后才是满工况全时长的测试。第二次发射中用到的梅林发动机进行全程点火测试的日期刚好被安排在邓恩实习期的最后一天,这将他在得克萨斯州中部度过的这个炎热夏天推向了高潮。

在为发动机做好最后的准备之后,一组工程师和技术人员撤退到了几百码外的田地里。这个距离足够让大家感受到发动机的威力,又不至于在意外到来时让人置身危险之中。

发动机点燃了,迸发出令人兴奋的火光和烟尘。"它就像一头猛兽,"邓恩回忆2006年梅林发动机点火测试的情景时说道,"那巨响和力量震撼着我,真的是震天巨响。我完全被它迷住了。"

对邓恩来说,那是一个相当充实的夏天。一路走来,他也从慷慨赐教的老员工们身上学到了很多。其实这些老将也并没有比24岁的邓恩大多少,但他们经历过夸贾林的第一次发射。霍尔曼和另一位动力系统工程师凯文·米勒会花时间向邓恩解释梅林发动机的内部工作原理,埃迪·托马斯也曾在休息抽烟的间隙与邓恩分享他在这一行的经验心得。

这些人有时也会感叹时过境迁，因为SpaceX正从蹒跚学步的初创企业逐渐脱胎成一家更体面的大企业。那一年，公司从美国宇航局那里得到了2.78亿美元的合同，还迎来了新任首席执行官吉姆·梅瑟。资金的注入和领导层的变动带来了新的规则和流程，比如火箭开发过程中所有细节都必须记录在案，当场拍板的决策逐渐减少。这一切都跟筹备第一次发射时的情形大不相同，公司已经脱胎换骨了。

那年夏天，邓恩和同事们在工作时不只会讨论即将到来的第二次发射，老员工们还将自己的知识传授给新人。邓恩最感兴趣的是那些SpaceX创业初期的日常故事，那时公司只有几十个员工，相互之间都认识，每到星期五下午大家就会轮流去给全公司的人买冰激凌。

在2006年的夏天，SpaceX渐渐走向成熟，同样走向成熟的还有邓恩。他一直都是个聪明的小伙子，也很勤奋。现在他找到了自己的奋斗目标，而这个目标也会毫不客气地榨干这位有志青年可以贡献的一切。事实证明，邓恩并没有错过这家公司历史上最重要的时期，他来得正是时候。在SpaceX往后的道路上，这位来自田纳西的年轻人并不只是旁观者，而是公司取得成功的关键。

暑期实习结束之后，邓恩回到斯坦福大学，在遥远的西海岸观看了在2007年3月进行的第二次发射。因为这一次的发射已经非常接近预定轨道了，所以当邓恩在2007年7月成为SpaceX的全职员工时，公司对第三次发射怀抱着极高的期望值。那年夏天，邓恩又回到了得克萨斯州。整个夏末和秋季，SpaceX的工程师们都在麦格雷戈，顶着得克萨斯州的炎炎烈日测试着装载了再生冷却系统的梅林发动机。这一代发动机被称为"梅林1C"，用于前两次发射的初代型号是"梅林1A"。当中还有过一款"梅林1B"发动机，就是采用了烧蚀设计的那款，推力比"梅林1A"增加了约10%。但后来，采用再生冷却系统的新版发动机开发进程出奇顺利，于是穆勒就放弃了"梅林1B"发动机。马斯克的判断是对的，他们一开始就应该采用再生冷却系统。

"梅林1C"发动机在麦格雷戈测试台上的表现技惊四座，一次点火能持续几分钟。团队再也不用在单次长时间点火测试之后丢弃旧的推力室了，因为有再生冷却系统的发动机可以重复使用。工程师们继续埋头苦干，用一个冬天的时间完善了新的发动机。在为实际要用于发射的发动机进行了相当于10次发射的点火测试之后，SpaceX宣布新的梅林发动机在2008年2月就能升空了。很快它就会被运送到欧姆雷克岛，备战第三次发射。

这一次，工程师们都坚信火箭能到达预定轨道。而扎卡里·邓恩也打算好了，要在夸贾林和大家并肩作战，为确保发射成功尽自己的一份力。

CHAPTER 8
第三次发射

（2008年5月—2008年8月）

扎卡里·邓恩希望一切能尽快步入正轨。到2008年春末，距离SpaceX与成功失之交臂的第二次发射已经过去一年多了。公司面临着不断增加的财务压力，需要尽快把第三枚火箭运出工厂，送上发射台，送入预定轨道。而邓恩比任何人都更渴盼这一刻的到来。自从通过电话面试向汤姆·穆勒求来了实习机会之后，邓恩奋勇应对了摆在面前的每一次技术挑战。所以尽管邓恩作为正式员工加入SpaceX还不到几个月，穆勒已经将负责第三次发射中火箭动力系统的重任交在了他手上。

用于第三次发射的一级火箭是在5月运抵夸贾林的。邓恩和十几名工程师及技术人员趁着5月底阵亡将士纪念日的长周末假期飞到了岛上，提早为将在6月份进行的静态点火测试做准备。一级火箭的静态点火测试进行得还算顺利，但当二级火箭的各个部件在6月陆续运抵欧姆雷克岛时，发动机的大喷管出现了问题。将在真空环境下负责推动二级火箭的红隼发动机是穆勒设计的，负责发动机制造的工程师是曾在TRW公司任职的迪安·小野。

红隼发动机的职责是在太空中将卫星推入预定轨道。在小野的密切监督下，红隼发动机在任何测试中都不曾失败过。红隼发动机上外接的大喷管直径在4英尺多一点儿，这个结构有助于扩大膨胀比，从而提升红隼发动机在真空中的工作效率。

大喷管和红隼发动机本体分开运输，是最晚运抵第三次发射现场的硬件设备之一，SpaceX在夸贾林焦急地期盼着它的到来。驻扎在夸贾林的美军将空中运输力量视为宝贵资源，后勤官员们为空运资源的征用建立了一套优先级制度。SpaceX在2005年初到夸贾林时，蒂姆·布扎和公司的其他一些高层就跟岛上负责军队后勤的联络人混熟了。这层关系让SpaceX得到了一个专为重要战争物资运输预留的优先级代码——"999"。SpaceX用这个代码解决了大部分硬件的运输问题。2005年12月下旬，为了赶在第一次发射前运输一批硬件，SpaceX动用了这个最高优先级的运输代码，征用了圣诞节之前飞往夸贾林的最后一趟军用后勤航班，导致当地人到了节后才收到装着圣诞树、火腿和圣诞礼物的包裹。"军队里的母亲们得知是我们占用了运力后简直气炸了，甚至在杂货店里指名道姓地骂我们。"布扎说，"自那以后我们学乖了一点儿，使用那个代码的次数略有减少。"

到2008年，SpaceX选择另辟蹊径来让大喷管早日运抵夸贾林。一名员工带着大喷管搭乘民航班机从洛杉矶飞到檀香山，再乘坐包机前往夸贾林。当大喷管运抵夸贾林时，邓恩及其他相关人员也已经按计划从洛杉矶飞抵那里，准备对二级火箭进行组装。在欧姆雷克岛上，他们打开了装有大喷管的包裹。当太阳缓缓爬上天空，质检员举着一面放大镜仔细地对大喷管进行了检查。制造红隼发动机大喷管所用的铌合金是地球上最硬的金属之一。SpaceX在宣传物料上标榜说，就算有太空碎片击中喷嘴，也"只会在金属表面留下凹痕，并不会对发动机性能造成显著影响"。负责质检的质保经理唐·肯尼迪确实没有在喷管上发现任何凹痕，却在一个关键的焊缝处发现了一条头发丝粗细的长裂痕。就因为红隼发动机大喷管上的这条裂痕，发射团队无法对二级火箭进行组装。刚上岛十五分钟的邓恩一行人唯有当即折返洛杉矶。

"我倒是不记得有为这种事动过气，"邓恩回想道，"我尽量有意识地避免太过强硬，不抓着犯错误的同事不放。因为我总觉得大家亲如手足，都是为了同一个理想在奋斗。"

邓恩知道，愤怒和沮丧是不能解决问题的，只会在紧张关头扰乱思绪，而创造力和快速思维有时却能激发出解决问题的方法。这种乐观的态度虽然无法修补当下大喷管上的裂痕，但在数个月之后，却会拯救邓恩和SpaceX的命运。

后来，工程师们拼凑出了大喷管受损的真相。发射团队原本就很担心焊缝处会在运输中受损，所以特别指派了一名同事全程护送，还在运输包装上加装了环境数据记录仪。数据显示，损坏是在夏威夷转机时发生的。当时SpaceX的那名职员乘坐出租车从檀香山的民用机场前往希卡姆空军基地，因为飞往夸贾林的包机要在那里起飞，大喷管则由快递公司负责运到希卡姆机场。

"只有那段时间我们的人没和大喷管在一起。"布扎说道，"快递司机肯定是驶过了一个两英尺深的坑，或是诸如此类的情况，我们相信这就是造成裂纹的原因。"

这条裂纹意味着SpaceX这次的发射任务又要延误了。好在有2006年美国宇航局的拨款，公司在财务上还没触及红线。但作为一家想靠发射载荷到太空实现盈利的公司，也是时候实现安全发射，把火箭送入预定轨道了。在第二次发射接近成功之后，马斯克宣布"猎鹰1号"火箭已经从研发阶段跨入了运营状态，这就等于宣称火箭已经准备好要大显身手了。在试验性的第一次发射中，SpaceX搭载了一颗由空军学院的学生制造的、价值不到10万美元的小型卫星。第二次发射搭载的是无须考虑真实价值的航天器模型。而在第三次发射任务中，SpaceX选择了三组客户，其中哪一家都得罪不起。

第三次发射的主要有效载荷来自美国空军，是一颗重180磅、名为"开拓者"的卫星，发射目的是要在太空轨道中测试卫星的新功能。此外，还有美国宇航局的两颗微型立方卫星，一颗用于研究如何部署太阳帆，另一颗用于研究酵母在太空中的生长。最后，这次发射还要搭载SpaceX真正意义上的第一个商业有效载荷——塞莱斯缇丝公司委托SpaceX将一些骨灰送入太空。这些骨灰有的来自委托塞莱斯缇丝公司的付费客户，还有一些来自社会名人，比如詹姆斯·杜汉，他因在最早的《星际迷航》电影及电视剧中扮演工程师斯科提而为人熟知。扮演了这么多年太空飞行的先驱，"斯科提"过世之后终于有机会上太空了。

也就是说，这次发射背负的载荷代表了SpaceX最重要的三方客户：军方、政府机构和商业太空客户。

马斯克还是一如既往地将注意力聚焦在更远大、更振奋人心的事情上。2008年春夏，他一直在高谈阔论，计划要将现有的火箭进行升级，称之为"猎鹰1e"火箭。而且，他要让火箭变得更大。所以SpaceX的工程师们不仅要在第二次、第三次发射之间改进"猎鹰1号"，还要挤出时间来推进"猎鹰9号"火箭的开发。"猎鹰9号"就是装载了9个梅林发动机的猎鹰火箭。与此同时，公司还在研究如何能将3枚"猎鹰9号"核心火箭连在一起，组成猎鹰重型火箭。

但如果SpaceX连相对简单的"猎鹰1号"都不能送入轨道，其余这些雄心勃勃的计划都只能是泡影，客户们会四散离去，美国宇航局也会对这家新兴的航天公司失去信心。虽然其他公司的火箭可能更贵，但至少不会让交付的载荷最终葬身海底。再说了，马斯克的资金就和他的耐心一样，也是有底线的。

"有些事就是很神奇，我最初计划的投入就是到第三次发射为止，"马斯克说，"坦白说，我认为如果经过三次发射还不能进入轨道，那公司就是命中该绝。这是我在创业之前就想好的。"

到第三次发射时，对于要去夸贾林环礁出差这件事，SpaceX的员工们已经习以为常。在三年的时间里，他们不仅学会了如何在热带环境中生存，还学会了享受岛上的生活——虽然其中有些经验来之不易。

早年有一次去夸贾林出差时，布莱恩·比耶德没赶上回夸贾林岛的夜班船。他索性和另外几个人一起在星空下露宿，度过了一个愉快的夜晚。但到了第二天早上，比耶德没有换洗的衣物，只好从欧姆雷克岛上一堆"猎鹰1号"的周边商品中拿了一件T恤衫来穿。这件真空包装的T恤衫虽然有些褶皱，但至少是件干净的衣服，也能遮挡些许岛上强烈的日光。比耶德每天都要在身上涂抹大量防晒霜，覆盖暴露在阳光下的每一寸皮肤。那天，涂满防晒霜的比耶德发现T恤衫上的褶皱渐渐在海岛的高温加湿度下被烫平了。

那天下午晚些时候，比耶德去洗了个澡。"脱下T恤衫我才发现，即使隔着衣服我还是被晒伤了，而且是有史以来最严重的一次，彻彻底底地被晒伤了。"他说，"我觉得自己总有一天会因为在夸贾林的这段经历而患上皮肤癌。阳光直接穿透了那件廉价的白T恤衫，有衣服遮体的地方我并没有涂防晒霜，换成是你也不会多此一举吧？"

高温高湿的环境还在以别的方式折磨着欧姆雷克岛上的人们。比耶德是在加利福尼亚州长大的，那里有时也会很热，但很少如此潮湿。而且他以前从来没经历过如此辛苦的体力劳动。股癣这个东西，对于常年漂泊在海上的海军陆战队员来说或许并不陌生，但对比耶德来说却是一个新鲜事。"我不算特别瘦，如果大腿内侧产生了摩擦，又刚巧在流汗，就很容易引起皮肤发炎，"比耶德说道，"遇上充满盐分又潮湿的环境就更是雪上加霜。"

有一天，比耶德把腿弓成O形，艰难地在岛上四处挪动。他向更有经验的克里斯·汤普森请教该如何处理这让人痛苦的隐疾，是否需要注射青霉素。汤普森曾在海军陆战队服役，他教给比耶德一个小妙招——将腋下止汗剂抹在两腿之间。还有一条实用建议，把宽松的四角裤换成贴肤紧身的平口裤。

岛上为数不多的女士们也要面对属于她们的磨难。早年的岛上生活对于安妮·钦纳里和弗洛·李而言并没有太多的私密空间，因为岛上连自来水都不见得有。要想使用岛上的厕所，就得先准备一个桶，装满海水，用来冲厕所。淋浴设备就更原始了。一开始，SpaceX的岛民们只是找了个垃圾桶，装满清水用来洗手。后来据李说，有时一天忙碌下来，已经热到满身大汗了，她就会穿上泳衣，把桶里的雨水从头淋到脚，就算是洗澡了。

到了2006年筹备第一次发射时，岛上的小团队已经将垃圾桶升级成了营地淋浴装置。他们用许多巨大的黑色袋子收集雨水，白天把储满水的袋子扔在直升机停机坪上，让水自然升温。要洗澡的时候，他们就取一个袋子，倒挂在一把金属的折叠椅上，这样就能享受奢侈的温水淋浴了。考虑到钦纳里和李，他们还准备了浴帘，为女士们提供些许私密性。

这些工程师和技术人员白天都在拼命工作，但当夕阳西下，他们也会给自己放个假。有的人去游泳，甚至在潟湖里裸泳，这似乎是逃避酷热的终极手段。

寻开心的时候也会出乱子。欧姆雷克岛面积很小，步行几分钟就能横跨整个岛。在准备后几次发射的时候，岛上多出了一辆破旧的高尔夫球车，供员工们使用。用邓恩的话说，那辆车就是勉强用废铜烂铁拼凑起来的"一坨屎"。在第二次和第三次发射之间的不知何时，高尔夫球车上的刹车坏了。当发射团队从洛杉矶回到岛上准备第三次发射时，还没人发现这一点。某天工作结束后，有些人正准备乘船回到夸贾林岛上去。邓恩心血来潮，想要以一种特别的方式与他们道别。他跳上了停在房车附近的高尔夫球车，猛踩油门，全速前进。在邓恩的设想中，如果能飞驰着经过那些正要乘船离开的朋友，一边按喇叭一边挥手，肯定很有趣。

持续加速的高尔夫球车在驶近码头时速度已经很快了，邓恩觉得该减速了，这样才好跟船上的人打招呼。但下一秒就像卡通片里的镜头一般，邓恩踩下刹车踏板，踏板毫无阻力地直接掉到了车底。他确实成功引起了朋友们的注意，但并不是依照设想好的情景——他一路尖叫，急速冲上了一小片岩坡。潟湖就在眼前，再这样下去，高尔夫球车很有可能滚落到海里。千钧一发之际，邓恩做出了一个决定，他猛打方向盘，朝一棵棕榈树撞了过去。

"结果船上的人们并没有看到我挥着手按着喇叭，傻呵呵地从高尔夫球车上跟他们道别，而是目睹了我莫名其妙地全速向前猛冲，"邓恩说道，"然后不带一丝减速地撞上了棕榈树。"猛烈的冲击力把邓恩甩出了车外。好在并没有造成什么大碍，只是引起了船上众人的哄堂大笑而已。

有些留在岛上过夜的员工会去欧姆雷克岛周围的珊瑚礁中钓鱼。不论钓到什么，最后都会放生。生长在热带珊瑚礁上的微小生物会制造雪卡毒素，小鱼进食了有毒微藻，体内就会积聚毒素。在位于食物链上游的大鱼体内，毒素的浓度会更高。本地的马绍尔人已经对这种毒素产生了抗体，但外来人吃下去就会造成严重的食物中毒。SpaceX的员工们时不时就会听到新闻报道，有人来到夸贾林，因为吃了珊瑚中的鱼而中毒身亡。

陆地上也有来自大自然的威胁。生长在欧姆雷克岛上的椰子蟹体长可达三英尺，是世界上最大的节肢动物。有时，人们会看到椰子蟹匆匆忙忙地爬上一棵椰子树，用强有力的钳子把椰子敲落，再爬回地上，钳开椰子来吃。结构工程师杰夫·里希奇说："反正我们绝不敢光着身子睡在这里的海滩上。"

到了准备第三次发射的时候，欧姆雷克岛上的工程师和技术人员们还在不断努力改善自己的生存环境，尤其是在饮食方面。他们会轮流用房车上的厨房烹制出胜过夸贾林军队食堂伙食的饭菜，早上做个热气腾腾的炒鸡蛋，晚上则会各显身手。布伦特·阿尔坦和一位新来的发射工程师瑞奇·林是最常下厨的两个人，因为他们很享受烹饪的乐趣。两人有时烤牛排，有时候做大虾配辣椒酱。阿尔坦的拿手菜是土耳其炖牛肉，搭配洋葱酸奶意面，再淋上黄油番茄浇汁，这是欧姆雷克岛上广受大家喜爱的一道佳肴。当然岛上还有其他惹人喜爱的东西——公司专门配备了一台海运冷链集装箱，里面有无限量供应的饮料，包括为漫漫长夜准备的啤酒。

"与第一次发射时相比，现在岛上的一切简直如梦幻般奢华，所以大家也开始爱上这里的生活了。"阿尔坦说，"熬过了炼狱般艰苦的白天之后，我们在晚餐时聚到一起，坐下来好好放松一会儿。我们会一遍又一遍地重复观看同一部电影，比如《星河战队》。最重要的是，这群人之间培养出了深厚的同事情谊。"

这些在岛上过夜的人们还建造了一个木质甲板，与房车相连，他们可以在那里仰望地球上最深邃的星空。虽然经常有云层遮挡视线，但只要天一放晴，就能看到上百万颗璀璨的星辰。有时也能看到"人造星"，它们乍一看很像流星，却不会一闪而过，反而越来越明亮——因为它们是从美国本土冲着夸贾林环礁发射的洲际弹道导弹。

这真是颇为讽刺的事：当初SpaceX为了尽快实现发射，被迫从范登堡空军基地搬来了夸贾林，可一到这里，员工们就近距离目击了从范登堡发射出来的导弹。曾经有大半个世纪，这个小环礁一直是洲际弹道导弹的研发基地，直到现在，岛上的军事设施还在发挥一定效用。但一直以来，夸贾林岛最大的用处就是作为一个巨大的靶场。

当空军想要测试弹道导弹的准确性时，就会从范登堡空军基地向着夸贾林发射。位于夸贾林的里根试验场拥有先进的雷达、摄像，及其他跟踪设备，能在导弹以每秒约4英里的速度穿过大气层时捕捉到精确的雷达及光学数据。导弹的目标通常是夸贾林环礁西侧的伊列吉尼岛。这就意味着这些导弹几乎是从正面越过位于环礁东侧的欧姆雷克岛。导弹横空飞来时，在岛上过夜的SpaceX员工们都会发出惊叹。导弹的三级发动机会在夸贾林岛附近脱落，只留下装载了模拟弹头的母舱。

在房车里过夜的另一个好处就是可以免去清早奔波的辛苦，还能多睡一会儿。虽然有巨型双体船每天准点来往于夸贾林岛和梅克岛，接送波音公司的员工上下班，顺便将SpaceX的员工送上欧姆雷克岛，但开船时间太早了，每天清晨6点5分就要离开码头。这就意味着布扎他们必须起得非常早，才有可能在横跨夸贾林岛去码头赶早班船之前吃上一口早饭。

"我从不曾错过那艘船，"布扎说，"但团队里时不时就会有人赶不上早班船。军队是非常守时的，而且没有任何回旋的余地。除了有一次，他们确实曾经为了接埃隆而掉头驶回码头。"

如果有员工错过了摆渡船，也还是有其他解决方案的。当SpaceX决定将发射场转移到夸贾林时，马斯克购买了一艘名为"游隼"的渔船，并将其运到太平洋彼岸，供员工们使用。这艘被员工们戏称为"游侠"的渔船前侧有宽敞的开放式甲板，驾驶室后面有一块可以坐的区域，升高甲板的塔台上也能站几个人，方便观测鱼群。所以整艘船能容纳15到20个人。

"有些时候航程相当平稳，"邓恩说，"有时候则要在巨浪中颠簸。每当遇到风浪汹涌的日子，回程时我都喜欢坐在船头，享受溅起的水花。"

海洋和潟湖交汇处的海水是最汹涌的。梅克海峡是位于梅克岛和欧姆雷克岛之间的一条狭长水域，那里的海浪有时能高达15英尺。巨浪打来时，只有站在渔船塔台上的人才能勉强看到浪尖，站在下层甲板上的人们只能眼看着一堵水墙迎面袭来。

"游隼号"本身并不适合这种强度的出海频率，每天数小时行驶在颠簸的海浪中，使得这艘渔船动不动就会罢工。在第二和第三次发射之间，布扎通过他在夸贾林的关系网打听到一对曾驾船环游世界的夫妇，并问他们是否愿意为SpaceX驾驶和维护"游隼号"，他们答应了。多亏了这对花名"咸狗"和"太空妈妈"的夫妇，SpaceX的小船变得好用多了。

但当有人错过了摆渡船，而SpaceX的小船又刚好在检修的时候，布扎就要面临一项抉择——是该让那个人今天不用来上班了呢，还是动用直升机把那个人运到岛上来。统一调度的休伊直升机是环礁上往来于岛屿间常见的交通工具。布扎只需要致电直升机专线，哪位穿着人字拖的飞行员有空就会去跑一趟。时间久了，布扎开始了解到这些飞行员平时的样子了。每次布扎半夜跑去夸贾林岛上的酒吧喝酒，都会遇到这些飞行员喝到酩酊大醉。他还留意到，每当跨岛飞行时这些飞行员总是贴着海面飞行，从不会飞得很高。有一次，布扎忍不住问他们为什么不飞得更高一点儿。

飞行员回答道："我只在自己可以安全跳海的高度上飞行。"

到了临近第三次发射时，SpaceX再也不是只有几十个人挣扎着创业的小团队了，它已经越来越像一家真正的火箭公司。美国宇航局在2006年8月与SpaceX签订了一笔大合同，这让公司有资金将当时散落在埃尔塞贡多四栋大厦里的所有人都整合到霍桑附近的一个独具特色的白色工厂里办公。公司的新地址是火箭路1号。

多年以来，波音公司都在这个庞大的厂房里组装波音747飞机。鲍勃·里根第一次看到波音公司的这间旧厂房时，并没有产生什么好印象。里根是马斯克在公司成立初期聘请的一名机械师，他回忆道："这个建筑真是丑极了。我被委派去负责大楼的改造工程，这简直是我经历过最可怕的噩梦。"

SpaceX是在2007年5月租下这栋建筑的，马斯克希望公司在10月底之前就能搬进新的办公室。所以里根必须用短短一个夏天把大楼清空，铺设定制的交流电线路及其他设施。他还要在原有基础上新增楼层和办公空间，把场地扩充到100万平方英尺，并配置发射任务控制室、带隔断的办公区域，以及数十个会议室。

在里根的鞭策下，大批承包商在看似不可能的时间内完成了交付，工厂大楼确实在10月底迎接了300多位SpaceX员工的到来。但马斯克为此给予里根的奖励让他感觉自己被卸磨杀驴了。"马斯克给了我一万股股票，我当时很生气，因为我觉得那什么都不值，"里根说着，自己也笑了起来，"我不知道股价会涨到每股212美元。我误会他了，他确实待我不薄。"

作为SpaceX的领导人，马斯克展现了诸多才华，其中之一就是他总能找到不同的方法来激励员工。史蒂夫·戴维斯说，马斯克时不时就来到他办公桌边，对控制火箭飞行的计算机模拟程序提出一些非常细致的问题。然后两人就火箭上的某个环节或电气系统的某个问题开始打赌，几乎每次都是马斯克赢。在2007年某个系统测试之前，马斯克加大了赌注。戴维斯赌20美元，说自己能在某个日期之前完成一些方面的测试。而马斯克则下注一台酸奶冰激凌机，赌戴维斯赶不上那个时间节点。

"我们各自押上赌注时，就注定了员工们有机会得到一台酸奶冰激凌机，也保证了我一定会万无一失地完成那些测试。"戴维斯说，"你要是现在去SpaceX在霍桑的办公室，还能看到那次打赌的战利品。那台酸奶冰激凌机就摆在公司食堂的正中央，免费为员工提供酸奶冰激凌。由此你就看得出，马斯克真的很善于激励下属。"

随着SpaceX的不断成长，有些最早加入的员工开始相继离职，另启新的征程。菲尔·卡苏夫和杰瑞米·霍尔曼都在2007年11月离开了公司。卡苏夫选择去攻读硕士学位。霍尔曼计划离职已经有一段时间了，但这并不完全因为他在第一次发射后与马斯克发生了争执。霍尔曼依旧非常认同公司的愿景，也很珍惜与穆勒、动力系统团队其他成员共事的机会。但他和妻子结婚两年了，正在考虑孕育新生命。看到工作给穆勒和布扎在兼顾育儿方面带来的痛苦，霍尔曼觉得他应该换个生活方式，找一份不这么拼命的工作。但作为穆勒的左膀右臂，霍尔曼在火箭发动机的开发和测试中依然扮演着不可或缺的角色，他也担负着在欧姆雷克岛组装火箭的任务。

为了不让穆勒和团队失望，霍尔曼努力寻找着合格的继任者，邓恩就是他看好的备选人之一。霍尔曼在2006年夏天就曾与这名充满热情的实习生共事过，对他印象颇深。一年之后，邓恩成为SpaceX的正式员工，霍尔曼在火箭测试和组装方面对他进行了更细致的指导。他培养邓恩在发射控制室里接替自己的位置，在发射前及升空后通过火箭传回的数据监视一级火箭的动力系统。

霍尔曼离职时，邓恩来公司还不足四个月。但汤姆·穆勒还是将整个火箭一级动力系统全权交给了这个20岁出头的毛头小伙子。邓恩要先在麦格雷戈监督一级火箭完成测试，再飞到夸贾林参与最终组装。"我不敢说自己能取代杰瑞米，因为他简直是一个传奇，"邓恩说，"我只是尽力去完成之前由他负责的工作。"

责任带来了更大的压力。SpaceX经历过两次发射失败，所以这次必须成功。不只是因为这次火箭上有三个来自客户的有效载荷，还因为更多的人仍在观望等待，视结果决定日后是否选用SpaceX的发射服务。航空航天领域从来都不缺竞争者，大家都在等着看又一家商业太空公司栽跟头，这样发射行业的大型企业就能继续在竞争不多的情况下承接利润丰厚的政府的合同。

"当时的我对自己的无知一无所知。"谈起被委以重任，全权负责"猎鹰1号"的动力系统一事，邓恩这样说道，"如果这事发生在当下，我一定会非常忧虑，一定会思前想后。但当时我的反应却是，'就让我们向前冲吧'。我一心只想尽我所能，拼了命也要把这件事做好。"

他也确实是这么做的。迈向发射的第一步就是完成发动机的制造。只有少数技术人员和工程师参与了这项工作，他们从一个个螺丝钉、密封件、O形环和晶体管开始组装出整个发动机。在这个过程中，他们要忙着在工厂里四处寻找零件，还要尽心竭力地遵循指示。那个时候组装一台梅林发动机大约需要一个月时间，在此期间大家一直都在加班加点地工作。

"从某种程度上说，大家其实是在比着干。这大概和公司文化中的好胜心也有一定关系。"邓恩说道,"就好比我会想,别人都这么努力,我一定不能输,不能做第一个回家休息的人。"

2008年8月3日,在夸贾林岛上SpaceX的小型控制室里,邓恩坐在自己的位置上。"猎鹰1号"火箭开始进入发射倒计时,邓恩紧盯着屏幕,关注着梅林发动机和一级火箭燃料箱的状态。数据不停地滚动,显示着各种压力、温度和其他变量。虽然前一晚因为太过期待没能入睡,但由于发射迫在眉睫,邓恩整个早上都保持着高度警醒的状态。他第一次踏上夸贾林岛也不过是几个月之前的事,但他立刻就爱上了这个地方。夸贾林炎热潮湿,但与得克萨斯州夏天的炎热相比简直不值一提。并且,在欧姆雷克岛上度过的夜晚让邓恩回想起了从前在田纳西州露营的情景。

十几个工程师把狭小的控制室塞得满满当当的。邓恩坐在控制台旁的位置上,霍尔曼站在他身后。霍尔曼的新雇主是一家总部位于波士顿的航空航天公司,他们同意为了这次发射把霍尔曼借给SpaceX。霍尔曼并不需要介入具体操作,因为邓恩已经紧跟霍尔曼留下的手写笔记和备忘清单,很好地掌握了这份新工作。邓恩就像之前坐在这个位置上的霍尔曼一样,将目光锁定在不断更新的数据上,检测着"猎鹰1号"火箭动力系统的状态。

在霍桑的办公室里,大家士气高昂。员工和家属们聚集在一起,网络直播的画面被投射到新车间前端的一块大屏幕上,欢庆的气氛已经笼罩了全场。里根一早在车间后方准备了一个喝酒用的冰槽。一块四英尺长的冰块里刻上了SpaceX的字样,酒可以从冰槽中流过。"我和格温一人喝了一小杯龙舌兰酒。"里根说道。

那口酒尝起来就是成功的味道。大家就等着火箭到达预定轨道，好在晚上大肆庆祝一番。

但倒计时进行得并不顺利。当地时间上午11点，布扎和他的团队在发射窗口开启之前就遇到了问题。向火箭灌装氦气的过程比预期要慢，这使得已经在火箭上的煤油燃料降温过多，就跟第二次发射时遇到的情况差不多。团队需要泄出推进剂，从头再启动一次全过程。

发射窗口将在下午3点30分关闭，这样安排是为了万一发射因故延期，SpaceX的团队还能有足够的时间泄出推进剂，并在天黑之前确认好火箭的状况。根据SpaceX与当地军方签订的协议，SpaceX还必须进行一项分析，证明在被分配到的发射窗口内发射不会撞到轨道上已有的物体。如果在这个时间窗口之外进行发射，"猎鹰1号"则有可能撞到太空中的物体——即便这种可能性微乎其微。

时间临近发射窗口关闭时，一切似乎回到了正轨，但老天爷又给团队出了个难题。下午3点20分，在倒计时的最后阶段，一场雷雨直接来到欧姆雷克岛上空。火箭没法在暴风雨中安全发射，但当地的天气预报员预测这场暴雨很快就会过境。布扎了解到万事俱备只差天气时，就跟靶场指挥官协商，将发射窗口延长了10分钟。果然暴风雨很快就过去了，3点34分，布扎终于发出了启动信号，"猎鹰1号"发射升空了。白色的火箭在放晴的天空中爬升，信心满满地呼啸驶向似乎注定完满的结局。

这一刻，邓恩的灵魂像飘出了身体。坐在控制台边的他，在"猎鹰1号"升空的过程中甚至忘记了时间。在2分40秒的过程中，梅林发动机始终表现出色，使一级火箭顺利爬升到太空中。但对邓恩来说，全程仿佛不到1

189

分钟，就像是眨眼的一瞬间。最终，一级火箭动力系统完成了任务，接下去就要交给二级火箭了。

这时，现实震碎了邓恩陶醉的心境。

"发生异常的时候，我正低着头在看数据，听到有人倒吸了一口气。"邓恩说，"当我抬起头，已经能明显看出事情不对劲了。我花了一些时间来接受这个现实，这实在是太令人失望。身边的伙伴们也都非常崩溃。"

事实上，有些人已经忍不住哭了出来。

邓恩听到的叹气声来自那些在飞行控制室里注视着视频监视器的人。二级火箭上装载的摄像头俯视着记录下了惨剧的全过程。

当梅林发动机完成燃烧时，火箭已经把蔚蓝的太平洋和雪白的云层抛在了身后。随着发动机关闭，一级火箭完成分离，并开始向地面坠落，但还没下落几英尺就又向上反弹，撞向了二级火箭的底部，吓坏了正在关注发射的众人。更可怕的是，碰撞导致二级火箭翻滚着失去了控制。这一切对火箭科学家来说，简直是会让他们惊出一身冷汗的连环噩梦。

摄像头传来的画面闪烁着消失了，大家都知道这次的发射任务已经彻底失败。"猎鹰1号"的一级火箭和二级火箭垂直插回地面。《星际迷航》里的蒙哥马利·斯科提确实第一次实现了"冲破最后边界"的愿望，只不过并非以鲜活之躯，而是以骨灰的形式，也并没有实现永恒的停留，只是短暂的瞬间。随着这次发射的失败，SpaceX的星际之旅似乎也要结束了。

在加利福尼亚州的SpaceX总部里，庆祝的气氛迅速跌入沉寂。在移动指挥车里，穆勒如同往常发射时一样，全程坐在马斯克身边，实时关注着从夸贾林发来的动态。当梅林发动机熊熊燃烧时，穆勒感觉好极了。但与以往发射不同的是，强劲的红隼发动机这次并没有机会点火，也就无法将有效载荷推入轨道。这次失败对大家造成了压倒性的打击。明明发射中最难的部分都已经过关了，一级火箭刚刚完成任务，却又栽了跟头。从实况传输的视频来判断，穆勒认为一定是两级火箭的分离系统出了问题。在这情急万分的当下，他立刻向汤普森表达了观点。

火箭的分离系统是由结构工程师汤普森负责的，面对指责他很不服气，认为穆勒的结论为时过早。"这简直是无中生有，"汤普森回应道，"你得先看数据才能下结论指责别人。"

史蒂夫·戴维斯已经在着手分析数据了。一夜通宵之后，他终于弄清楚发生了什么。戴维斯先是逐帧仔细查看了当时的视频，看到作动器确实在运作，所以确认一、二级火箭的确完成了分离。接着，他又从另一个控制台上打印了火箭计算机发回的数据，并留意到一个奇怪的现象——数据显示一级火箭在完成分离之后加速度并没有归零。戴维斯意识到，这证明汤普森没有错；相反，问题的根源出在由穆勒负责的添加了再生冷却系统的梅林发动机身上。

梅林1C发动机没有再采用之前的烧蚀设计，而是通过让处于环境温度的煤油燃料流过贯穿燃烧室和喷管的管道来防止发动机过热。动力系统团队并没有在一级火箭燃烧的最终阶段精确计算再生冷却系统中的煤油燃料量。当箭载计算机发出指令关闭主发动机后，程序几乎立即就会发出信号，让一级火箭从二级火箭分离。但火箭发动机一旦点火就会燃烧到燃尽一切进入燃烧室的燃料为止。残留在再生冷却管道中的一些煤油燃料，混合着燃烧室中的少量氧气，便产生了极其轻微，却是灾难性的推力。

"这次的重创堪比第一次发射的失败,因为这一切本来都是可以避免的。"穆勒说。

穆勒和动力系统小组应该事先想到这个问题吗?或许吧。但残留在再生冷却管道中的燃料真的只产生了极小的推力,大概只持续了1秒钟而已。在全功率状态下,梅林发动机燃烧室内的压强可以达到1400psi(磅每平方英寸)左右。相比之下,在第三次发射中主发动机关闭后瞬间产生的燃烧室压强不过是10psi,这比海平面上的空气压力还要小。所以即使在得克萨斯州进行了许多次发动机测试,SpaceX的团队也没有发现这个瞬间推力。

"在测试台上你根本看不到这个推力,因为周围的空气压强也有15psi,而火箭发动机舱压跌至大约10psi,"马斯克解释道,"回看视频时,如果你非常仔细地观察,确实可以看到一丝非常微小的推力痕迹。但当火箭发动机在15psi的大气环境中产生10psi的推力时,你基本不会注意到,甚至在数据中也不会显示。"

但在真空的太空中,两级火箭又如此接近,即使是微不足道的推力也足以发生灾难性的碰撞。这个问题只要在飞行程序中修改一个数字就能解决。在第四次发射中,SpaceX需要做的就是在主发动机关闭和两级火箭分离之间多加4秒钟时间——但前提是,还会有第四次发射。

这次失败的直接后果就是远在夸贾林岛上的所有人都不敢妄想还有下一次。一位当时和邓恩、布伦特·阿尔坦同在控制室的工程师回忆道,当天他骑车回到梅西酒店的途中,思绪和车轮一样转个不停——他和妻子从湾区搬到洛杉矶,做出那么多牺牲,就是为了这样的一个结局吗?还会不会有下一次发射呢?埃隆还有剩余资金吗?几天之后SpaceX还会存在吗?

那天晚上，阿尔坦和其他在岛上的SpaceX员工一样，灌下一罐又一罐啤酒，把自己喝到不省人事。他们哀悼发生的一切。前两次发射，每次都有进步，从刚升空就爆炸，到即将进入轨道才出差错。但第三次发射的失败让人感觉像是一次倒退。如果公司没有在进步，它又将去向何方呢？

"在那次发射之前，我认为大家心中都是这么想的：'伙计们，就看这次了！第二次发射距离成功都已经这么近了，这次我们一定能成。'"弗洛·李回忆道，"而第三次，对我们所有人来说都是最让人心碎的一次，我感受到前所未有的沮丧。就因为在第二次发射中已经取得了长足的进步，所以大家真的都以为第三次发射的成功已经是囊中之物了。发射最后以这样的失败收场，对所有人都是难以承受的打击。"

每一次筹备发射时，发射团队都只会先预定飞往夸贾林的单程票。因为日程上总有这样那样的延误，他们永远无法确定自己哪天能飞回加利福尼亚州。只有在火箭发射之后，他们才会预订回程机票。在第三次发射之后，发射团队沉浸在悲痛之中，悲伤激发出了他们内心的黑色幽默。一众工程师和技术人员掂量着，这一次他们是不是得自掏腰包，购买飞回洛杉矶的机票了。

"第三次发射的失败是毁灭性的，"钦纳里说，"埃隆在早前说过，他会负担前三次发射的费用。他想让我们没有后顾之忧地去做出尝试，但他能像这样坚持多久呢？失败三次算是不少了。"

在航空航天领域，几乎没有谁能挨过这么多次失败。

布伦特·阿尔坦的土耳其炖牛肉

"需要美味晚餐时，就做这道菜。"

配料

洋葱（2—3头）

大蒜（5—6瓣）

牛肉糜（1磅）

黄油（半杯）

中型贝壳意面（3盒 | 16盎司装）

原味酸奶（1盒 | 32盎司装）

土耳其红辣椒粉（1汤匙 | 另备一些用作点缀）

盐

新鲜研磨的胡椒

新鲜的薄荷叶

步骤

- 将洋葱切碎。

- 压碎大蒜,并剥去蒜皮,切去茎部。

- 将牛肉糜分成几份,方便烹饪。

- 取一口大锅,用中至大火,将1汤匙的黄油熔化。

- 将洋葱加入熔化的黄油中,煮至透明。

- 加入牛肉糜,与洋葱一起翻炒,用锅铲摊平牛肉糜。在此过程中加入盐和胡椒调味。

- 待牛肉糜完全煮熟并释出肉汁时,加入意面,并在锅中注入清水,至没过意面0.5英寸左右处(允许有0.1英寸的误差)。

- 煮意面的同时,将酸奶与2—3汤匙的盐混合,并加入之前去皮碾碎的大蒜,充分搅拌。

- 将剩余的黄油放入小锅内,加入土耳其红辣椒粉备用——先别急着煮,等饿狼们到了再动手。

- 当意面差不多煮好了的时候,水分应该已经被吸收得差不多了。这时就可以招呼大家开饭了。

- 当大家排着队等吃的时候,开火让小锅里的黄油熔化起泡。

- 在每个人的碟子里先盛上一勺牛肉糜和意面的混合物，再将酸奶调料淋在意面上，最后洒上一些黄油辣椒汁。
- 在面上撒上薄荷和红辣椒粉。
- 开吃！

CHAPTER 9
八个星期

（2008年8月—2008年9月）

汉斯·科尼格斯曼感觉糟透了。"猎鹰1号"的一、二级火箭发生碰撞之后的那个晚上，他花了很长时间不断反思这场灾难。又一次的失败，让他不得不再一次思考自己的责任。作为首席发射工程师，对于从梅林发动机关闭到两级火箭分离之间没有留出足够的时间这件事，他也负有一些责任。他也和其他人一样，没有发现残余推力这一隐患。

这当然可以说是运气不好。回望这几年，SpaceX确实命运多舛，但真要怪在运气头上，那只是在给自己找借口。如果不是运气的问题，那或许是SpaceX真的不够好？至少公司屡试屡败的记录是无可否认的。SpaceX已经进行了三次发射，结果却是三振出局，而科尼格斯曼在每一次任务中都扮演了重要角色。马斯克确实履行着他的职责，兑现了他提供种子资金的承诺，支撑着公司进行了三次发射尝试。而现在，随着一次次的失败，科尼格斯曼担心马斯克会将其日渐紧缺的资源和时间投入到特斯拉及其他创业项目中去。但就算是这样，他也无法责怪这位创业家。

在第三次发射失败的第二天，马斯克召集所有"猎鹰1号"的工作人员开会。几十个人挤进了新工厂一进门左侧、以冯·布劳恩命名的会议室。大家有的坐在桌边，有的沿着这间梯形会议室的墙站着。马斯克背对一面玻璃墙，坐在最前面，努力寻找着适合当下的措辞。科尼格斯曼、布扎和发射团队在夸贾林的控制中心里，从线上参与会议。戴维斯率先发言，介绍了他对第三次发射失败的初步调查结果。戴维斯说，这个问题应该很容易解决。然后就轮到马斯克发言了，没有人知道老板接下来会说些什么。

马斯克和所有员工一样感到伤心失望，甚至比任何人都更沮丧。他已经在SpaceX上赌了许多东西，包括时间、金钱，还有精力，却回报甚少。现在，他的个人资产就快耗尽了，所有家当都投在了SpaceX和特斯拉两家公司上。一切都在分崩离析。马斯克想要改变世界，但世界拒绝改变。

"当时我必须将大量的资金分配给特斯拉和太阳城这两家公司，所以我已经没钱了。"马斯克说道，"我们已经有了三次失败记录，想去筹集资金非常困难。经济衰退又袭来，特斯拉在那年夏天原本计划实现的那一轮融资泡汤了。我又离婚了，自己甚至连套房子都没有，因为房子给了我前妻。总的来说，那是一个糟糕透顶的夏天。"

马斯克真的是把所有净资产都投进了自己的火箭和新能源汽车项目，但截至2008年8月，他几乎还拿不出什么像样的成果。他的火箭公司制造了一连串失败，特斯拉同样面临资金短缺的问题，公司才刚刚开始销售其第一款产品Roadster跑车，距离首次公募还有两年时间。

但在8月初，当马斯克环视会议室，他还是看到了起死回生的希望，因为至少还有一支优秀的团队。这些人都是他亲自聘请来，也是他挑选出来的。他们既聪明又有创造力，愿意付出自己的一切。马斯克一路鞭策着团队前进，鞭策得非常用力。他们是犯了错，但他们很敬业，全身心地投入SpaceX的事业。所以在这至暗时刻，马斯克决定不指责任何人。他完全可以毫不留情地给出残忍而诚实的反馈，不顾及任何人的感受，但他并没有这么做，而是以振奋人心的讲话鼓舞了整个团队。事已至此，既然前三次发射都失败了，他希望团队可以放手做最后一搏。会议室外的工厂车间里就有组装"猎鹰1号"所需的各个部件，马斯克对大家说，去把它造出来，然后把它送上天。

他们缺少的只是时间。

"他让我大吃一惊。"科尼格斯曼说，"他把所有人召集在那个房间里说，我们还有一枚火箭呢，大家振作起来，回到岛上去，在六周之内把它发射上天。"

在这次全体会议之后，员工们意识到背水一战的时刻就要来了。如果最后这枚火箭能够安全地进入轨道，公司就还有一丝生存的希望。面对越来越多的质疑者，只有成功才能让马斯克给出有底气的回应，也能让肖特威尔不用再向潜在客户解释失败的原因，甚至开始签署新的合同。但如果这枚火箭也坠毁爆炸了，大家应该不难猜到结局会是怎样。

接下来的一段时间将是SpaceX历史上最值得纪念也最重要的时期，这段经历强化了公司的基因，为SpaceX成为世界上最具变革性的航空航天公司奠定了基础。

原本"猎鹰1号"火箭第四次发射是为了要把马来西亚的卫星送上太

空，SpaceX也是为了这颗卫星才去寻找赤道附近的发射场。但由于马来西亚政府不想把自己的卫星放在一枚没有成功保障的火箭上冒险，马斯克决定将"猎鹰1号"的第四次发射当作演示飞行。而此时，这枚"猎鹰1号"还是四散在霍桑工厂里的一堆堆零部件。

为演示飞行拼凑有效载荷的任务落到了克里斯·汤普森及其结构团队身上。就像面对第三次发射之后需要处理种种事务一样，他们必须与时间赛跑。汤普森和负责结构的杰夫·里希奇，以及负责动态建模的雷·阿玛多合作，三个人要设计出一颗类似卫星的物体来。在不到一周的时间里，三个人就用铝打造出一颗364磅重、在质量和外形上都类似商业卫星的模拟载荷。他们将各自名字的首字母串在一起，将它命名为"拉特卫星"（RatSat）。

在运往夸贾林之前，他们还需要给"拉特卫星"设计一个标识。汤普森向来喜欢飞车，他想起小时候在车展上看到许多人的T恤衫上都印有一只开着改装车、眼睛凸出的老鼠。这只名为拉特·芬克的老鼠出自加利福尼亚州艺术家"老爹"埃德·罗斯之手，而他刚好在SpaceX成立前一年过世了。汤普森将拉特·芬克的形象拿给SpaceX的一位标识设计师看，设计师就绘制了一个类似风格的图案——一只看上去就很厚脸皮的绿耗子，穿着红色T恤衫，上面印着"R"和"F"两个字母。他们在卫星六个面中的三面都贴上了这个标识。

当汤普森做好了模拟有效载荷，"猎鹰1号"团队的其他成员也正紧锣密鼓地推进着火箭的组装和运输工作，为的是把一、二级火箭尽快从霍桑运到欧姆雷克岛。在此之前，一级火箭都是通过海运运输的。二级火箭可以塞进货运包机的机舱内，但一级火箭不行，因为体积太大了。一级火箭得先由一辆卡车拖到长滩港，再装到集装箱船上，之后经历二十八天的海上漂泊。在此期间，货船要先在夏威夷和关岛卸下其他货物，最后才抵达夸贾林岛。随后，还要靠另一艘船把火箭从夸贾林岛运到欧姆雷克岛。

但这一次，SpaceX等不了货船在海上迂回一个月，他们必须要动用超大型飞机来运输火箭。布莱恩·比耶德在负责"猎鹰1号"发射终止系统时与美国军方建立起了良好的关系，于是他翻遍了自己的通讯录，想找人安排这次运输。在联络过空军、美国国防部高级研究计划局和其他军方办事处的熟人之后，比耶德收到了一通回电，说空军有一架C-17飞机可供使用。"终于有人向我们伸出了援手。"比耶德说道。

空军说SpaceX可以在9月3日将这架飞机飞到洛杉矶国际机场。

第三次发射之后的那一个月里，公司上上下下的工程师和技术人员拼尽全力完成了一级火箭的组装工作。邓恩回忆当年，在那个8月的大部分日子里，他和好朋友迈克·希恩不是在通宵达旦地赶工，就是睡在办公室的桌子上过夜。"几乎没有我俩同时停手的时候，绝大部分时间里，我们都手忙脚乱地扑在火箭上干个没完。"邓恩说道，"那段时间我们总是处在很紧绷的状态，但这种工作效率也给大家树立了标杆。"

邓恩、希恩，以及整个"猎鹰1号"团队成功地在空军运输机到达之前完成了火箭的组装工作，然后翘首企盼着运输机的到来。从公司的新总部出发，沿着105号州际公路行驶五英里就能到达机场，C-17飞机的飞行路线刚好会经过总部上空。这个巨大的工厂里有密集的厂房和狭窄的人行通道，大部分厂房还没有建完，通往屋顶的门是敞开的。邓恩和其他拼命工作了一个月的同事们都爬到屋顶上，等着目睹C-17从头顶飞过，这可是洛杉矶难得一见的风景。

彼时，C-17运输机已经服役大约十年了，在各类空中运输行动中都发挥了关键作用。这架巨大的运输机有一个长88英尺、宽18英尺的货舱，可以容纳四辆校车大巴。当美国总统要出国访问时，就会有一架C-17运输机紧跟在"空军一号"身后，携带着总统的豪华轿车，以及"海军一号"直升机。这架拥有17万磅运力的运输机可以轻松装下"猎鹰1号"的一级火箭。装满燃料的"猎鹰1号"重约6万磅，但清空燃料之后就只有4000磅重。

见到前往夸贾林的坐骑时，发射团队的每个人都充满了期待和兴奋。他们把"猎鹰1号"运到洛杉矶国际机场，在机场背后靠近大海的空地与空军的机组人员会合。"空军方面的人都被搞糊涂了，"谈及机组人员时，比耶德说道，"他们直摇头，说从来没见过这样的事。我不知道是谁给这次飞行开的绿灯，但他们算是拯救了SpaceX。"公司大约要为这项特殊待遇支付50万美元，但至少这让"猎鹰1号"走上了特快通道。

白色的火箭加上庞大的军用运输机，这个组合在洛杉矶国际机场引起了相当大的轰动。布伦特·阿尔坦当时在现场帮忙把火箭推上军用运输机，民用客机就在他们身边的跑道上驶过。"我清楚地记得，当时旁边有一架维珍澳大利亚航空的飞机驶过，"他说，"那是一架巨大的波音777客机，每一个小小舷窗后面都有一张面孔在朝我们这边看。他们大概以为第三次世界大战已经爆发了，因为在这样一个国际机场的停机坪中央，竟然有一群年轻人正设法将一枚火箭装到C-17运输机上。"

SpaceX的团队可不是把火箭推上运输机就跟它招招手说再见，为了节省时间，也为了省下买机票的钱，有大约二十名员工也登上了运输机，坐在舱内沿着机身一字排开的折叠座位上。空军人员固定好运载的货物之后，C-17运输机就从洛杉矶起飞了，开始向超过3万英尺的巡航高度爬升。此时飞机的货舱内弥漫着一种派对的气氛，身穿牛仔裤和夹克的SpaceX员工们放松下来，沉浸在片刻的欢乐中。动力系统的一名技术人员史蒂夫·卡梅隆弹起了木吉他，大家都在享受当下的这一刻。

飞机上没有副总裁级别的高管，所以身为运营经理的钦纳里要全权负责把"猎鹰1号"安全运抵夸贾林。在空中飞行了一阵子之后，飞行员们开始邀请机上的工程师和技术人员分批进入驾驶室，俯瞰太平洋上空的全景，每次一到两个人。不一会儿，夏威夷群岛就出现在了远处的地平线上。飞机要准备降落到檀香山郊外的希卡姆空军基地了，SpaceX的员工们纷纷回到折叠座位上系好安全带。他们伸直了腿靠着椅背，把脚搁在固定"猎鹰1号"的蓝色支架上。这是个欢欣鼓舞的时刻，一项不可能完成的任务似乎马上就要大功告成了。

就在这时，他们听到了一声可怕的巨响。

大约在飞到洛杉矶和檀香山中间时，轮到阿尔坦参观驾驶舱了。他很会聊天，跟飞行员打成一片。飞行员得知阿尔坦有电气方面的专业背景后，便热情地向他展示了飞机上所有的仪表显示器和开关面板。阿尔坦在驾驶舱里待了很久，当C-17运输机接近夏威夷空军基地时，他就直接在驾驶舱内观察员座位上系紧了安全带，准备下降。听到第一声巨响时，阿尔坦以为是飞机本身发出的声音。但几秒后巨响再次出现，飞行员开始紧张地通过耳机向楼下的装载员疯狂喊话。

阿尔坦说："我听到他们说什么东西被压扁了，还听到火箭两个字。我这才意识到发出巨响的不是飞机，而是我们的火箭，于是立刻冲到楼下。"

此时楼下的主运输舱内一片混乱。阿尔坦来到楼下见到的第一个人就是他的挚友兼"高空战友"——弗洛·李。她正在哭。见到阿尔坦后，她指了指横躺在运输舱内的一级火箭。阿尔坦转过身，目光扫过全场。SpaceX的工程师们站成一排，面如死灰，眼看着拯救公司的最后一线希望也要破灭了。火箭的结构发生了塌陷，传出一声声巨响，仿佛有一个巨人在慢慢挤压一个啤酒罐。

一开始，工程师们担心的还不是SpaceX的命运，而是他们自身的安危。"我的第一反应是，这东西要塌陷了，会有碎片反弹出来了。"钦纳里回忆道，"这样的话，坐在火箭旁边折叠椅上的大家都会死于非命。所以我跳起来，叫大家都挪到火箭前端去。"

当发射团队急忙跑向货舱前端时，钦纳里、阿尔坦、李，还有其他几个人正挤作一团试图对问题做出分析评估。很快，他们就意识到火箭向内坍塌是压差造成的。"猎鹰1号"火箭的运输原本应该在陆上和海上完成。一级火箭有多个透气孔、通风口和端口，但在飞往夸贾林的航程中，这些开口大部分都处于关闭状态。在运输模式下，巨大的液氧贮箱只有一个很小的开口，那是一条直径0.25英寸的管路，运输中它被防潮剂包围着，以确保湿气不会进入火箭内部。C-17运输机在起飞之后就经历了爬升，在此期间运输舱内的环境压力会降低。但这对"猎鹰1号"来说没有问题，因为火箭的设计原本就允许贮箱内压力比周围环境压力大，这就是发射过程中会经历的状态。经过几个小时的飞行后，燃料箱内部的压力已经慢慢与巡航高度的舱内环境压力齐平了。但当飞机开始向着檀香山方向下降时，火箭内部的压力来不及与环境压力达到平衡，导致火箭上的液氧贮箱就像是通过一根吸管在呼吸。

SpaceX对此不是没有准备。汤普森和邓恩事先都做过计算，明确了一级火箭要留出多少开口尺寸，才能在C-17运输机的飞行途中保持火箭贮箱内压力的稳定。但问题是，军方提供的参数并没有及时更新。实际完成运输任务的C-17运输机在飞行中的下降速率和降压率都比军方手册上的数据要高。所以当飞机下降时，液氧贮箱就像被抽成真空一样。

钦纳里和其余的工程师们站在火箭前端开了一个短会，很快就搞明白了如何能够阻止火箭继续向内塌陷。办法有两种，要么让飞机舱内的压力迅速下降，要么就得向火箭内部注入压力，如果能双管齐下当然更好。经过一阵短暂的磋商之后，阿尔坦转身爬回了驾驶舱。

他对着飞行员们喊道："嘿，火箭发生了塌陷，我们得把飞机拉高。"

现在，飞行员们必须做个决定了。他们要对这架价值两亿美元的飞机和机上的二十几条人命负责，所以最初的想法是，索性打开后舱门，把处于不稳定状态的火箭扔到海里去，这样处理较为安全。说实话，如果当时没有SpaceX的人在飞机上，他们可能已经这么做了。但此刻，他们听从了阿尔坦的指示，其中一位还应道："好的，老大。"

C-17运输机开始爬升，很快，其中一名飞行员就告诉阿尔坦："话说机上的燃油只够再飞三十分钟了。"以这个油量，飞机只能在希卡姆空军基地上空盘旋一周，然后就得排队等待降落了。这意味着在飞机再次下降之前，SpaceX团队只有大概十分钟时间。

阿尔坦要把这个消息带到楼下。爬回货舱时，他发现SpaceX团队的成员们正从自己的口袋里掏出各式各样的刀。"每个人都在尝试割开包裹着火箭的白色收缩膜，"阿尔坦说，"所有SpaceX的人身上居然都带着刀，我真是始料未及。"

没有人预料到要在航程中打开火箭，所以除了刀之外，SpaceX的员工们没带任何工具。他们在飞机上疯狂地搜寻了一阵子，但一无所获。后来装卸长提供了C-17上简陋的工具箱，里面有一把平头螺丝刀和一把扳手。有了这些，技术人员至少可以打开几个小管路。但要想真正平衡火箭内部与飞机货舱内的压差，就得有人爬到火箭的级间段里，打开通向液氧贮箱的大型增压管路。

此时火箭还在不断向内塌陷，机舱里一片混乱。就在这混乱和危险交织的关键时刻，扎卡里·邓恩冲上前去，准备拯救他的一级火箭。几年之前，邓恩还在担心自己错过了为SpaceX做出关键贡献的机会，如今他就要在太平洋上空几千英尺的地方，爬进一个正在向内塌陷的火箭里。他的手里攥着一把扳手，还有SpaceX的命运。

级间段就在一级火箭和二级火箭的贮箱之间。在发射过程中，这个空间可以保护二级火箭的红隼发动机，其外部结构会在一、二级火箭分离时脱落。爬进火箭之前，邓恩扭头向站在身旁的好友迈克·希恩认真地说道："一旦火箭开始塌陷，就立刻拉我出来。"为了到达通向液氧贮箱的增压口，邓恩必须一路匍匐前进到级间段里。希恩死死地抓着邓恩的脚踝，就像他的救命稻草。匍匐向前的过程中，外部结构锋利的部件刮伤了邓恩的背部。与此同时，火箭燃料箱的各处还在不断变形，发出巨响。

最终，邓恩够到了增压管路，并成功把它打开了。令他安心的是，那一刻听到了空气呼啸着涌入火箭的声音。在各种嘈杂声中，邓恩大喊了一声，想告诉希恩他准备好要出来了。但希恩把这当成了求救的呼声，硬是将邓恩从结构复杂的增压管路及阀门之间猛拉了出来。这疼得简直要了邓恩的命，好在他发现自己的努力初见成效。

随着内部压力渐渐上升，火箭不断发出嘶嘶声。而这时，留给他们处理火箭的十分钟刚好用完。C-17运输机再次开始向希卡姆空军基地降落，SpaceX团队的成员们也回到各自的折叠座位，这时才喘上一口气。安静的机舱内，只有火箭在不断发出像之前一样的砰砰声。在大家的注视下，金属的一、二级火箭开始回弹到原本的圆柱形。没有人知道这是好事还是坏事，因为火箭的铝制外壳从未经历过这样的弯曲，毕竟火箭从来不需要经历外部压力大过内部的情况。

自从马斯克给团队下达了在六个星期内完成火箭发射的任务之后，整个团队都在快马加鞭地为此努力，从完成"猎鹰1号"火箭的组装，到想办法第一时间把火箭运到夸贾林。每一个坐在折叠座位上的人都和马斯克一样，对太空飞行充满了热忱。但就在他们忙着将火箭运到太平洋另一边时，火箭却受损了。脆弱的外壳凹陷了，更别说内部结构，包括一级火箭的防晃动挡板可能都被摧毁了。这让钦纳里、邓恩和其他人对接下来事情的发展充满了担忧。"我们都以为自己该做的已经完成了，但燃料箱却发生了塌陷。"钦纳里说，"我们简直都绝望了。"甚至还不等C-17运输机在夏威夷的停机坪上停稳，工程师们就打算把火箭运回霍桑，这样大家就可以用各种工具来拯救它。

不过这枚火箭还有救吗？他们无法想象最坏的情况会是什么。

飞机停稳之后，工程师们走了下来。手机刚一有信号，他们就开始打电话回加利福尼亚州，把这个坏消息转告给公司里的副总裁们。钦纳里首先打给了她的上司，即发射主管布扎。飞机降落在夏威夷时天已经黑了，美国本土此时早已过了午夜。布扎昏昏沉沉地接起电话，很快就从钦纳里颤抖的声音中察觉到了事件的严重性。他知道，无论是在加利福尼亚州的他，还是远在夏威夷筋疲力尽的团队，此刻大家都没什么可以做的。SpaceX已经支付了到夸贾林为止的全部运费。所以布扎催促钦纳里先去休息，等明天一早再谈。他试图安抚钦纳里紧张的情绪，说服她或许火箭还可以修复。

李也打给了自己的上司汤普森。她也因为火箭的塌陷受到了精神上的打击。作为机上的资深结构工程师，她在着陆之后检查了火箭和燃料箱。从外部看，"猎鹰1号"似乎和起飞前没什么两样。李问汤普森，是不是该掉头返回加利福尼亚州。"你们就继续航程。"汤普森对她说，然后补充道，"尽量让自己休息一会儿。"

这话说来简单。由于仓促决定搭乘货运航班的缘故，SpaceX的成员们在这个靠近珍珠港的空军基地并没有住宿安排。没有车可以送他们去酒店，甚至根本没有酒店可住，连军方都没有办法在机场为他们提供住宿。这些SpaceX的员工们只好窝在机场的各个角落勉强过夜，很多人都睡在椅子上。钦纳里和一些人在机场大厅附近的儿童游乐场找到了歇脚的地方，他们躺在硬塑料制成的滑梯上，让身体贴合滑梯的曲线。C-17运输机的机组人员对这些人深表同情，给他们订了几张外卖的比萨。但其实，即便有最舒服的床和五星级的客房服务，这些工程师和技术人员当晚能否睡得好也是个问题。

第二天，加满油的C-17运输机把火箭运到了夸贾林，再由一艘类似诺曼底登陆艇的平底接驳船把一级火箭运到了欧姆雷克岛。SpaceX的团队把火箭推入停放厂房后，对它进行了初步的检查。

他们将内窥镜（安装了微型摄像头的一根软管）通过传感器端口插入一级火箭内部。内窥镜在液氧贮箱里蜿蜒移动，大约十名工程师和技术人员挤在一个小屏幕旁边围观。"这个内窥镜探头非常难控制，就在毫无征兆的情况下，它一个翻身，正好拍到了一块从支架上被扯下的挡板。"邓恩说道，"那一刻我们心里很清楚，要对火箭来一次开膛破肚的大手术了。这意味着我们彻底完蛋了。"

作为现场的负责人，钦纳里觉得自己有责任拿出一套修复计划来，当然前提是"猎鹰1号"一级火箭还有救。根据公司的正式程序，所有操作都要一板一眼地被记录下来，拆卸火箭也要遵照一步步的流程，于是她以此为基准拟订了一套计划。根据钦纳里的估算，从拆解一级火箭，检查损坏状况，完成维修和测试，到最终准备好发射需要六周时间。在9月5日星期五这个日子，她向自己的顶头上司布扎汇报了这个时间表。远在霍桑的布扎和汤普森也把这个时间表拿给了马斯克看。据汤普森说，"埃隆看到时间表后直接就气炸了"。六周时间实在是太长了，SpaceX可等不了这么久。说实话，SpaceX的资金可能不到一个月就要耗尽了。

汤普森和布扎回到工厂办公室的某个工位上，给钦纳里和他们的几个直接下属打电话。在欧姆雷克岛的房车里，钦纳里、邓恩、希恩和其他几个工程师围坐在临时会议室的一张小桌子前，一部免提电话摆在桌子中央。会议刚开始，钦纳里先拿出了她的时间表来跟大家讨论，但不久汤普森就打断了她。他觉得自己有必要向大家传达一下形势的严重性。

"你们先闭上嘴听我说，"汤普森说道，"把火箭再运回来这事你们就别想了。你们要像拆解汽车一样把'猎鹰1号'当场大卸八块。布扎和我星期一早上就到，你们必须在那之前拆完。"

话音刚落，房车里一片死寂，众人都在试图消化这劈头盖脸而来的命令——要在这个热带岛屿上原地修好火箭。没时间做质量控制和细致的记录了，因为他们没有六周时间，只有一周。现在唯一能做的就是抓紧时间，然后祈求奇迹出现。

"电话这头只是短暂地停顿了一下。"邓恩回忆道，"汤普森讲完之后，我们很快就开始着手研究具体办法，工程师和技术人员一起想办法解决问题。我们立刻团结了起来。"

* * *

欧姆雷克岛上的团队忙碌时，汤普森和布扎也正在着手准备帮助修理火箭。他们从霍桑的工厂搜罗了一切可能用得上的硬件——挡板、夹子、扣件等。到了周六，他们将所有装备都装载到了马斯克的私人飞机上。

因为没时间靠海运把TEA-TEB点火剂运到夸贾林了，于是布扎也拿了一些放在飞机上。点火剂的容器有点儿类似丙烷燃料罐，所以当布扎把它抬上飞机时，飞行员问："里面装的是什么？"

"嗯，是会自燃的物质，"布扎回答道，"也就是说，它只要暴露在空气中就会着火。"

"飞的时候你要把这东西放在身边？"飞行员问道。

"是的。"布扎说。

飞行员又问："如果飞行途中点火剂着火了怎么办？"

布扎给出了有建设性的答案："你有两个选择，要不你就拉升到足够高，让机舱减压，这样就没有足够助燃的氧气了。要不然你就飞得非常低，让我可以打开舱门把它扔出去。"

飞行员对此回答表示满意。

"我们很清楚发射需要TEA-TEB点火剂，除了飞机之外，我们没有别的办法把它搞到夸贾林去。"布扎解释说，"这只是我们当时经历的绝境之一。"

好在飞机最终安全抵达了夸贾林。那是夸贾林当地时间星期一晚上9点，地面人员不允许布扎和汤普森立刻卸载机上的装备。因为夸贾林位于国际日期变更线以西，比美国时间快将近一天，所以对当地的美国军方机构来说，当时还是星期天，他们还处于低人员配置状态。值班人员检查了到港航班，但表示乘客必须离开机场，第二天早上再回来，布扎和汤普森只能怀着损失半天时间的担心暂时离开。

然而，幸运女神站在了他们这边。两人开车驶离机场时，发现飞机附近有一扇敞开的大门。于是他们开车穿过那扇门，径直驶到飞机旁，卸下货物，直接来到码头，找到了"游隼号"。在漆黑的夜色中，修理火箭所需的零部件被悉数运到了欧姆雷克岛上。

来到岛上，两人见到的是一片繁忙景象。三天前那场激烈的电话会议之后，邓恩、埃德·托马斯和推进小组的其他成员已经回到停放厂房，从火箭上卸下了发动机。托马斯还用木块搭起了一个临时平台，用来托起这个1000磅重的大家伙。邓恩、希恩和其他人以最快的速度拔掉了梅林发动机和"猎鹰1号"一级火箭相连的所有燃料管路及其他接口。邓恩觉得自己就像是在出演一部医疗剧，外科医生大声喊出手上正在进行的操作，护士们则忙着递工具。与此同时，现场的几名质检人员正在竭尽全力记录下进行中的所有操作。在短短一小时内，他们已经完成了火箭的拆解工作，把发动机放到了木质的临时平台上。

另有一个小组负责拆除一级火箭上的管路，这包括贯穿火箭全长的导管及电缆。第三个小组逐步开始拆卸整个一级火箭。一天下来，他们已经完成了所有部件的拆解工作。

工程师和技术人员并肩辛苦工作了一整天，大家都灰头土脸，一身臭汗。日落之后，工程师还要完善数据分析工具，编写操作流程，检修硬件。大概到晚上10点，他们才能放下手上的工作歇一歇，喝上一口啤酒。即便是在这个时候，在离家千里之外的星空之下，SpaceX的成员们也清楚地知道，自己是与众不同的一群人。他们会站在深夜的发射场坪上，调侃航空航天工业中的其他人。那些人就像是古典音乐，总是举止优雅，时而享受田园时光，讲起话来八面玲珑。相比之下，SpaceX就像硬式摇滚和重金属乐，又乱又吵，像吉他发出嘶吼，恨不得上房揭瓦。但在他们自己看来，想要在未来的最前沿生存下去，想要不断前进，为世界创造出伟大的事物，那就少不了这样的激情。

副总裁们来到欧姆雷克岛上的时候，工程师和技术人员们已经累趴下了。但他们完成了不可能完成的任务。

"当布扎和我星期一一早出现在岛上的时候，火箭确实已经像一辆汽车一样被肢解了。"汤普森说，"不仅如此，他们还用木块搭起了平台，把发动机架在那个平台上。虽然那样子看起来非常滑稽。"

有了布扎和汤普森现场督导，还有替换的零部件在手，发射小组开始着手对火箭进行维修。他们更换了受损的防晃动挡板，检查了焊缝，捋顺了管路。在不到七天时间里，他们又把一级火箭重新组装了起来。现在，他们需要对重生后的一级火箭进行测试。翻新后的液氧贮箱还有一些皱褶，这使大家担心存在变形的隐患。汤普森认为，如果运气好，这些皱褶或许会在更大的压力之下被抚平。但如果不走运，那他们也已经尽力了。

通常情况下，进行这种压力测试时要向贮箱中充入不可燃的惰性气体（如氮气），然后慢慢增加内部的压力。但目前在欧姆雷克岛上，SpaceX手上只有液氧和煤油燃料。这就增加了测试的风险性，如果贮箱在使用其中一种推进剂加压期间发生意外，就会引发爆炸，从而造成灾难性的后果。

"我们很清楚，只要有任何闪失，我们就玩完了。"汤普森说道，"相信我，这绝对是一个大胆的举动。但这就是我们当时的处境。这个测试必须要做，没有六个星期的时间给我们再去想别的办法。我们只能在数天内完成这项艰巨的任务。"

风险被抛在了脑后，一级火箭出色地完成了压力测试。额外的收获就是在加压的过程中，液氧贮箱上的一些皱褶的确被抚平了，一切又恢复了原样。在宿命般的C-17运输机之旅过后仅仅几天时间里，SpaceX的工程师和技术人员就修复了"猎鹰1号"的一级火箭，对它进行了测试，为发射做好了准备。

"这些年来我们干过不少疯狂的事，但在众多短时间内取得的惊人成就之中，这次还是很不一样的，"钦纳里说，"难以置信，我们竟然在一周内完成了整个一级火箭的拆卸和重装。这是我做梦都不敢想的事，我们真的办到了。"

他们几乎打破了航空航天领域的所有规矩，才把一级火箭重新组装起来。而正是这些打破常规的英勇行径，让SpaceX保住了最后一线生还的希望。整个9月他们都在努力工作，在满天星斗的夜空下忙碌到深夜，只在有牛排和土耳其炖牛肉吃的时候才稍微休息一会儿。压力测试过后，他们把二级火箭固定到了一级火箭上。随后，发射团队将整枚火箭推上了发射台——这也是他们手上仅存的一枚"猎鹰1号"了。到了那个月的最后一周，大家已经做好了所有的发射准备。

成败在此一举。

CHAPTER 10

第四次发射

（2008年9月28日）

蒂姆·布扎和汉斯·科尼格斯曼坐在夸贾林岛上一所小房子的厨房里，一直聊到深夜。他们已经很累了，但讨论起第二天可能出现的问题时，两个人睡意全无。

八个星期前，他们并肩站在SpaceX的控制室里目睹了第三次发射的失败。经历了这场磨难之后，这两位挚友花了五十六天时间，为最后一次发射做好了准备。此刻，屋里的空调在嗡嗡作响，两个人你一言我一语，焦灼地讨论着匆忙准备发射时可能被遗漏的地方。上一次，仅仅一行代码就毁了整支火箭。在第四次发射的前夜，布扎和科尼格斯曼担心又会出现什么绊脚石。直到午夜时分，他们终于合上电脑，决定试着去睡一会儿。

然而，布扎仍然焦躁难安。早在SpaceX成立之初他就加入了这家公司，并为之投入了那么多。他图什么呢？只要火箭一天进不了轨道，SpaceX就不能算是一家名副其实的火箭公司。他督导过那么多次发动机测试、静态点火测试，还有发射，加起来也有上百次了，但SpaceX还未能成功登顶。想到这里，布扎走出小屋，跨上自行车，朝着海岛的北角驶去，平时他常会去那里清理思绪。北角距离小屋只有几分钟路程，是夸贾林环礁上最贫瘠的角落，从那里可以清楚地望见北方的欧姆雷克岛。他坐在公园孤零零的长椅上，任思绪自由飘荡。

漆黑的天空下，他想到了自己的家人。在过去六年中，他的妻子和孩子们已经牺牲了太多。布扎向她们承诺过，只要能成功，那一切就都值了。但如果再经历一次失败，恐怕会让她们绝望，也会粉碎布扎给出的承诺。布扎又想到了自己的发射团队，大家都还要仰仗他的领导力和信心。随着夜色渐浓，这些想法也变得越发沉重。布扎瘫坐在长凳上，抬起头望向星空。他一下就找到了南十字星，那是一个在低纬度地区很容易被观测到的独特星座，由四颗明亮的恒星组成。"四颗星星中最亮的一颗闪烁着耀眼的蓝色光芒，我突然感受到一阵平静，觉得我们准备好了。"布扎说，"于是我骑着自行车回到住处，美美地睡了一觉。"

扎卡里·邓恩并没有找到属于他的片刻安宁。他住在斯巴达式的夸贾林酒店里辗转反侧，隔着混凝土墙能听见海浪在无休止地冲刷着布满岩石的海滩。一想到第二天的发射，紧绷的神经和期待的心情让他无法在这凌晨的几小时里放松下来。几小时之后，他在SpaceX短暂的职业生涯可能会戛然而止，也可能会一飞冲天。但无论"猎鹰1号"将迎来怎样的命运，他都迫不及待地想要见证那一刻的到来。

距离日出还有一段时间，邓恩就从皱巴巴的被单里坐起身来，在昏暗的天色下穿好了衣服。他走出军方酒店，充满盐分的海风吹在身上。他找到了自己的自行车，不停地骑了起码有半个小时，来到了SpaceX的小型控制中心。这个控制中心设在一栋巨大的冷战时期的建筑上，即便是在黑暗中，这庞大的军事防御设施在夜空的映衬下依然显出一副凶相。随着邓恩越骑越近，它就在棕榈树上方赫然出现。"就像电影《007：黄金眼》中很厉害的激光装置。"邓恩说道。

邓恩走进SpaceX的办公室，穿过一小间后勤室，来到了主控制室。距离当天第一次发射还有大概五个小时，SpaceX的发射团队已经开始在控制室里集结起来。军方慷慨地给SpaceX提供了一个很宽裕的发射窗口，从当地时间上午11点一直到下午4点。即便如此，布扎和科尼格斯曼还是逼着团队早做准备，希望能赶上最早的发射时间。

由于时差关系，邓恩骑着自行车横跨夸贾林岛时，南加利福尼亚州还是9月28日星期天的上午。马斯克并没有为这次发射飞到夸贾林岛。从2008年夏天到初秋期间他都驻守在加利福尼亚州。当时SpaceX和特斯拉都在为生存苦苦挣扎，两家公司都需要马斯克亲自掌舵，他既要管理运营，又要为自己的火箭和电动车筹集资金。

经营一家急需现金的初创企业就已经够难熬了，更不用说两家。由房地产泡沫和次贷危机引发的大萧条从2007年底就开始影响美国了，到了2008年才逐渐席卷全球。到了秋天，美国的整体经济活动大幅下滑，国内生产总值下降了近5%。对于马斯克来说，最关键的影响或许在于美国风险投资基金筹集的资金在2008年到2009年间从532亿美元下降到了227亿美元。

经济衰退给所有投机性的商业活动都蒙上了一层阴影，但马斯克仍在为挽救他的两家公司而寻找资金。SpaceX在第三次和第四次发射之间的八周时间里飞速运转着。与此同时,特斯拉的命运也摇摇欲坠。虽然公司终于开始交付首款Roadster跑车了,也正在推出Model S,但同样也面临着现金短缺的问题。马斯克需要资金,而为了筹集资金,他需要拿出成果。

不过在28号那天早上,他最需要的是清晰的头脑。为了消磨时间,马斯克和弟弟金巴尔不顾周末的人潮,带着孩子们去了位于安纳海姆的迪士尼乐园。他们在那里乘坐了著名的、以太空为主题的"太空山"过山车,这似乎带来了好兆头。"在火箭发射这个行业里,大家都很迷信。"马斯克说,"或许那真的是一个能带来好运的举动,我也不知道。不过,后来有几次重要发射之前,我都带孩子们去玩了'太空山'。"

开车从安纳海姆穿过洛杉矶到达霍桑大概需要一小时。为了在下午4点发射窗口开启之前赶回公司总部,马斯克必须在105号高速公路上全速飞驰。到达之后,他穿着牛仔裤和一件米色的保罗衫就冲进了SpaceX的指挥车里,坐在穆勒右边,那是他常坐的位子。他面前有一台笔记本电脑,显示着火箭的各项数据。在他上方的墙上,几块大屏幕显示着发射工位上"猎鹰1号"的影像。

"我心里紧张极了,超级紧张。"谈起那次发射的倒计时,马斯克如是说道。

格温·肖特威尔当时正在地球的另一边。她9月底飞去了苏格兰,参加全世界最盛大的太空大会——国际宇航大会。在那里,还有一项非常不讨喜的工作在等着她——她要向第三次发射的客户们阐述公司对发射失败的调查结果，还要对他们的损失做出交代。在她所在的时区，发射窗口开启时正值当地的午夜。

肖特威尔的丈夫罗伯特是美国宇航局喷气推进实验室的一名工程师，大会期间夫妇俩在酒店里同住一个房间。发射当天晚上，丈夫上床休息之后，肖特威尔一直都没睡。为了不吵到丈夫，肖特威尔躲进浴室，坐在马桶上，把笔记本电脑架在膝盖上。为了盖住声响，她还打开了淋浴间的花洒。

整个晚上肖特威尔几乎都在跟劳伦·德雷耶通电话。德雷耶是一名机械工程师，在得克萨斯州中部长大，曾在麦格雷戈试验场工作。两人在水声中讨论着一份要向美国宇航局提案的重要合同中的成本问题，并重新起草了部分内容。SpaceX在2006年赢得了商业轨道运输服务计划之后，又和美国宇航局合作开发更大的"猎鹰9号"火箭及"龙"飞船。在公司内部，许多员工也已经将工作重心从"猎鹰1号"项目转到了这些工作上来。截至9月下旬，SpaceX正处于某次竞标的最后阶段，标的是一份价值超过10亿美元的合同，任务是向国际空间站运送补给物资。而这个合同，可能就是解决公司现金需求的金钥匙。

但SpaceX必须先证明自己能飞入太空，否则一切都无从谈起。站在美国宇航局的立场上，如果一家公司连一枚简单的小火箭都无法送入太空轨道，那怎么可能冒险将价值数亿美元的食物、补给品、科学实验物资交到这家公司手里呢？

当苏格兰时间接近午夜，肖特威尔中断了与德雷耶的讨论，打开了公司的直播窗口，同时接收着来自总部的数据信息。浴室的水声哗哗地响着，丈夫在卧室睡得正熟，肖特威尔专注地等待着。

在夸贾林，倒计时过程经历了一些小停顿，但基本上没什么大问题，毕竟这是发射团队第四次重复这个过程了。这一次在岛上的SpaceX员工也比以往任何一次都多，共有接近四十人前来协助本次发射。有了之前的经验，他们面对倒计时也更加得心应手了。

发射前十分钟左右，火箭即将进入最终倒计时阶段，这时布扎对团队发表了一些总结性的发言。他说，大家都知道这次的成败意味着什么，请专注完成好当下最后几分钟的任务，各就各位，等待发射。他还说，SpaceX的团队让他回想起早年美国宇航局的航天飞行控制团队。20世纪60年代，在发射任务控制室里指引人类安全往返月球的大多数美国航天局工作人员也才20多岁。

"我算是那个团队里的老头子了，"布扎说，"那时候我大概40岁，其他人明显都还不到30岁。整个房间里除了汉斯·科尼格斯曼、我，还有其他一两个人，其余都才20多岁。"

时间终于到了。上午11点15分，发射窗口刚刚开启15分钟，"猎鹰1号"火箭就已经完成了倒计时。倒计时一过，火箭就不在任何人的掌控中了。地面上唯一能干预火箭的接口，也是必不可少的一个接口，在发射场管理员手上，也就是在军方手中。一位军方官员坐在控制台前，如果发生偏航，他可以通过接口发出指令，摧毁火箭。除此之外，火箭的飞行都是靠电脑控制的。"火箭一旦升空，你就没什么可做的了，只能看着它。"科尼格斯曼说道，"我们都坐在控制台前，但结果如何，并不在我们的控制之中。"

他们就这样看着。白色的火箭上，级间段的黑色非常显眼。"猎鹰1号"就伫立在发射工位上，不断有氧气被排出到热带的微风中，带动着附近的棕榈树在风中摇曳。随后,烟雾和火焰迸发出来,"猎鹰1号"从发射工位上冉冉升起。飞行了大约20秒之后,传输画面切换到了箭载摄像头拍摄的影像,欧姆雷克岛越来越小,像一小块斑点,渐渐消失在无边无际的蔚蓝的大海里。

一分钟之后,火箭升空已有十几英里,报告正常的喊声在控制室里此起彼伏。一级火箭和梅林发动机就像前两次发射时一样,燃烧着冲向太空。很快就到了一、二级火箭分离的关键时刻。大约两分四十秒后,梅林发动机关闭,箭载计算机开始计时,6秒后一、二级火箭分离。发动机关闭后增加的这几秒确保了分离过程的安全性。邓恩望着屏幕,看到一级火箭从火箭上掉落,他知道这一关算是过了。

"那绝对是一个叹为观止的时刻。"邓恩回忆道。

但这并不是终点。SpaceX曾经遭遇过红隼发动机烧毁的情况。在2007年,就在一、二级火箭完成分离的几分钟后,二级火箭就发生晃动,失去了控制。

在加利福尼亚州总部,穆勒紧随在马斯克身旁。这位推进部门的负责人如是形容发射当天的感受:"早期的那几次发射真是叫人紧张,你会感到身体里在翻江倒海,就像是生病了。而且很累,因为头天晚上根本无法入睡。"

如果最坏的情况发生,穆勒知道自己肯定难辞其咎。"要知道,如果出事,通常都是动力系统的问题。在所有的火箭事故中,有40%是由动力系统故障造成的,几乎是接近一半的概率了。所以当两级火箭完成分离之后,我心想,这总算是大功告成了吧。"

红隼发动机点火时，指挥车里的大家都心情激动，相互拥抱。但每个人都还是对第二次发射的失败记忆犹新，所以在短暂的庆祝之后，穆勒、马斯克和其他人都坐回到监视器屏幕前。在火箭到达轨道之前，红隼发动机还得持续燃烧几分钟。

这是让史蒂夫·戴维斯真正紧张到冒汗的时刻。他站在马斯克身后，心里想着燃料晃动的事。由于二级火箭在第三次发射中并没有实现点火和飞行，所以晃动的风险还没有被证实消除，他不敢肯定添加的挡板能不能解决这个潜在的问题。"那时我一边盯着屏幕，一边紧张到快要发疯了。"戴维斯说道，"在第二次发射到第四次发射之间的一年半时间里，我就没睡踏实过。"

* * *

杰瑞米·霍尔曼离开SpaceX已经快整整一年了。他曾在第三次发射时回到夸贾林，助邓恩和其他年轻工程师一臂之力。现在到了第四次发射，发射团队已经有足够的自信，即便没有前辈在场指导，他们也能完成任务。所以这一次，曾为梅林发动机投入过大量时间和辛劳，多次舟车劳顿的霍尔曼待在自己位于马萨诸塞州昆西的新家里，关心着第四次发射的情况。

霍尔曼之前从未有机会和妻子一起观看过发射，因为发射时他都在太平洋上的发射现场。能和妻子一起分享这一刻固然好，但纯粹作为旁观者的体验却让他有些不适应。

"我就像世界上所有的观众一样，通过网络直播观看了发射实况。"霍尔曼说道。

看着"猎鹰1号"点火升空，一、二级火箭成功分离，霍尔曼在低清晰度的网络画面上仔细地观察着任何可能出错的迹象，但没有发现异常。

二级火箭飞行了约两分钟后，有效载荷的整流罩从火箭顶部分离。"猎鹰1号"二级火箭上的摄像头捕捉到了两个整流罩瓣罩落向地面的迷人画面。与此同时，红隼发动机还在继续燃烧。穆勒以体形最小的猎鹰命名的这款发动机只有100磅重，它燃烧着液氧和煤油，发出红色的火光，奋力将二级火箭推向稳定的绕地轨道。在火箭发射升空九分半钟之后，红隼发动机关闭。

"拉特卫星"成功进入轨道。

"当红隼发动机关闭时，整个现场炸裂了。"邓恩回忆起当时的夸贾林指挥室，"大家都完全释放了，蹦着跳着，相互拥抱，欢呼尖叫。那是一场货真价实的欢庆。"

安妮·钦纳里是这次发射的火箭操控员。她坐在控制台上，向伫立在发射工位上的火箭发送指令。她也是启动火箭最终发射程序的那个人。

"到了第四次发射时，我们已经有好几次发射经验了，"钦纳里说，"虽然每次发射还是一样激动人心，但这过程对我们来说已经不再有新鲜感。这一次，看着它飞离地面，我们在心里默念，我的天，我的天，这一次能成功吗？最后——它成功了。"

布莱恩·比耶德是作为第四次发射的任务经理来到夸贾林的，因此他坐在控制室的外间，陪同联邦航空管理局的官员和SpaceX的潜在客户们一同观看发射。比耶德知道，如果这次发射失败，自己可能很快就要去另找工作了。当火箭升空时，他回忆了在SpaceX五年间经历过的种种，尤其是最近在欧姆雷克岛上的经历。一切就像是一场旋风过境。看着"猎鹰1号"冲上云霄，紧张和激动笼罩着他。

"那是无与伦比的一刻，现在想起来我还是会为之动容。"比耶德说起这些的时候，声音都哽咽了，"不好意思，我又激动了。这真的让人胆战心惊，但这次成功的意义太大了，是对所有付出的肯定。"

"拉特卫星"进入轨道时发射还不算结束。发射团队继续追踪红隼，提心吊胆地观察了半个小时。因为红隼发动机在发射开始45分钟之后还有另一次点火程序，通常是为了调整姿态，让卫星完成最终的轨道插入。位于大西洋上阿森松岛的一个跟踪站接收到了"猎鹰1号"的信号，发动机二次点火也很顺利。

总部霍桑的指挥车上，欢庆的情绪完全得到了释放。大家不断地拥抱、欢呼，享受着成功的滋味。

"那是让梦想成真的一次入轨，"穆勒说，"我们经历了那么多次的模拟运行，投入了这么多的心血和汗水。你能理解吗？它就是我们的全部。我们拼死拼活，就为了到达那个点。所以那一刻，我们感觉如释重负。"

"猎鹰1号"进入轨道几分钟后，马斯克走进工厂车间，有一百多名员工在那里观看了发射实况。大卫·吉格就站在他们中间。他曾是第一次发射的任务经理，现在领导着"龙"飞船动力系统的开发。回想自己在夸贾林度过的日日夜夜，第四次发射显得如此不真实——整个公司的命运都掌握在几十名千里之外的同事手里。吉格很担心，如果"猎鹰1号"的发射失败了，他的家人和朋友都会很失望。他还有点儿担心这也会让整个国家失望。如果SpaceX倒下，许多航空航天工业刚萌芽的新希望也会随之消失。

和第三次发射时一样，SpaceX鼓励员工邀请自己的家人来工厂一起观看发射实况。SpaceX给孩子们准备了一张可以涂涂写写的纸，就像许多餐厅会给前来就餐的孩子们送上可以用于画画的儿童餐单和蜡笔那样。孩子们可以在纸上玩找单词的游戏，在众多字母中隐藏着"猎鹰"和"夸贾林"等词，也可以在纸上玩填字游戏，或是给发射任务的徽章填色。这次的徽章上有两枚绿色的四叶草，这是以往不曾有过的。之后的每次发射任务徽章上都至少会出现一枚四叶草——火箭科学家们就是这么迷信。回忆起"猎鹰1号"发射升空的时刻，吉格说工厂里弥漫着一种安静的期待。"在火箭进入轨道之前大家都很谨慎，"他说道，"在那之后则是放肆的狂欢。"

当马斯克走进食堂区域的时候，沸腾的人群安静了下来。他发表了三分钟的简短演讲，内容非常有他的个人风格。他说那一天是"他生命中最棒的一天"。

但一如往常，马斯克说还有许多工作在等着大家。就算是在人生中最棒的下午，他依旧没有忘记远在火星的目标。"这只是迈向火星的许多步中的第一步。"他说道。

最后，马斯克说，大家要尽情享受"一个真正的庆功之夜"。事实也确实如此。

* * *

在SpaceX的"非官方指定"酒吧——紫色兰花酒吧里,派对早早就开始了。这家热带波利尼西亚风情的酒吧就在埃尔塞贡多,距离SpaceX在格兰大道东1310号的前总部很近。酒吧里也在播放火箭发射的实况,有些员工就在这里观看直播。一年前离开SpaceX去读研的菲尔·卡苏夫也和大家一起参与了直播派对。

SpaceX的老员工们有一个与发射任务相关的传统:如果发射成功,他们就去喝酒;如果发射失败,他们也去喝酒。截至2008年9月28日星期天,他们还从未喝到过成功的酒。

就像退休的老棒球运动员无法正视自己的孩子第一次上场当投手一样,看着别人在夸贾林操纵旋钮、按动按钮、控制火箭发射时,卡苏夫已经坐立难安了。"我根本不敢看,"卡苏夫回忆道,"这真是太煎熬了。"经历了第三次发射的失败,卡苏夫很担心"猎鹰1号"走不出厄运,不知道这次哪里又会出错。飞行程序里会不会错打了一个分号?卡苏夫非常熟悉火箭上的一些硬件。在"猎鹰1号"的顶部附近,控制整个火箭的电气设备舱内,就有一些印制电路板是卡苏夫制作的,信号通过这些电路传送到各处,指挥火箭的飞行。

"拉特卫星"与固定在一起的二级火箭将持续在太空中飞行,在平均高度接近400英里的轨道上运行。截至2020年初,"拉特卫星"只下降到约385英里的高度。据跟踪卫星发射的哈佛大学天体物理学家乔纳森·麦克道威尔估算,它可能会在轨道上继续运行五十年到一百年。

"这多神奇呀,"卡苏夫说,"你亲手造出来的东西,你为之付出心血、汗水和眼泪的东西,将在宇宙轨道里运行一个世纪。这真是一种超现实的体验。"

当暮色隐去,夜幕降临,加利福尼亚州的派对也渐入佳境。有些员工去了主街上的小酒馆,也有人去了紫色兰花酒吧,那里的派对持续到最晚。所有的花销都记在公司账上。马斯克在开完新闻发布会、接受完采访之后也来到了这两个派对地点。只要他一踏进大门,所有人都会疯狂地沸腾起来。是他以独一无二的领导风格带领着大家完成了一件伟大的事,大家都因此而爱戴着他。

"它上去了!它上去了!"

罗伯特·肖特威尔在妻子的呼喊声中惊醒。当"猎鹰1号"升上太空,浴室里的水声已经无法遮盖格温·肖特威尔的欢呼声。别说是这个苏格兰酒店里的浴室了,恐怕世界上没有哪个浴室的水声能够挡住。

火箭进入预定轨道之后,肖特威尔跑出自己的房间,沿着走廊寻找同住在酒店参加大会的其他同事。肖特威尔穿着睡衣和瑜伽裤,在走廊上边跑边叫。当时负责中东和亚洲地区销售的乔纳森·霍夫勒一打开房门就迎来了肖特威尔的拥抱和亲吻。肖特威尔、霍夫勒和其他几名SpaceX的员工下楼找到了酒店的酒吧,但当时已过午夜,酒吧关门了。他们好说歹说,让酒吧破例营业了。几个人点了香槟,但已经来不及冰镇,不过他们并不介意。"室温的香槟很难喝,"肖特威尔说道,"但成功的滋味好极了。"

第二天,也就是大会开幕那天,肖特威尔原本应该针对第三次发射失败向客户们做出详细的说明。"我本该向那些心怀不满的客户阐述'猎鹰1号'第三次发射失败的悲惨经过，"肖特威尔回忆道，"但到了现场我却决定，去他的，我就要讲第四次发射。所以，关于第三次发射的失败我只是一笔带过，随后就说起了第四次发射。"

正如马斯克发现带孩子们去玩"太空山"有幸运符一般的作用，肖特威尔也在第四次发射之后确立了一种属于自己的迷信，她称之为"发射符咒"。在这第一次美妙的成功发射之后，每逢发射日，她都会在一张便利贴上写下"苏格兰"这个词，然后贴在自己的高跟鞋里。"这样一来，每次发射我都能像第一次发射成功时一样，身处苏格兰。"肖特威尔说道。

杰瑞米·霍尔曼整晚都无法入睡。发射后不久，他打电话给还在指挥车上的穆勒。几分钟后，穆勒把电话传给身边的同事，让电话那头他原来的左膀右臂可以和其他动力系统团队的成员聊两句。尽管霍尔曼跟团队中的很多人都还是好朋友，但当他隔着电话感受到现场欢乐的气氛，还是不由得产生了疏离感。挂掉电话，随着夜幕降临东海岸，霍尔曼独自一人陷入了沉思。

"我当时的情绪很复杂，既为了无法与团队并肩作战感到内疚，同时也因此产生了一丝丝嫉妒，但更多的是幸福，庆幸能与妻子共同目睹这次发射。"霍尔曼说，"那是我第一次真正意识到，自己已经不是SpaceX的一员了。我为此感到难过，但最终还是释然了。"

其实他并不需要感到内疚。在离开公司去组建自己的家庭前，霍尔曼就想到要为公司安排关键人手来接替他的工作。他做到了，并且第四次发射的成功也验证了他对梅林发动机的功勋。与此同时，还有另一个惊喜在等着霍尔曼。当时这对夫妇还不知道，就在几周之前，他们已经有了一个孩子。霍尔曼离开SpaceX是为了和珍妮一起组建一个家庭，这件事他也做到了。

* * *

网上的发射直播结束后，霍尔曼的挚友们还驻足在夸贾林的控制台旁。他们先是等着红隼发动机二次点火，随后等着看二级火箭的电池什么时候耗尽。结果电池一直撑到了二级火箭和"拉特卫星"第二次飞过发射场上空，夸贾林的地面控制中心捕捉到了它们的信息。

"看着自己在一个半小时之前发射到宇宙的物体又绕了回来，这太奇妙了，"科尼格斯曼说道，"这很好地诠释了什么叫作地球轨道。"

至此，大家都可以毫无顾虑地去尽情庆祝了。布扎、科尼格斯曼和工程师们锁上控制室的门，大多数发射团队的成员都直奔码头。他们在热带的骄阳下拼命地踩着自行车，心中充满了喜悦，一边骑一边齐声欢呼着同一个词——轨道！

他们来到夸贾林码头，"游隼号"正载着发射支持组的成员们准备靠岸。当天早上早些时候，正是这少数几个人在欧姆雷克岛上拧开阀门，然后撤离到梅克岛上，躲在掩体中观测火箭发射。他们中也有些人偷偷走到掩体外，亲眼见证了全过程。

当船靠岸时，两群人欢庆的喜悦叠加在了一起。"两队人会合到一起，每个人都开始一遍遍地高喊'轨道''轨道'。"邓恩说道,"见到大家这么开心真是太美好了,庆祝的派对当然也一路持续了下去。全岛的人都知道SpaceX,也知道我们在做什么,知道我们前几次经历了不少坎坷,他们也都为我们加油鼓劲。所以那天晚上,其实整个岛上的人都在尽情地庆祝、狂欢。"

最后大家聚集到了"老兵堂"——岛上的两家酒吧之一。钦纳里和她的朋友兼同事们举杯畅饮时,忍不住回想起大家为了这一刻而付出过的艰辛努力。"我在脑海中不停地说,我们刚刚创造了历史。"

众人成箱成箱地喝着啤酒,心中五味杂陈,有宽慰,有兴奋,还有几分劫后余生的敬畏感。凌驾于所有感受之上的是纯粹的疲惫——从第三次发射到第四次发射之间没日没夜的工作已经让大家身心俱疲。但不管怎么样,他们在至暗的时刻,在世界尽头的热带孤岛上抓住了最后的机会。大家都很清楚,只要稍有闪失,他们此刻就是在以酒浇愁、互道再见了。因为如果这次发射再失败,大家怕是只能各找出路,或是去别的火箭公司工作,或是投身学术界,又或是找其他出路。最终他们成功了,所以才能在这里举杯致敬共同经历的一切,还有光明的未来。

"SpaceX最让我热爱的一点,就是所有人都在共同经历着一切。无论他们是在你身边、在控制室,还是在其他地方。"邓恩说道,"大家总是被要求做到最好,甚至更好,也总是会为此竭尽全力。"

那天晚上,大多数人都喝得酩酊大醉。夸贾林岛上没有民用车辆,岛上的居民自然也没有机会在街上酒驾。但军方的警察还是照样会开着高尔夫球车巡逻,给醉酒骑自行车的人开罚单。那天深夜,SpaceX的工程师们派出了两名欢乐的使者,摇摇晃晃地骑着自行车,朝潟湖的反方向前进,他们就是负责照顾"游隼号"的"咸狗"和"太空妈妈"。两人并没有喝酒,只是SpaceX派出的诱饵。等警察上了钩,SpaceX的成员们就能蹑手蹑脚欢乐地骑着车往潟湖去了。

在那里,大多数人都脱光了衣服,投入了海水温暖的怀抱中。

CHAPTER 11

步履不停

(2008年9月—2020年5月)

在向SpaceX投入了6年时间和1亿美元之后,埃隆·马斯克终于拥有了一枚真正的火箭。世界上只有少数几个国家能造出液体燃料火箭并成功将其送入轨道,这些国家,还有一些由国家赞助的火箭公司有一个自己的小团体。随着SpaceX第四次发射的成功,这家野心勃勃的南加利福尼亚州公司也成了该团体的一员。马斯克在发射刚结束后接受采访时说,"猎鹰1号"这次出色的发射可谓是"梦想的顶点"。与员工们在工厂和酒吧里纵情欢呼时,马斯克确实犹如身处梦境。

不过在他内心深处,这一切或许更像是一场噩梦。

"问题是,当时我体内的皮质醇水平偏高,所以我无法真正体会到欢庆的感觉。"马斯克说道,"我的内心并没有狂喜之类的感受,只是觉得之前太紧绷了。我就像个刚闯过鬼门关的病人。对我来说,火箭进入预定轨道只是意味着这次公司不至于完蛋,至少我们还可以再多坚持一阵子。发射的成功不过是让我些许松了口气而已。"

SpaceX的员工们并没有完全意识到现实的绝望程度，马斯克也不想在那一刻让大家扫兴，但他的担心绝不是没有理由的。"猎鹰1号"的成功证明了SpaceX这个品牌的价值，但并没有给公司带来即时的收入。前三次火箭发射失败之后，就再没有潜在客户给格温·肖特威尔打电话了。当时"猎鹰1号"只剩一个客户，那就是马来西亚政府。到了2008年秋天，SpaceX终于成功把火箭送入预定轨道后，肖特威尔确实开始陆续接到一些垂询，但那些发射任务不可能在短期内完成，因为SpaceX的工厂里没有多余的"猎鹰1号"火箭了。而在SpaceX将卫星送入太空之前，客户是不会支付报酬的。

公司的现金已被各种固定成本消耗殆尽。SpaceX不仅要为扩大后的场地支付租金，还要为制造发动机和火箭所需的设备工具持续支付租赁费用。到第四次发射时，SpaceX的在编员工已经超过了500人，公司不仅要给他们发工资，还要承担医保和其他福利。8月初，风险投资基金"创始人基金"给SpaceX投了2000万美元。这虽然解了燃眉之急，但在第四次发射过后，SpaceX的财务状况依然严峻。

对此肖特威尔说道："我们有出色的员工，确保他们拿到工资是我的职责。无论进入轨道与否，到了那年秋天，我们所有的钱都会花光。我预估了六周到八周之后的情形，我知道剩下的钱已经不够发工资了。"

那段时期马斯克十分辛劳，这在阿什利·万斯撰写并于2015年出版的《硅谷钢铁侠》一书中有详细记载。2008年的夏天和秋天，马斯克面对着无情的负面新闻，经历了"猎鹰1号"的第三次发射失败，甚至有人建起了一个叫"特斯拉临终倒计时"的网站。那段时间的马斯克就像"活死人"，他有时会从噩梦中惊醒，尖叫着，感到身体疼痛。人们担心他会在重压下崩溃，或者因为心脏病突发而猝死。

即便是在SpaceX取得了成功之后，马斯克的两家主要公司还是在破产边缘徘徊。2008年秋天，他还剩下3000万美元左右的现金。朋友们都劝他赶紧做出二选一的决定，因为大家都认为同时拯救两家公司是不可能的。马斯克为此苦恼万分。"这就像有两个孩子，"马斯克说，"我无法放任其中任何一个死去。"在马斯克的世界观中，他不能放弃这两家创业公司中的任何一个。特斯拉的存在是为了从气候变化中拯救地球，帮助人类摆脱对石油燃料的依赖。SpaceX的存在是为了提供一个后备方案，让人类能成为多星球物种。于是，他把自己仅有的资金分给了两家公司。

在公司经济状况黯淡的这段时间，SpaceX还有最后一张牌可以打。2006年，在"猎鹰1号"第一次发射失败之后，美国宇航局曾为SpaceX提供了一笔关键资金。这是他们在SpaceX身上投下的赌注，赌这家公司终有一天能找到方法，将火箭送入预定轨道。所以即便是在第四次发射任务进入倒计时的关键时刻，肖特威尔还在忙着为新的商业补给服务合同完善运营阶段的方案，以便呈交美国宇航局。在这个合同中，美国宇航局要求供应商为国际空间站上的宇航员们运送食物和衣服。作为回报，美国宇航局将出资让SpaceX制造"猎鹰9号"和"龙"飞船，用以向国际空间站运送食物、水等补给品和科学实验用品。有了这笔钱，SpaceX的经济状况就能稳定下来。

"我们手上的客户并不多，"马斯克说道，"马来西亚政府是其中一个，除此之外就没有什么重要项目了。如果没有这份商业补给服务的合同，我们恐怕在进入轨道之后就要直接陨落了。"

从2006年赢得美国宇航局的商业轨道运输服务合同后，SpaceX把每一分钱都花在了刀刃上。公司大量招收新人，将人手投入到这些雄心勃勃的新项目中。SpaceX想要让"龙"飞船载着数吨的货物飞抵美国宇航局在近地轨道上运行的实验室，完成任务后再回到地球上，但航天器回收是任何一家私营公司都未曾做到过的。面对如此宏大的目标，当一组人在努力将"猎鹰1号"送入轨道时，公司的其他团队已经在着手设计载货"龙"飞船和"猎鹰9号"火箭了。早在2007年，公司的大部分员工就已经投入到新项目中了。

马斯克一直都想造出更大的火箭，但他最初设想的是从一个发动机增加到五个发动机，他相信带有五个发动机的"猎鹰5号"火箭已经足够将一个小太空舱推进太空了。但自从得到了美国宇航局的商业轨道运输服务合同，马斯克便有了更多想法。美国宇航局明确表示，希望每次发射任务都要向空间站运送多达数吨的食品、物资及其他装备，所以要求SpaceX使用更大的航天器。这就意味着SpaceX需要一枚更强大的火箭来把这个航天器送入轨道，于是就衍生出了"猎鹰9号"。

为了让一台梅林发动机能稳定地点火升空，动力系统团队已经耗费了多年的心血。如今，他们要同时兼顾九台。穆勒和他的团队必须研究出一种安全的排布方法来安置这些发动机——万一其中一台在飞行中出了问题，其他几台发动机的位置得相隔多远才不至于被殃及起火。由于要考虑的变量太复杂，马斯克一开始认为直接造一台功率更大更强的发动机可能会更简单，因为这就省却了要在一枚火箭上分隔和控制多台发动机的繁复工作。但SpaceX没有足够的时间和资金用以支持这样的开发项目，因此计划还是变成了采用多台发动机。"我们也知道过程肯定会很艰难，"穆勒谈到要在一枚火箭上搭载九台发动机时说，"但真的别无选择。"

到了2007年6月，SpaceX造好了"猎鹰9号"火箭的第一个燃料箱，并将其运往麦格雷戈试验场。在那里，SpaceX的工程师们第一次用上了安迪·比尔在近十年前建造的巨型三脚架测试台。2007年11月，他们在测试台上对单台发动机进行了点火测试。到第二年3月，他们同时进行了三台发动机的点火测试。出乎意料的是，同时点燃多个发动机的过程相当顺利。当初穆勒、霍尔曼、布扎等人为梅林1A及梅林1C火箭发动机的高效运行做出的努力，在需要搭载多台发动机的"猎鹰9号"身上得到了回报。大多数问题都得到了解决。虽然要调教的发动机数量远不止三台，但梅林1C发动机本身已经是一个已知量了。

2008年夏天，当布扎和"猎鹰1号"发射团队在欧姆雷克岛准备第三和第四次发射时，另一支队伍则在麦格雷戈为搭载了全部九台发动机的"猎鹰9号"火箭进行第一次点火测试，测试只进行了几秒钟。更重要的全程点火测试是在当年11月，在那次测试中，"猎鹰9号"火箭被紧紧钳在巨型三脚架测试台上，九台梅林发动机持续燃烧了178秒，模拟了火箭升空的第一阶段任务。布扎在碉楼中观看了测试的全过程。两个月之前，他才第一次将"猎鹰1号"送入轨道，此刻眼前又有一枚威力数倍的火箭在撼动三脚架，火焰的光芒在得克萨斯州的夜空中闪耀。回忆当时，布扎说："那应该是我彼时见过的最强大的东西了。"

强大的"猎鹰9号"已经准备就绪了。

在那段时间里,穆勒不仅要操心"猎鹰1号"和"猎鹰9号"火箭,还要牵头为"龙"飞船设计新的推进器。他让大卫·吉格来负责这个太空舱的动力系统,当时吉格还只是穆勒手下的一名新人工程师。"龙"飞船必须胜任各种使命,既要与国际空间站完成对接,又要能安全着陆在太平洋上。从2006年起,吉格就和一小队工程师从零开始,构想着一个现代化的太空舱该是什么样子。"当时公司里的大多数人都在为'猎鹰1号'而忙碌,'龙'飞船从某种程度上来说只是一个次要项目。"吉格说道,"我还记得当时开会都在星期六,会上只有埃隆和大约五个人的小团队。我们讨论并敲定了'龙'飞船的一些总体概念。"

SpaceX还得到了美国宇航局的帮助。美国宇航局向SpaceX和另一家赢得商业轨道运输服务合同的公司——轨道科学公司——各派遣了一小队工程师,帮助两家公司审查航天器的设计,找出潜在问题。有一段时间,美国宇航局的这些专家们以为自己是在为空间站的补给工作制订后备计划。但到了2008年,情况发生了变化。乔治·W.布什总统决定让航天飞机退出历史舞台,这就像是在空间站的补给通道上挖了一个大窟窿。于是后备计划被推上了优先位置。

为此,美国宇航局加快了签署实际补给任务合同的进程。尽管SpaceX的"龙"飞船和轨道科学公司的"天鹅座号"宇宙飞船赢得了商业轨道运输服务合同,但美国宇航局并不一定要在项目的实际运营阶段与其中任何一家签约。美国宇航局又重新发起了一项公开招标,项目名称是"商业补给服务"。在这个项目中，美国宇航局将为数次补给任务拿出10亿美元，投给一到两家供应商——这笔钱对于任何一家公司来说都是可以救命的钱。

那年夏天，SpaceX并没有获胜的把握。尽管他们在2006年赢得了商业轨道运输服务合同，但肖特威尔说，她的业界同行都觉得SpaceX在制造大型轨道火箭这件事上会栽跟头。随着"猎鹰1号"第二、第三次发射的失败，这些声音有增无减。虽然也有少数美国宇航局的工程师成了SpaceX的信众，但随着竞标过程的推进，在宇航局内部和国会山上，对于SpaceX还是有许多质疑的声音。

"美国宇航局已经跟我们合作两年了，而且我认为，他们对我们还是挺满意的。"肖特威尔说道，"但他们还是有一些担忧，最担心的就是我们的软件程序。很明显，第三次发射的失败让我们丢了面子。"

但到夏末秋初之时，SpaceX开始尝到了成功的滋味。第四次发射把火箭送上了预定轨道。到了11月，动力系统团队在得克萨斯州给"猎鹰9号"火箭进行了一次全时长的点火测试。SpaceX仿佛突然就掌握了制造火箭的能力。

但马斯克的个人财富在经济大萧条中逐渐枯竭，他很担心美国宇航局会如何看待他公司所面临的经济窘境。马斯克还担心美国宇航局只会跟一家公司签约，而不是像商业轨道运输服务合同那样同时签两家。如果只有一个选择，那SpaceX可能会落选，因为轨道科学公司的新任高级副总裁弗兰克·卡尔伯森与美国宇航局交情颇深。他曾作为宇航员执行过三次宇航任务，退役之后也在美国宇航局出任过管理职务，他和这次负责挑选供应商的宇航局官员们都保持着密切的联系。轨道科学公司的总部就在弗吉尼亚州的杜勒斯市，卡尔伯森那年秋天经常往华盛顿特区跑，出没于各个关键决策者的办公室。

到了2008年12月22日，一个星期一的早上，结果终于揭晓了。"他们就在圣诞节之前突然打了个电话给我。"马斯克说道。打这通电话的是美国宇航局负责载人航天飞行的主管比尔·格斯腾迈尔，国际空间站项目的领导人迈克·萨弗雷迪尼也在线上。他们兴奋地告诉马斯克，SpaceX赢得了两份合同中的一份。马斯克简直不敢相信，他对电话那头的人们喊："我爱美国宇航局，你们真是太棒了！"挂掉电话之后，马斯克要肖特威尔立刻与美国宇航局签署合同，生怕他们会反悔。两天之后，在平安夜那天的傍晚6点，特斯拉结束了新一轮的融资，这家在泥潭中挣扎的电动车公司获得了足够运营半年的资金。马斯克手上两家看似走投无路的公司突然之间都得救了。

"我感觉自己像被蒙着眼睛带到了刑场，枪都顶着脑袋了。"马斯克说，"他们扣下扳机，枪也响了，但没有子弹射出来，然后他们就把我放了。劫后余生的感觉固然很好，但当时是真紧张死我了。"

对肖特威尔而言，获得商业补给服务合同象征着一次巨大的胜利。她已经完成了两单政府合同，将SpaceX从一个小型初创团队升级为一家日渐成熟的公司，员工从几十人扩张到数百人，产品也从"猎鹰1号"火箭升级到威力十足的世界级火箭。美国宇航局给出了丰厚的资金，肖特威尔帮助SpaceX打败了数十位竞争者，把合同收入囊中。她拯救了SpaceX。

不出所料，那年秋天马斯克就给了肖特威尔一个晋升机会。两年前他墨守成规地找了一位航空航天业资深领袖吉姆·梅瑟来出任公司的首位总裁，结果失败了。马斯克琢磨着，或许最适合这个职位的人已经在他公司里了。于是，他问肖特威尔愿不愿意在业务发展和法律事务之外再多管理一些事情。到了那年的12月，肖特威尔就成了SpaceX的总裁。

"那是美好的一年，"肖特威尔说道，"回望2008年，我觉得那是一个好年。或许对马斯克来说，那是他生命中非常糟糕的一年，对我来说则不然。"

2009年夏天，"猎鹰1号"的发射团队回到夸贾林，安排火箭进行第一次真正的商业有效载荷飞行。马来西亚政府已经和SpaceX共度了六个春秋，陪着公司经历了三次失败。现在，400磅的地球观测航天器终于要踏上它的太空之旅了。

7月14日下午的发射非常顺利。SpaceX聘请了罗杰·卡尔森在夸贾林指挥这次发射的操作。卡尔森是一名物理学家，曾就职于诺格公司，参与过詹姆士·韦伯太空望远镜项目。发射结束之后，蒂姆·布扎和卡尔森站在欧姆雷克岛岸边探讨着公司的未来。距离布扎带着二十几名工程师和技术人员来到岛上，从无到有地建起一座发射场，时间已经过去了四年。

"罗杰，现在你是这个小岛的主人啦，"布扎对这位发射场的新主管说道，"我要去佛罗里达州专注投入'猎鹰9号'的项目了。你就在这里接着发射'猎鹰1号'火箭。"

有一段时间，现实似乎就是这样展开的。在2009年9月初，SpaceX与美国电信企业轨道通信系统公司签订了发射18颗卫星的合同。为了完成这些发射任务，公司需要使用升级版的"猎鹰1e"火箭，因为它的一级火箭更大，还配有升级过的梅林发动机。这是"猎鹰1号"火箭多年来的第一份新合同，还包含了多次发射任务，前景似乎明朗向好。

但就在几周后，一切都改变了。马斯克召集"猎鹰1号"团队开了个会，毫无征兆地向他们预告，这将是"猎鹰1号"的最后一次飞行。

"对于在'猎鹰1号'项目上投入过心血的许多人来说，这是很难接受的。"钦纳里说，"我们投入了那么多精力和时间，终于让那个项目取得了成功。不过这样的结局也正是马斯克的风格。他非常专注于自己想要达到的目标，'猎鹰1号'不过是用来学习的敲门砖，并不在后续的计划之中。"

在消化了突如其来的震惊之后，"猎鹰1号"团队的成员接受了马斯克这个明智的决定。对他们来说，这意味着工作量减少了，他们不必花时间去开发、测试和制造"猎鹰1e"火箭，而是要专注于"猎鹰9号"和"龙"飞船，这才是代表未来的项目。最终，那18颗卫星会由更大的"猎鹰9号"火箭带上太空。至于欧姆雷克岛，只有一小部分员工在那里驻守到2009年底，负责最后打扫战场。军方规定SpaceX要移除所有的东西，就连混凝土也要敲成小块，每块都不得超过一个高尔夫球的大小。很快，大自然和椰子蟹就夺回了这个小岛的主控权。

军方对于"猎鹰1号"戛然而止的命运有何看法呢？美国国防部高级研究计划局为了建立快捷的、可反复使用的发射力量而开展了"猎鹰计划"，并通过该计划资助了SpaceX早期的几次发射任务和技术开发。结果，"猎鹰1号"火箭成了这项军事计划资助下唯一真正飞入轨道的小型火箭，甚至在十年之后，空军也没能找到"猎鹰1号"的替代品。放弃"猎鹰1号"这个项目，会不会让军方对SpaceX和马斯克的动向保持警惕呢？

"我倒没把这当作问题。"史蒂夫·沃克说道。在SpaceX刚起步发展的那几年里，沃克曾是美国国防部"猎鹰计划"的负责人，后来还成了整个国防部高级研究计划局的领导人。"SpaceX转而开发'猎鹰9号'火箭，这也让行业变得更好。相比美国政府在SpaceX出现之前为昂贵的军事卫星支付的发射费用，SpaceX的报价还不到其四分之一。要我说，我们在'猎鹰1号'项目上投入的钱应该算是物有所值。"

SpaceX的一组骨干人员刚在夸贾林完成收尾工作，发射团队的大部分成员又在佛罗里达州的卡纳维拉尔角空军基地开辟了新战场。SpaceX放弃位于西海岸的空军主要发射场还不到四年，就又从军方手里租到了位于东海岸的这个历史悠久的基地，用于"猎鹰9号"的发射。他们重建了大约五十年前用于发射"泰坦"火箭的发射工位。

经过美国宇航局、美国空军和其他相关部门冗长的技术审查，SpaceX终于在2010年春天对火箭进行一系列静态点火测试，最后获准在6月4日进行发射。于是，"猎鹰1号"火箭第一次成功进入太空轨道后还不到两年，SpaceX就把最新的火箭推上了发射台。在它面前，"猎鹰1号"就像一个小矮人。"猎鹰1号"高68英尺，重约6万磅，而"猎鹰9号"的高度达到了157英尺，加满燃料时重达73.5万磅，简直令人瞠目结舌。如果将"猎鹰1号"比作蹒跚学步的小孩，那"猎鹰9号"就是大鲨鱼奥尼尔。

6月2日，SpaceX把"猎鹰9号"挪到了翻新过的发射台上。第二天，一场典型的、由海风驱动的风暴从大西洋滚滚而来，暴露在外的火箭被淹没在暴雨中。雷暴过境之后，一名发射控制员注意到来自二级火箭的一个异常射频信号，这很可能导致发射被叫停。于是当天晚上布扎、马斯克和阿尔坦就驱车赶往发射台，与那里的发射工程师一起尝试排除故障。原本已经为发射起竖的火箭又被放倒至水平状态，方便检查。当初在欧姆雷克岛发射"猎鹰1号"时，单是这个操作就得花费一整天时间。但SpaceX在为"猎鹰9号"设计起竖臂时吸取了之前的经验，并进行了改进。

一行人来到发射台后，马斯克让阿尔坦顺着梯子爬到二级火箭外部的通信天线旁。阿尔坦在欧姆雷克岛上就经常乘着高空升降机完成类似工作，现在来到新的发射台，他又在高空和新火箭打了个照面。阿尔坦取下罩子，确认是天线进水了。大家迅速商量了一下，决定用吹风机吹干天线。于是阿尔坦站在梯子上，挥动着吹风机来回吹，直到他认为完全吹干了为止。在此期间，马斯克和十几个人就在发射台上仰头看着他。

"与马斯克共事就是这样的，"阿尔坦说，"他不会干涉你也不多过问，就由着我去做该做的事。比如那天，我要做的就是把天线的水吹干，让温度恢复正常，然后用硅胶密封，让火箭能撑过第二天的发射。"

火箭修好，阿尔坦也顺着梯子下到了地面上。马斯克走过来问他这位电气主管："你觉得明天它能飞吗？"

"我觉得它应该能行。"阿尔坦回答道。

为了评估这个答案的可信度，马斯克用他锐利的目光直勾勾地望着阿尔坦，以确认他是在压力下说出了老板想听的答案，还是真心觉得没问题。最后马斯克应该是放心了，只简单地说了一句："好。"

那时已经很晚了，众人想在漫长而关键的发射日到来之前睡个好觉的愿望肯定是破灭了。大约凌晨3点，布扎驾驶着租来的汽车把马斯克送回酒店。在沿着海角漫长的车程中，马斯克向布扎丢出了各种问题，但无一与明天的发射有关。正如2006年"猎鹰1号"第一次发射时一样，马斯克的心思永远都在关注下一步。他向布扎询问了关于猎鹰重型火箭，以及"猎鹰9号"一级火箭回收的问题。后来布扎回想车上的情节，心中不由得感叹，这真是典型的马斯克作风。

发射过程几近完美。这次发射的首要目标是不损坏发射台，其次，公司当然希望火箭能进入位于赤道上方、与赤道呈35度角的预定轨道。结果"猎鹰9号"的发挥超过了人们的期望，二级火箭以34.494度的斜角插入轨道，这种精度对于一枚全新的火箭来说非同一般——一枚未经验证的火箭从发射台腾空数百英里，达到数倍于音速的速度，最后仅以0.006度的偏差进入目标轨道。

那天晚上，SpaceX在延伸到大西洋中八百英尺的可可海滩码头举行了欢庆活动。八年来，公司一直努力维持生计，想方设法将火箭送入轨道，好几次都险些关门大吉。

对于埃隆·马斯克和SpaceX迅速庞大起来的员工群体来说，这些失败在那天晚上都已成为过去。

他们的火箭正在群星间翱翔。

海浪在他们脚下拍打着码头。

在这些员工和他们热爱的公司面前，璀璨的未来正徐徐展开。

＊＊＊

2010年夏天，在第一枚"猎鹰9号"火箭从佛罗里达州升空前几个月，托马斯·祖布钦和朋友们就这次发射任务打了个赌。他的朋友们都相信这家创业公司会失败，因为SpaceX不像洛克希德·马丁公司和波音公司这些行业主要参与者一样拥有悠久的传承。批评人士说，虽然SpaceX经历了四次尝试并碰巧将一枚小型火箭送入了太空，但这家公司还没有实力与行业中的大佬们齐头并进。

但祖布钦比别人更清楚SpaceX的情况。这位出生在瑞士的科学家参与建立并管理着密歇根大学备受推崇的空间工程专业的研究生课程。在2010年春天，《航空周刊》邀请祖布钦撰写了一篇有关业内人才发展的文章。为了这篇约稿，祖布钦写下一个名单，罗列了他在过去十年的教学生涯中，以学术成绩、领导力和创业表现来看最优秀的十名学生，并调查了他们的现况。令他始料未及的是，其中一半的学生并没有为业界的龙头企业工作，而是都在SpaceX。这个结果让他大为吃惊。

"那还是在SpaceX成功之前，"祖布钦说道，"我采访了这些学生，问他们为什么要来这家公司，他们说是因为信仰。他们中有很多人即便要减薪也还是选择SpaceX，因为相信公司的使命。"说这些话的祖布钦后来在2016年成了美国宇航局的科学探索主管。

在那篇文章里，祖布钦描述了SpaceX如何用一个激励人心的目标在人才竞争中取得胜利。"要我赌'猎鹰9号'一开始就能大获成功的话，我也会有点儿忐忑，"他在文中写道，"但从长远来看，人才会胜过经验，创业文化比传承更关键。"他还补充道，官僚主义、规则和对失败的恐惧给当代航空航天业带来了太多的毒害。

在"猎鹰9号"首次发射成功两个月之后发表的这篇文章引起了马斯克的注意。他把文章分享给了公司的所有员工，并告诉大家：你们是业内最优秀、最能干的人，业界也开始留意到这一点了。马斯克还邀请祖布钦来工厂参观。在此期间，他先是对祖布钦表达了感谢，也讨论了对公司抱持怀疑态度的声音。但后来，据祖布钦回忆，马斯克突然用他特有的摄人心魄的眼神盯着自己，问出了他的问题：名单上另外五个学生都是谁呀？

"我这才意识到这次会面的真正目的，"祖布钦说，"我并不是会面的重点，他是要招人。他想要把那五名学生也招至麾下。"

但也并不是所有人都欣赏《航空周刊》上的那篇文章。祖布钦在文章发表之后接到了不少来电，或暗示或明说，指责他是喝了SpaceX迷魂汤的书呆子。有人在学校走廊与他愤然对峙，有人在会议上批判他对发射业务一无所知。不过，在与麻省理工学院和南加利福尼亚州大学的工程学同僚们聊天时，他也听到了认同的声音。SpaceX对那些学校的学生很有吸引力——自由的创新环境和足以支撑迅速发展的资源吸引了这片土地上最好的工程师们。

竞争对手们也开始注意到SpaceX的成功。"猎鹰1号"对于大多数美国航空航天公司来说或许不值一提，受到威胁的或许只有轨道科学公司和"飞马座"火箭。但"猎鹰9号"就不一样了，即便是对实力雄厚的玩家来说，它也是一个实打实的威胁。

当时，联合发射联盟享受着美国国家安全相关发射合同的垄断权，另一些航空航天公司，包括波音、洛克希德·马丁、洛克达因、诺格和ATK公司则瓜分了包括美国宇航局在内多个政府部门的发射业务。所有这些公司都不会欢迎一个新竞争者的出现，尤其是一家具有潜在破坏性的公司。

作为反击，他们开始在政治对立面煽风点火。正如这些承包商需要维持现状来保证自己的利益，在亚拉巴马州、佛罗里达州、得克萨斯州、犹他州等地的一些政客们也有同样诉求，因为这些州掌握着航空航天工业中的大部分需求。

SpaceX腾飞的时候刚好是航天政策史上的关键时刻。2010年，白宫和国会就载人航天的未来展开了一场激烈讨论，最终所有人都同意航天飞机退役，将最后一次任务的时间定在2011年中。拥有航天飞机项目大合同的大型航空航天公司帮助国会制订了一项计划，以保证可以继续签订同样有利可图的合同，名义是为政府制造新的航天器和火箭。奥巴马政府试图限制对这些昂贵计划的拨款，给像SpaceX这样的新兴玩家更多机会，看他们能不能让航天飞行的成本降下来。"猎鹰9号"的第一次发射给奥巴马总统的太空政策带来了一次类似全民公投的机会。如果火箭发射失败，反对者就有理由宣称商业空间还没准备好迎接百花齐放的时代。

"我很清楚，不仅是我的个人声誉，还有奥巴马政府太空政策的成败，很大程度上都将取决于SpaceX的发射结果。"美国宇航局当时的副局长洛莉·加弗说道，她也是当时奥巴马主要的太空顾问。

有人或许认为，国会应该欢迎一枚本国制造的火箭加入国家舰队，因为当时美国大多数军事发射都要依靠"阿特拉斯V型"火箭，而该火箭是由俄罗斯制造的发动机驱动的。但事实上，国会山的太空政策领袖们与现有的航空航天巨头们结盟，他们一致保持缄默。得克萨斯州的高级参议员凯·贝利·哈奇森说："毫无疑问，即便是这一小小的成功也比计划晚了一年多才实现，而其他私人航天公司项目的截止日期还在持续往后推迟。"SpaceX建造并不断扩大的麦格雷戈试验场就在哈奇森的家乡，所以国会这种冷冰冰的反应确实很扎眼。

美国宇航局领导层的大多数人也以警惕的目光注视着"猎鹰9号"升空。对于奥巴马政府想要将太空计划部分开放给私有企业这件事，宇航局内部弥漫着怨恨之情，只有加弗和少数几个人把低成本发射视作宇航局发展的下一个重要步骤。当然，有些决策者是出于公心，觉得SpaceX太鲁莽，做法过于冒险。但在更现实的层面，就是有一大批美国宇航局的高级官员常常游走于宇航局和大型承包商之间，和那些航空航天业大公司之间有各种扯不清的关系。这种"旋转门效应"（政府官员退休或离职之后下海进入企业、学校任职的现象）让航空航天企业对宇航局的决策取向有了一定的话语权，也加强了大家对于像SpaceX这样的公司可能会动摇现状的担心。

其实，无论大家担不担心，SpaceX都会带来变革。继"猎鹰9号"火箭一举成功之后，SpaceX还证明了"龙"飞船可以进行安全飞行。"猎鹰9号"在初次发射成功的六个月之后又将"龙"飞船第一次送入太空。为了向巨蟒剧团的标志性素描喜剧《奶酪商店》致敬，这个飞行器上真的带了一块布劳埃干酪。想想这家公司带入轨道的第一个有效载荷是工程师们拼凑出来的"拉特卫星"，第一艘"龙"飞船搭载的则是奶酪，真是叫人忍俊不禁。发射后三小时，伴着飞溅的水花，"龙"飞船安全降落在太平洋上。

且不提那些无厘头的有效载荷，在此之前还没有一家私人公司实现过航天器的发射和回收。到2012年5月，"龙"飞船第一次与国际空间站实现对接。此后，它还陆续完成了20次太空货运任务。

火箭回收从一开始就是马斯克计划中的一部分。在以往所有"猎鹰1号"的发射中，SpaceX都会在一级火箭的顶部放置降落伞，还会派出一名员工驾船去回收掉落在海里的硬件设备。2006年，"猎鹰1号"的整个回收团队就是结构工程师杰夫·里希奇和一艘80英尺长、名为"大桥号"的军舰。

SpaceX会预先计算出一级火箭坠落海面的位置，让"大桥"停泊在距离这个位置约10英里的地方。"猎鹰1号"第一次发射时，发射指令一确认，行动缓慢的"大桥号"就开始吃力地朝着落海点前进了。但由于只能依靠海上通信，船上的人没能立刻得知当天并没有火箭可以打捞。

发射之前，SpaceX已经在商船公告中公布了可能受到发射影响的区域。所以当"大桥号"军舰到达落海点，却发现有一艘渔船正守在那里、声称是在捕鱼时，里希奇感到十分惊讶。"在茫茫几百平方英里的捕鱼区，这艘拖网渔船就不偏不倚地停在落海点的位置，而且当时距离预计的坠落时间不到两小时。"里希奇说，"让我如何相信这跟马上有一枚一级火箭要借助降落伞在此降落毫无关系？"

后来SpaceX渐渐意识到，在一级火箭返回地球大气层后，想要等降落伞打开再进行回收是不太可能的。因为一级火箭会以超音速再次进入大气层，还没等降落伞打开火箭就烧毁了。但在当时，里希奇还不得不背负回收一级火箭的压力。这简直就是个不可能完成的任务，他必须扫描整个天空和海面，寻找一个白色的、如公交车大小的物体，它会落入泛着白浪的海面。"猎鹰1号"第二次发射时，里希奇对"大桥号"上的全体船员说，第一个发现一级火箭踪迹的人能得到100美元的奖金。但事实证明这是个馊主意——每过一到两分钟就会有人给出错误的预警。

"误报此起彼伏，"里希奇说，"船就在海面上盲目乱窜，追寻着一级火箭的幻影。我这个点子真是糟透了，后来我再也不敢用这一招了。"

但由此可以看出马斯克对火箭回收的决心，他不惜牺牲火箭上宝贵的有效载荷，也要在"猎鹰1号"上安置降落伞，就为保有回收一级火箭的一丝希望。坚持实现回收的理由很简单：如果一家航空公司在每次跨洋飞行之后就报废一架波音747客机的话，乘客们就得为每张机票支付100万美元；同理，如果每次发射后火箭都要葬身大海，那太空旅行的高成本依然会将所有人拒之门外，只有少数富有国家和顶尖宇航员才能涉足。为了让人类成为跨星球物种，马斯克试图降低进入太空和飞往其他星球的成本。

尽管如此，早期回收实验还是让人认清了现实。"我们当时太天真了，想着在火箭上加个降落伞就能完成回收了。"马斯克说，"真是蠢到家了。"

SpaceX从未在"猎鹰1号"火箭的发射过程中实现过回收，"猎鹰9号"火箭的回收也花了好多时间才实现。2010年"猎鹰9号"第一次发射，一级火箭在返回时发生了破裂。SpaceX后来找回了火箭的一些碎片，包括氦气压力罐、降落伞的拖曳伞，还有其中一个发动机的外壳。马斯克之所以说自己"蠢到家了"，就是因为公司的工程师们并没有真正意识到，要让降落伞抗衡重达几吨、以数倍于音速的速度返回大气层的火箭所携带的能量，完全是徒劳。

要想实现回收，SpaceX先要配备隔热罩，来保护呼啸着返回大气层的火箭，更重要的是需要掌握一项美国宇航局只在仿真计算及风洞中研究过的技术。要控制"猎鹰9号"的姿态并让它减速，就要让火箭在以10马赫的速度再入大气层时重新点燃发动机。但可想而知，许多工程师都会担心，当火箭发动机迎面冲入大气层并再次点火时，一级火箭能否在湍流中保持稳定性。早在2013年9月，SpaceX就开始对这项"超音速反推"技术进行测试了。最后，负责火箭返回的团队想出了一种机制来引导火箭穿过不断增厚的大气层，最终到达着陆点。如果回收的目的是让火箭能够尽快地再次投入飞行，那在回收时让它掉进海里或许不是一个好主意。SpaceX在"猎鹰1号"首次发射时就已经吃够了盐水腐蚀的苦头。

在探索火箭回收的过程中少不了调整和失败，到了2015年，在"猎鹰9号"火箭第二十一次发射时，SpaceX终于让火箭在夜幕中安全降落在卡纳维拉尔角空军基地一个全新的平台上，这个平台距离发射场仅几英里。这场在圣诞节前三天完成的夜间发射和回收，让远在霍桑工厂中的员工们齐声欢呼。

马斯克简直太激动了。"我当时根本不敢想会成功，但我们做到了，我真的太开心了！"那天晚上马斯克说，"SpaceX成立已经十三年了，经历过许多千钧一发的时刻。这一次，真的是喜出望外。"

在佛罗里达州海岸成功实现火箭回收之前，SpaceX曾经花了不少力气试验让火箭在无人驾驶船上降落，这些无人船就停靠在距离发射场不远的太平洋上。这是个简单的物理问题：火箭起飞后不久就会向前倾斜，从发射时与地面垂直的状态慢慢过渡到平行于地面的状态，准备进入轨道。所以当一、二级火箭分离的时候，一级火箭会以极快的速度向远离发射场的方向飞去。这对火箭返场回收来说是一个难点，因为如果想要让火箭返回到位于佛罗里达州的某个场地，那就需要一级火箭的发动机保持长时间的持续燃烧，这会消耗大量燃料。而留给回程用的燃料对火箭发射没有任何帮助，只会减少火箭可以带入轨道的有效载荷。所以大家就想出了一个办法，派一艘船去数百英里之外迎接回落的火箭。

然而，想要让火箭降落在一艘在海面颠簸起伏的船上是相当困难的。这需要通过绝对缜密的计算机控制，让火箭和无人驾驶船保持步调一致。从未有人做到过这件事，直到2016年4月8日，一枚"猎鹰9号"火箭带着一枚泰国的通信卫星，朝着高绕地轨道进发，随后，完成分离的一级火箭就像是被施了魔术一般，稳稳地停在了一艘无人驾驶着陆船上。这艘无人船的名字很有趣，叫作"当然我还爱你"。

后来，无人船回收火箭的操作成功了一次又一次，SpaceX在佛罗里达州的停放厂房里突然堆满了回收来的一级火箭。"厂房里突然多出十来个一级火箭，我们自己也很吃惊。"科尼格斯曼说道，"我这才意识到，之前都没认真盘算过若是真能实现回收，该怎么安排这些火箭。"

如今，发射火箭，随后在海上或是陆地上回收，过几个月再将其用于发射，这对SpaceX来说已经是家常便饭了。在不到三年的时间里，整个格局都改变了。在这之前，回收并重新利用火箭似乎是件新鲜事，而现在，用完即弃近乎浪费。SpaceX的竞争者们最初还对垂直发射、垂直回收、过几个月再进行下一次发射的构想嗤之以鼻。如今，他们都在争先恐后地追赶着SpaceX的步伐。很多国家和地区的火箭机构都或多或少地在资助可回收火箭发展计划。美国国内的情况也是一样，想要与SpaceX一争高下的蓝色起源、联合发射联盟等火箭公司都在发展火箭回收计划。

SpaceX也并未就此止步。2018年，他们实现了猎鹰重型火箭的首次发射，那是现在世界上最强大的火箭。这个庞然大物的一级火箭本质上就是将三组"猎鹰9号"一级火箭捆绑在一起。不到十年，SpaceX发射的火箭从单一发动机发展到了27个发动机，这是世界历史上前所未有的成绩。不仅如此，猎鹰重型火箭的两枚助推火箭还同时实现了回收着陆，就像是一对表演花样游泳的天使从天而降。这确实很像科幻小说中的场景，可它的确是如假包换的现实。

SpaceX确实重塑了全球的发射行业。在21世纪第二个十年中期，SpaceX开始兑现实现低成本快捷发射的承诺。一次基本的"猎鹰9号"发射只需大约6000万美元，这个价格低于市面上所有其他主要运载火箭的发射价格。此前，那些想要把通信卫星发射到太空的运营商们都要去欧洲或俄罗斯等地寻求发射服务，突然之间这些业务都蜂拥回到美国，这还是几十年来头一回。到21世纪第二个十年末期，SpaceX手中掌握了全球商业卫星发射业务的三分之二。一些大型的卫星运营商甚至要刻意分散业务，以免SpaceX的竞争对手们倒闭。

"猎鹰1号"没有完成的使命在"猎鹰9号"身上得到了实现，那就是为SpaceX吸引到各式各样的客户。强大的"猎鹰9号"不仅能得到商业卫星发射市场的大块份额，还能为美国宇航局完成科学任务，为军方承载军用有效载荷。SpaceX也从美国宇航局手中赢得了货物和人员的运输合同。

这时，SpaceX将目光投向了宇宙更深处。有了这些收益，马斯克就能在雄心勃勃的"星舰计划"上投入资源了。马斯克相信，要想将大量的人员和物资送到火星，并建立能自给自足的定居条件，"星舰计划"就是关键之所在。

SpaceX的成功彻底撼动了航空航天界。2016年，联合发射联盟的工程副总裁布雷特·托比在科罗拉多大学博尔德分校的一次研讨会上发表了一番坦率的讲话。托比承认，在SpaceX出现之前，自己所在的公司垄断着美国空军的发射业务，但其价格与SpaceX相比毫无竞争力。他在谈到国家安全相关的发射业务时说："我们必须想想如何以更低的成本来竞标这些业务。"他还承认，自己所在公司的发射费用是SpaceX的三倍。几天之内，他就被联合发射联盟扫地出门了。

托比所说的是行业内所有人都清楚的事实。不管怎样，SpaceX在成立的第二个十年里，成功颠覆了全球发射行业。

最后，或许也是最重要的一点——SpaceX夯实了一种新的观念，那就是降低去往太空的成本是合理且必要的。它证明了私有企业和私有资本可以通过与政府合作，在太空事业上做出一些伟大的成就。那些投资人已经目睹了SpaceX在"猎鹰1号"和"猎鹰9号"火箭上取得的成功。此后，无论是什么类型的太空项目创业者，都更容易吸引到投资了。

彼得·贝克就是其中一名创业者，他的公司来自新西兰，名叫"火箭实验室"，自2017年以来已经成功发射了十几枚"电子号"轻型火箭。他说："SpaceX帮到了整个行业，证明了私人公司也可以成功将货物和卫星运送到预定轨道。马斯克的成就不仅是在发射上，还有航天器的开发。他证明了一家商业公司也能在一般只有政府主导的领域里大展拳脚。"

从马斯克第一次认真思考有关火星的事以来，时间已经过去了将近二十年。在2020年初的一次采访中，马斯克的思绪回到了最初把他带入太空事业的那份冲动。他记得那个灰蒙蒙的雨天，和好朋友阿迪奥·莱西行驶在长岛高速公路上，他也记得后来因为在美国宇航局的网站上没有搜到任何有关宇宙探索的计划而感到失望。他不能理解，为什么在"阿波罗计划"之后，人类的太空活动还长期滞留在近地轨道附近。所以他做出了一个改变人生的决定，全身心地致力于飞向火星这个目标。随着时间的推移，这个信念和目标也变得越来越坚定。

"那是十九年前了，我们至今还未能踏上火星。"马斯克在接受我的采访时说道。

"而且，似乎距离这个目标还很遥远。"我说。

"是的，"他附议道，"非常遥远，这真叫人火大。"

但就是这团火推动着埃隆·马斯克，促使他激励着自己的团队每天向前奋进。在他的世界里，所有的决策都可以归结为一个简单的问题：这件事能不能让人类更快到达火星。别的对他来说都不怎么重要。尽管我们离火星还很远，但如今取得的飞跃都是以往不曾有过的。马斯克的第一步是要降低发射成本，尽管困难重重，但他还是做到了。如今，在马斯克一刻不曾松懈的鞭策下，他的公司正在运用这二十年间积累的知识和经验建造星舰，以便有朝一日能把定居者送上火星。

回想在埃尔塞贡多跌跌撞撞的起步，还有试图从洛杉矶北部山区发射的绝望经历，SpaceX一路走来实属不易。那段岁月真是劫难不断：先是液氧不够用，后来又被繁文缛节束缚，最终逃往夸贾林。但自那之后，他们的成就改变了世界。或许有朝一日，SpaceX还会改变另一个星球——把寸草不生的红色星球变成充满活力的绿色伊甸园。

结语

在撰写这本书的过程中，我有幸与几十位现任和前任SpaceX员工进行了长时间的交流。我试图从他们的回忆中还原出SpaceX的故事，也希望透过他们的故事让读者体会到，是这些人的个人牺牲成就了这家伟大的火箭公司。我要感谢他们为接受我采访所付出的时间。在此，我想罗列一下这些重要参与者的总结性发言，他们在"猎鹰1号"第一次发射成功时的头衔，以及他们在那次发射之后的新动态。以此作为本书的结尾，或许再合适不过了。

克里斯·汤普森 | 箭体结构副总裁

克里斯·汤普森说，马斯克总会给员工布置艰巨的任务。那些在夸贾林通过了试炼的员工，大约有一半至今仍在SpaceX供职；而另一半选择了离开的人，大多都是受够了在马斯克手下工作的巨压。他们中有许多人去了其他火箭初创公司，依然追寻着与一小撮志同道合的战友一起奋斗的快感，去为了打造出能摆脱地心引力、冲出地球表面的火箭而努力——哪怕这件事的成功概率并不高。

汤普森还说，他其实在2008年初就辞职了。因为在近六年时间里，他每天要开车一个半小时从科斯塔梅萨的家里去SpaceX上班，他已经受够了。"那时候我已经到了厌倦通勤的地步。我想念孩子们，我在工作上花费了太多时间，这也让妻子处于崩溃的边缘。我就是觉得自己必须要做出改变。"于是他递了辞职信，去了约翰·嘉维创办的一家公司。约翰·嘉维是汤普森的朋友，也是在马斯克成立SpaceX之前给他指点迷津的众多火箭科学家之一。鉴于当时汤普森还是SpaceX结构部门的带头人，而且"猎鹰9号"的开发项目正在加速，公司的好几个副总裁都向马斯克提议，要他留住汤普森，让这位出色的科学家继续在公司兼职。马斯克同意了。

汤普森加入嘉维的创业团队还不到五个月，公司就没钱了。于是他忍气吞声地给马斯克发了封邮件，想要重新回公司上班。邮件发出之后，汤普森唯有等待。一天过去了，一个星期过去了，一眨眼就过了三个星期。通常马斯克是秒回邮件的，这次竟然毫无音信。汤普森心想，SpaceX这条后路算是断了。但就在这时，马斯克打来了电话。

"嘿，我看到你的邮件了。"马斯克说，仿佛三个星期的时间被折叠了，一切都只是刚刚发生，"你星期一能来公司报到吗？公司可以恢复你原来的职位。到时你直接找杰瑞·菲尔德就行，他会给你开一份新的工资。"

汤普森当时都愣住了。在马斯克挂上电话之前，汤普森只是结结巴巴地嘟囔了一句："什……什么？"整个通话时间不过一两分钟。到了星期一，汤普森回到SpaceX，见到人力资源主管菲尔德，才发现马斯克不仅给自己加了工资，还给了更多的股票，就像中间什么事都没发生一样。

汤普森后来又在公司干了四年。他在"猎鹰1号"第四次发射前命令团队像拆解一辆汽车那样把火箭大卸八块，也享受了"猎鹰1号"发射成功的喜悦，还见证了"猎鹰9号"的前几次发射任务。但随着公司从纯研发慢慢转向运营和研发并重，工作中的兴奋感开始渐渐消退。从2010年到2015年，SpaceX的主要目标是实现"猎鹰9号"的频繁发射。低成本火箭吸引来了蜂拥而至的客户，为完成积压的发射任务，"猎鹰9号"至少需要一月一发。与此同时，汤普森和马斯克的关系也在逐渐恶化。他站出来与马斯克抗争时，能感觉到老板越来越愤怒，两人甚至会大声争吵。直到某一天，汤普森觉得自己受够了这一切。

SpaceX给了汤普森一段难忘的经历，也让他拥有了财富，但他为此付出的代价也非常高。汤普森最初加入SpaceX时刚满40岁，那时他的儿子瑞恩12岁，女儿泰勒9岁，孩子们正要经历童年最重要的几年。在为SpaceX工作的十年中，汤普森错过了孩子们的许多时刻。而他的妻子也有一份全职工作要兼顾。

"那时候真的太难了，"汤普森说道，"根本不可能在工作和生活之间保持平衡。结局就是，你根本见不到孩子们。你会错过家长会，错过孩子们的表演，错过他们的足球比赛、棒球比赛、排球比赛，错过这些他们成长中非常重要的时刻。"

于是，汤普森开始把家庭的重要性前置到工作之上。他在2012年5月离开了SpaceX，蜻蜓点水般掠过蓝色起源公司之后在维珍银河公司站稳了脚跟。维珍银河公司当时正开始开发一种可以从改造后的747飞机上实现高空发射的小型火箭。维珍银河的首席执行官乔治·怀特塞德曾明确表示，每天十八小时的高压工作不应该是常态。这对汤普森来说是件好事。他在那里待了五年，随后又去了阿斯特拉领导整个工程部门。阿斯特拉是一家神秘的发射公司，他们设计简洁的小型卫星发射器。汤普森说自己很喜欢那家公司，不过那又是另一个故事了。

布伦特·阿尔坦｜电气综合主任工程师

2004年，在马斯克给朋友拉里·佩奇打了声招呼之后，阿尔坦和他的妻子便搬到了洛杉矶。在那之后的十年里，阿尔坦经历了人生难得的冒险。在"猎鹰1号"和"猎鹰9号"首次发射之前，阿尔坦都曾在高空中接受众人的仰望——先是在夸贾林，他爬到半空中修理电容器；后来又在佛罗里达州抢救了被雨水打湿的天线。

他之所以加入SpaceX，是因为马斯克的胆略和整家公司的雄心壮志。"我读书深造不是为了毕业后找个工作天天开会，坐在隔间里做好一颗螺丝钉。"阿尔坦说道，"这是一家希望员工能成就一些事情的公司。我愿意卷起袖子亲力亲为，除了SpaceX之外，真的没有别家公司能给我同等的机会了。"

他确实没少亲力亲为。来公司报到的第一天，阿尔坦就设计了一块印制电路板并将它送去进行生产。当时他就觉得很不可思议，如果是在别的公司里，新员工第一天报到结束时恐怕连个IT账号都还没设置好呢。很快，他就开始着手制造火箭、修理火箭，甚至还要在欧姆雷克岛上给同事们做晚饭。他的土耳其炖牛肉非常受欢迎，以至于他得写下详细的食谱——就像撰写发射程序那样——分享给同事们。阿尔坦一直率领着SpaceX的电气部门，直到2014年1月离开公司。在他离职的那一天，霍桑办公室的食堂还根据阿尔坦的食谱为大家烹制了土耳其炖牛肉。

他在2016年又回到SpaceX工作了两年。凭借出色的编程能力，阿尔坦在公司全新的"星链计划"中担任高级工程师。"星链计划"的雄心壮志在于要向近地轨道发射数千颗小型卫星，来为全球提供互联网服务。计划成功的关键在于要让卫星在地球上空移动时保持通信，为地面上的用户提供不间断的网络数据服务。在阿尔坦第二次离职时，SpaceX正准备交付"星链计划"的第一批卫星原型。离开公司后，阿尔坦与他人合伙创办了一家风险投资基金公司。

如果日后有一天你能用到从太空传来的数据信号，那请你记得在众多背后功臣中有这么一位克服了恐高的工程师——还有，他的拿手好菜是土耳其炖牛肉。

安妮·钦纳里｜运营经理

继夸贾林之后，还有更多的发射场在等着钦纳里去建设。在SpaceX

从范登堡空军基地仓促脱身五年之后，空军同意让公司重回该基地。钦纳里参与了发射场的设计和建造。2013年，这里迎来了"猎鹰9号"在西海岸的第一次发射。此外，她也为公司在麦格雷戈试验场的垂直发射设施建设做出了贡献。SpaceX在麦格雷戈试验场进行了一系列着陆测试来验证火箭离地悬停和横移的能力，进而最终实现一级火箭的着陆和回收。

但到了2013年底，在SpaceX供职了十年有余的钦纳里已经倾尽了自己所有的心力，再没有什么可以奉献给这家公司的了。在最开头的那几年里，工作激励着她。虽然困难重重，但她感到兴奋和满足。但这一切的背后都默默标好了代价。"这里的工作从来都不会让我觉得无趣，但正因如此，很容易就让我忽视了实际存在的疲惫和压力。"钦纳里说道，"简直就像是上了瘾，做完一样还想去完成更多更有趣的任务。"

去夸贾林出差就是一种负担。虽然海岛周围环境优美，但钦纳里和同事们要埋头工作，根本没机会享受沙滩、碧海和阳光。

"长年累月的工作重压最终在每个人身上都留下了烙印，"钦纳里说，"这些年里当然也有过属于我的高光时刻，但终有一刻，我感到在SpaceX工作十一年积攒下的长期压力几乎把我掏空了。在离开SpaceX几年之后我才缓过来了一点儿。"但钦纳里心中没有遗憾，她珍视在SpaceX度过的岁月。她说："那是我人生中宝贵的经历。"

到了2015年夏天，钦纳里准备好要翻开人生新的篇章了。她加入了一家名为"萤火虫"的小规模火箭公司，在汤姆·马库西奇手下工作。她惊奇地发现军方的态度已经发生了巨大转变。为了招揽萤火虫公司来范登堡进行发射，空军军官们殷勤地提供帮助，遇到问题也会积极地提出解决方案。

"毫无疑问，如果没有SpaceX，这一切都不可能发生。"钦纳里说，"是SpaceX让所有人相信，航空航天业的市场化是可行的。当SpaceX成功之后，国防部意识到自己只能加入进来，不然就会被抛离。"

有许多人在SpaceX工作多年之后都会像钦纳里一样感到筋疲力尽，因为马斯克总是无情地推着他们前进，日程安排总是满到令人发指。时间就是金钱。马斯克担心让人类登上火星并实现跨星球居住的机会不会永远都在，并且他自己的生命也有时限。所以他极致地追求速度和效率，而这种专注也得到了回报。在马斯克创立SpaceX短短三年零十个月之后，"猎鹰1号"就尝试进行了第一次发射，四年零十个月之后，火箭升上了"太空"，六年零四个月之后，火箭进入了预定轨道。这一切始于三名员工，他们借助有限的政府资助，几乎全靠自己开发部件，从无到有地造出一枚火箭。

对比萤火虫公司等第二拨小型运载火箭公司，SpaceX的时间线就越发令人叹服。自从SpaceX成功向太空发射火箭以来，十几家小型火箭公司如雨后春笋般冒了出来。大家或许会认为这些公司的创业之路会好走一些，因为发射场在张开双臂欢迎他们。SpaceX的成功证明了私人资本可以在太空领域成就一些有意义的事情，规则制定者们也从SpaceX身上认清了商业发射的本质，对此采取的态度是支持而不再是阻碍。即便如此，新公司的发展速度依然缓慢。

唯一一家拥有新技术，并能将火箭送入预定轨道的私人公司叫"火箭实验室"，他们花了十一年零七个月才成功。萤火虫公司是2014年1月成立的，但直到2020年秋天，他们还没有到达轨道，甚至连一次发射尝试都还没有过。维珍轨道公司从2012年12月开始想要认真制造小型的轨道火箭，但直到2020年下半年也还没能飞入轨道。早在2000年成立的蓝色起源算是SpaceX在太空领域最主要的竞争对手了。这家公司采取了一种更为循序渐进的模式，但就算杰夫·贝佐斯资金再雄厚，二十年后他们的火箭也还没能进入轨道。

钦纳里说，她相信是不断变化的市场让现在的这些企业变得更谨慎了。肖特威尔刚开始销售"猎鹰1号"火箭时，客户们对平价的轻型发射服务趋之若鹜。而现在，市面上起码有五六家资金雄厚、科技预案完备的发射公司。客户们完全可以等一等，看看谁最终会成功，到时再签约也不迟。与此同时，他们对风险的容忍度也在变低。

"但允许风险的存在就是埃隆带给SpaceX的宝贵财富之一，"钦纳里说，"他当然不希望失败，但他不害怕失败。我觉得，许多航空航天公司还是会害怕，希望可以规避失败。"

对于如今的公司来说，市场上有那么多竞争者，失败或许是无法承受的。所以他们需要准备得更好，为硬件做更多测试。在众多测试模型中，但凡有一个在二级火箭上出现了晃动现象，他们都不会铤而走险，一定会花更多时间去把问题搞清楚。因为对于钦纳里和萤火虫公司来说，如果他们的火箭在第一、第二次发射中失败，可能就不会像"猎鹰1号"那样有第三、第四次机会了。

蒂姆·布扎 | 发射主管

自"猎鹰9号"从佛罗里达州首次升空之后,布扎又见证了它的数次发射,包括火箭的一次主要升级,以及之后在范登堡空军基地的发射。

布扎感觉新生代的力量已经成熟了。有些年轻工程师研究生刚毕业就进了公司,比如扎卡里·邓恩、瑞奇·林、弗洛·李,还有蒂娜·徐。这些人都已经成长为公司的高层,他们吸收了SpaceX初创时期的基因,并迅速地使这种精神在更新一代中开枝散叶。他们在SpaceX白手起家的伟业上,又增添了一份成熟企业应有的成就。

"我认为,就SpaceX最初的基因而言,毫无疑问,埃隆掌握着其中的关键。"布扎说,"如果没有埃隆,我相信一切都会不一样。这是不容置疑的。但除此之外,我认为早期团队里有像汤姆·穆勒、汉斯·科尼格斯曼、克里斯·汤普森,包括我自己在内的成员也是很重要的。我们既带来了一些航空航天业的宝贵经验,又抱着开放的态度,愿意让埃隆改变我们的想法。"

并不是所有人都能这样,比如吉姆·梅瑟,他虽然有宝贵的经验,却无法适应新的环境。但这些从传统航空航天公司加入SpaceX的副总裁们都意识到马斯克直来直去的管理方式确有可取之处。在其他公司需要通过层层协商、审批、复查才能启动的工作,马斯克愿意赋能给员工去执行。在SpaceX,如果你能说服公司的总工程师,那就等于获得了首席财务官的首肯——因为他们是同一个人。

是两份来自美国宇航局的重磅合同将公司推向了一个新的高度:一份

是在2006年签署的商业轨道运输服务合同，另一份是在2008年底签署的商业补给服务合同。早年间，当SpaceX只有一百多名员工时，马斯克对于员工数和资源都把控得很紧，这就意味着最早加入的那些人要身兼三到四人的工作量，工作时间的安排也紧凑到可怕。所以布扎才要通过电话给女儿读睡前故事，常常是在家没待几天，却要在夸贾林驻扎两个月，就为了准备发射。美国宇航局的资助改变了这一切。

"我不是要抹杀'猎鹰1号'之后公司取得的任何成就，"布扎说，"那些都是了不起的成就。但毕竟后来公司已经有了钱和资源，不需要再勒紧裤腰带全速前进了。"

无论过去还是现在，马斯克都握紧手中的方向盘，把油门踩到底。当团队还在为"猎鹰1号"伤脑筋的时候，他已经在追着大家要"猎鹰5号"的图纸了。随后，他的小公司又接受了大挑战，同时开发"猎鹰9号"和"龙"飞船。到了21世纪第二个十年，当公司已经在如火如荼地研发世界上最好、性价比最高的火箭时，马斯克又追着赶着要团队做到火箭的快速回收，要研发猎鹰重型火箭，要研发星链互联网卫星群，还有星舰和超重型火箭。

虽然这无尽的重压必然会让员工们身心俱疲，但因为马斯克的愿景在火星，而实现这个目标的机会不是一直都在，所以他也只能这样向前冲。"有时候这种压力会让你感到不舒服，"布扎回忆起"猎鹰1号"第一次发射时马斯克在控制中心不断提问"猎鹰5号"相关情况的情形，"我正在忙着解决'猎鹰1号'的问题，而你却在为了'猎鹰5号'的事情烦我。但如果没有这么一个人在后面推着你跑，那你的迭代速度就太慢了，真的会很慢。"

布扎在2014年离开了SpaceX，追随着汤普森的脚步去了维珍轨道。四年后，他又去了一家名叫"相对论空间"的火箭公司，出任高级资深工程师一职。在大胆创新这件事上，相对论空间算是继承了SpaceX的衣钵。这家公司希望通过3D打印整支火箭来加快开发速度，同时降低成本。他们展望有一天能用3D打印技术造出一枚火箭，并从火星上进行发射。毫无疑问，布扎将会为这一目标发挥重要作用，就像他为SpaceX做出过贡献一样。

本书中写到的许多故事最初都来自布扎的某句提点，书中的许多细节信息都来自他的笔记和记述。为了这本书，他回答了我许许多多的提问，是他的回答让这个故事更加真实丰满了。如果你喜欢这本书，那你欠布扎一杯啤酒。这么说的话，我欠他的啤酒就多了去了。

汤姆·穆勒 | 动力系统副总裁

无情的压力终于在2013年末压垮了汤姆·穆勒。十几年来，为了能让猎鹰火箭飞上太空，他不分工作日和周末地工作，也错过了女儿的成长阶段。那些年间积攒的压力最终导致了他的婚姻破裂。谈起家庭，穆勒说："那段时间对我的家人而言也很重要，但我却没能陪伴在她们身边。"

除了家庭的变故，穆勒的工作也发生了改变。在SpaceX工作的数年间，穆勒研发了三种型号的梅林发动机。在穆勒看来，自2013年以来，"猎鹰9号"上搭载的梅林1D发动机可以说是近乎完美的。有了之前的经验教训，再加上技术的进步，例如更为高效的涡轮泵，这台最新梅林发动机所能产生的推力是梅林1A发动机的两倍之多——前者是19.2万磅，而后者只有7.6万磅。设计工作算是大功告成了，随后的生产工作不同于研发阶段，因为霍桑的工厂要生产的火箭越来越多，而每个火箭上都要有九个发动机，所以穆勒疲于在深夜解决各种供应商的问题。

"我开始意识到，这不是我擅长的工作。"穆勒回忆着自己当时的想法，"我是搞发动机研发的。于是我对埃隆表达了想要退下来的想法。当时格温也在场，她听后大惊失色。"

格温·肖特威尔深知穆勒对于SpaceX这个品牌的重要性，他与SpaceX自主开发的火箭发动机密切关联。肖特威尔和马斯克说服了穆勒在公司多留一段时间，等搭载了梅林1D发动机的"猎鹰9号"火箭再飞三次，好让卫星运营商们看到新升级的动力系统确实得到了改进。半年之后，穆勒再次找到马斯克，提出辞职。马斯克这才意识到他的动力系统主管是认真的。于是他们提出了一个计划，给穆勒奉上了首席技术官的头衔。

"这些都是鬼扯。"穆勒说，"不过那个头衔确实很体面，不会让人觉得我是退居二线了。"随着工作量的减少，穆勒的健康状况也有所改善。长期的压力造成了颈部的神经紧张，穆勒原本都计划好要动手术了，但在职位变动之后，他把手术取消了。

穆勒来自爱达荷州，曾经当过伐木工人，他一直钟情于追求速度，故而将赛车作为自己的一项爱好。但作为SpaceX动力系统的负责人，穆勒每每开着自己的保时捷进行完一场比赛，都要先查看一下手机。因为马斯克常常会打来电话，要么提出问题，要么追问答复。"围场的老大总是教育我说：'穆勒，如果你的心思不是百分之百专注在赛车上，那你就别开。'"穆勒说，"但我总会狡辩：'不不不，我的心思在这儿呢。'"

除却一些个人生活中的牺牲，穆勒对自己在SpaceX度过的时光并没有多少遗憾。他离开公司后，马斯克和动力系统的原班人马又对梅林发动机进行了改造升级，但并没有改变它的基本设计。一个月里总有一次或数次，穆勒可以满怀欣慰地目送自己设计的发动机把火箭送上太空，然后再带着它们回到地球。无论是超高效能的"猎鹰9号"火箭，还是世界上最强大的猎鹰重型火箭，都是由梅林1D发动机驱动的。2020年5月，9台梅林发动机将美国宇航局的宇航员们从美国本土送上了太空。这标志着自从航天飞机退役以来，美国中断近十年的轨道载人航天重新开启。穆勒神经紧绷地观看了发射全程。"龙"飞船有16个Draco推进器和8个超级Draco推进器，二级火箭上有梅林真空发动机，一级火箭上有9台梅林1D发动机——这34台发动机最初的设计稿都是由穆勒完成的。这是第一次有人类的生命被托付在这些发动机上。而这些发动机没有辜负人类的重托。

完成载人发射的四天之后，"猎鹰9号"又为数颗卫星执行了发射任务。至此，这枚重复使用的一级火箭已经是第五次飞入预定轨道了。在那段时间里，穆勒设计的梅林发动机就这样飞呀飞呀，不停地飞。

"我们取得的成就让我感到非常非常自豪。"穆勒说道，"梅林1D发动机真的是太优秀了，我为它骄傲。虽然第一代的猛禽发动机也是我设计的，但后来经历了许多改动，所以我不能把它的成就揽在自己身上。当然，这名字还是我起的，改进它的团队也是我找来并一手培训的，这些我还是可以引以为傲。不过梅林1D绝对是我的孩子。"

扎卡里·邓恩 | 动力系统主任工程师

邓恩一毕业就投入了SpaceX的怀抱，而且为公司倾尽其所有。他到公司时杰瑞米·霍尔曼刚准备离职，所以邓恩很快就得到了与业界传奇穆勒并肩工作的机会。在"猎鹰1号"第四次发射成功之后，邓恩继续和公司共同成长，在动力系统和发射方面承担了众多领导角色。在接受本书采访时，邓恩已经是SpaceX负责生产及发射的高级副总裁了。

进入SpaceX工作的工程师们大多都清楚自己会在这里鞠躬尽瘁。尽管如此紧凑的工作日程安排受到了众多非议，但让批判者们不能理解的是，大多数来到SpaceX的新员工们还是非常乐意与公司签约。他们想要的是能参与全世界最刺激的冒险之旅。

当初，在2.5万英尺的高空，邓恩在一架C-17运输机里爬进了一枚发生内爆的火箭内部。那一刻，全公司的命运都掌握在他手里。幸而那不是他在SpaceX的终点。十年过去了，他还在拓展最尖端的新技术，包括让火箭在船上被回收、制造可以跨行星航行的星舰。SpaceX的最终目的地是火星，这是从未有哪家公司、哪个宇航局，甚至没有哪个国家企及过的目标。SpaceX能达成这一宏愿吗？答案或许不是肯定的。但对于喜欢冒险的人来说，这肯定胜过在效率缓慢的政府机构里干着没有什么成就感的工作，也好过献身于大型的宇宙探索计划，却要在白宫换届选举之后面对计划取消的局面。

如果可以再选一次，邓恩还是会毫不犹豫地选择SpaceX。

"我确实投入了很多，"邓恩说，"我把自己生命力最旺盛的那些岁月都奉献给了这家公司，但我付出得心甘情愿。我全身心地投入在工作中，甚至把女友和其他事都放在一边。我就是如此疯狂地付出一切，渴望为之倾尽所有。我不认为这是一种单方面的消耗，这是一种交易，我也从中有所收获。"

这场交易一直持续到2020年5月，邓恩离开了SpaceX去投奔布扎所在的公司。邓恩还是想在逆势而上的小团队里，从无到有地去开发硬件。另一方面，在毫无保留地付出了近十五年之后，邓恩已经为SpaceX疯狂而伟大的使命倾尽了所有，他不想再牺牲更多了。他想要花更多时间陪伴自己4岁大的两个孩子，他们是一对双胞胎——左拉和西奥多。

和本书中出现过的所有人一样，邓恩的身上闪烁着SpaceX员工特有的激情和重金属精神。他在麦格雷戈的测试台上表现神勇，又在欧姆雷克岛上充当了先锋。邓恩称得上是SpaceX的摇滚之星，就算他走了，公司也还是要继续摇滚下去。就在邓恩离开公司几周之后，即将乘坐第一艘载人"龙"飞船进入太空执行任务的宇航员们还在前往发射台的车上播放了AC/DC摇滚乐队的《重返黑暗》。

弗洛伦斯·李 | 箭体结构主任工程师

她从没想过要离开SpaceX。结束了多年在夸贾林专注于"猎鹰1号"的工作之后，李又扑到了"猎鹰9号"的发射计划上。她喜欢在SpaceX工作时的紧迫感，这让她感觉到自己的付出切实推动了项目的进展。当SpaceX在改变世界的时候，李为自己能参与其中而感到荣幸。她没有放弃有朝一日去太空遨游的梦想，她认为在SpaceX做一名工程师，设计和建造这些实现太空旅行的航天器，也算是在一个更深的层次上实现着自己的梦想。

和布扎一样，李也将公司的成就归功于马斯克聘请了一支优秀的副总裁团队，因为他们既有出色的专业技能，又有良好的领导素质。这些领头人，带着像李这样的年轻工程师，在开发"猎鹰1号"的过程中产生了团队的凝聚力，正是这股力量支持着后续的"猎鹰9号"和其他项目的开发。在这期间，马斯克所做的不仅是把人招进来，而且在公司成长的每一步他都起到关键作用。

"有埃隆在，事情就会简单很多，因为他会深入地参与进来，在艰难的时刻做出决策。"李说道，"每每遇到这些关键时刻，他就会挺身而出，当机立断——是干还是不干，究竟要怎么干，等等。在细节上，他的要求不打任何折扣。与此同时，他也总是能及时把我们拉出来看一看全局，确保我们专注于终极愿景。在我看来，时刻保持专注是非常重要的。"

有了"云梯女王"的眷顾，SpaceX一路走来似乎也沾了些好运气。

布莱恩·比耶德 | 发射任务经理

"猎鹰1号"第四次发射之后,比耶德就离开了工程师的岗位。这并不是因为他工作不称职,他是一名非常优秀的工程师。但他更有过人的人际交往能力,无论在面对客户、撰写提案,还是推销公司品牌方面都颇有建树。久而久之,比耶德发现,相比晒伤和股癣,喝着红茶拿铁做销售更适合他。

马斯克也很乐于接受这种改变。尽管比耶德在人事和招聘方面没什么经验,但马斯克还是在2014年任命他为公司的人力资源副总裁。招聘工作在SpaceX有重要地位,所以这一任命可以说是马斯克对比耶德的认可。这是一个不错的决定,比耶德现在还担任着这个职务。

比耶德很想在这本书里讲好"猎鹰1号"火箭的故事,因为他希望每一个来到SpaceX的新员工都能体验到当时欧姆雷克岛上的艰苦岁月,那些关键时刻决定了公司的生死存亡。

"这个经历强化了公司的基因,体现在我们当下的决策中。"比耶德说,"我们平时开会用的行政会议室里挂着一张欧姆雷克岛和'猎鹰1号'火箭的照片,它仿佛时刻在提醒我们不要忘记最初的动力。许多当时的老员工也还在公司里担任领导职务。我们还是常常会谈论起那段时光。我们一直在努力提高效率,在某些方面更靠近当时的状态。"

"如今,我们必须让有才华的年轻工程师知道,他们不会因为在SpaceX工作而完全放弃个人生活。"比耶德说。他自己也在"猎鹰1号"发射成功之后找到了工作与生活的平衡。他在2010年与大学时的恋人完婚,生了两个女儿，组成了新的家庭。

"对我来说，当初如果留在喷气推进实验室，或是去找份类似的工作，生活也许会轻松得多。"比耶德说，"我选择了付出和牺牲，但无论给我什么，我都不会改变当初的决定。"

汉斯·科尼格斯曼 | 电气系统副总裁

在马斯克最早招到麾下的那批员工里，只有科尼格斯曼留到了现在。他珍惜自己作为老员工之一的角色，帮助公司年轻的生力军发挥才能。虽然公司里许多优秀的工程师都满怀期待地把注意力投向了"星舰计划"，科尼格斯曼作为负责发射保障的副总裁依然专注于"猎鹰9号"和"龙"飞船的项目。确保这些核心项目万无一失对公司来说至关重要。他对此十分执着，这也非常符合大家对德国工程师的预判。

在过去的十八年里，他的妻子一直在迁就他疯狂的工作安排，包括无数次往返夸贾林、佛罗里达州和得克萨斯州的出差，因为她知道，自己的丈夫在工作时是最快乐的。在此期间，他的孩子们已经长大成人，他们也觉得父亲的故事很励志。

他最小的女儿成了一名电气工程师，最近开始在波士顿的一家小公司里任职。"我有一个担忧，她会不会觉得这就是正常的事情，会不会认为随便找一家小公司，十年之后它就能成长为5000人的大企业。"科尼格斯曼说，"事实可不是这样的。我只是遇到了对的机会，对的时间，遇到了一群对的人。"

科尼格斯曼将公司的大部分成就归功于马斯克。首先，他总是能在最艰难的时刻做出决定。他不会拖延，而且总是先解决最难的问题。其次，对于如何用更少的钱打造更高效的事业，马斯克有自己的远见。科尼格斯曼说，马斯克从一开始就要求SpaceX尽可能自己制造火箭上的所有部件，这样就可以避免公司在成本和时间上受到供应商的牵制。但最重要的是，马斯克独具慧眼，能识别出优秀的工程人才，还能激励他们去创造非凡的奇迹。马斯克特别能激励工程师去尝试一般人认为力所不及的事，并在他们完成了这不可能的任务之后，又将他们引向下一个目标。

"这是一家人才济济的公司，"科尼格斯曼说，"埃隆最大的本事就是看人又快又准，总能挑出合适的人选，这件事他真的很在行。有时我也会和他持相反意见。有时面试完一个候选人，我会觉得'不行，他很糟糕'，但埃隆会说'不不不，你应该录取他'。通常他都是对的。"

格温·肖特威尔 | 业务发展副总裁

自从2008年出任SpaceX总裁之后，肖特威尔就一路勇往直前。每当马斯克对一些关键发射的日期给出预报时，业界总会有人对他不屑一顾。但大家都很把肖特威尔当回事，甚至可以说，几乎整个航空航天业都很爱戴她——哪怕SpaceX在企图颠覆该行业的一切。

2016年，"猎鹰9号"一级火箭第一次在一艘无人驾驶船上实现了安全降落。这或许会让SpaceX的竞争对手们对自己的商业模式产生担忧，但大家依然对SpaceX取得的成就表示了敬意。联合发射联盟的首席执行官托里·布鲁诺还给肖特威尔送来了鲜花以示祝贺。

事实证明，埃隆·马斯克和格温·肖特威尔是一对非常合拍的商业搭档。肖特威尔非常了解马斯克想要改变的这个行业。当马斯克想要推进改变时，肖特威尔会从旁引导。遇到诉讼、抗议和政府施压，她都会陪在马斯克身边。一路走来，马斯克最让她欣赏的品质就是对于发现问题和筹谋解决方案的决心。

"面对问题时，他的反应不是'哎呀，这真糟糕'，而是立刻去解决。他真的很不一般。"肖特威尔说，"我向来无法理解那些批评者，那些人愤世嫉俗地说他造火箭只是为了赚政府的钱，这真是无稽之谈。从'火星绿洲计划'开始，马斯克想做的就是让大家看到，在火星生活是可行的，而且那是人类的出路。"

其实肖特威尔自己一开始也不相信关于火星的那些东西。"当时我没表态，"她说，"完全没有被他说服。"但如今，她已深信不疑。

埃隆·马斯克 | 创始人

这位公司的领头人又经历了些什么呢？马斯克从一个不太为人所知的互联网百万富翁，一跃成为亿万富翁、国际名人。截至本书撰稿时，他是全世界富豪榜的第五名。但这并没有改变马斯克的内核，他还是那个热情饱满、有点儿'、书呆子气、充满干劲、要让人类成为多星球物种的SpaceX创始人。谈起火星时他还是异常认真，只不过在2002年看似荒谬的想法如今却更像是一个大胆的目标。

在我俩的谈话中，我会逼着马斯克回想他创办SpaceX最初的那几年。他会停顿很久，闭着眼睛，我猜想那肯定是他保持专注的一种方法，但我能看到他的眼窝里有些湿润。"猎鹰1号"第四次发射之后发生了许多事，他现在既要领导SpaceX这个处在全球主导地位的火箭企业，还要掌管一家电动车公司——特斯拉，这家公司同样是致力于"迁徙"，只不过是帮助人类完成从化石燃料向再生能源的转移。2016年，马斯克又成立了Neuralink公司来建造可以实现脑机连接的设备，他还成立了一家能在拥挤的城市地底挖掘隧道的公司。

简言之，当我把埃隆·马斯克的回忆推回到欧姆雷克小岛上时，他的脑海中思绪万千。他很想为这本书出一份力。他清楚"猎鹰1号"发射成功在他生命中的意义，也清楚这一次的成功是如何在各个方面推动后续变革的。在我创作这本书之前，他从未同意过要完整地讲述这个故事，也从未允许任何作者在SpaceX内部自由地与员工谈论公司最关键的那几年。但埃隆·马斯克想要让我为了这本书去跟每个人都聊一聊。他是认真的。

"那是一个充满戏剧性的时刻，"说起在欧姆雷克岛上发射火箭的时候，马斯克说道，"那是个精彩的故事，但回想的过程要比当时经历的过程美好得多。"

马斯克说着笑了，随后又停顿了一阵子。他的思绪中闪过了一丝不甘。他确实有一个遗憾。虽然当时马斯克去欧姆雷克岛的次数比不上书中的其他人，但也已经多到他对那个小岛了如指掌。"我对那个岛记忆犹新，"他若有所思地说，"我当时或许应该多在岛上放松放松，躺在沙滩上来一杯鸡尾酒什么的。但我却没那么做，现在想想真的未尝不可。"

确实未尝不可。不过现在也不迟，毕竟还有机会。

鸣谢

我非常享受写这本书的过程。有好几个星期，我神游到了千里之外、充满异国情调的地方，听那些在夸贾林辛勤奋斗过的人们，如何将不可能变成可能。在此，我要感谢许多人，让我拥有了这份经历。

首先要感谢的就是埃隆·马斯克。当我在2019年初第一次提出撰写这本书的想法时，他欣然同意了。他对我说，应该和每个人都聊聊。有了他的首肯，无论是现任的SpaceX员工，还是已经离开了的老员工，都很愿意与我详细谈谈他们的经历。埃隆本人也投入了很多时间，他慷慨地邀请我参与在SpaceX霍桑工厂里进行的技术会议，涉及星舰、星链、猛禽发动机等各个项目。我借此机会了解了他的领导风格。他也让我能进到位于博卡奇卡的工厂，看到新一代的工程师是如何像前辈们当初制造"猎鹰1号"时一样，以迭代式的快节奏打造星舰。

我为本书采访了许多人。最出乎我意料的是那些最早期的员工，例如汤姆·穆勒、克里斯·汤普森、汉斯·科尼格斯曼、格温·肖特威尔、蒂姆·布扎等，他们都非常渴望看到这个故事被呈现出来。对他们中的许多人来说，在夸贾林和其他地方度过的那些炎热的、挥洒汗水的日子，是一生中最艰难也最有收获的岁月。我希望这本书没有辜负他们的信任。

一路上有许多人给了我帮助。如果没有我的经纪人杰夫·什里夫（Jeff Shreve），这本书就不可能出版。他读了我在"科技艺术"网站上的专题文章，认为有潜力发展出一部长篇作品。是他最终说服我关于SpaceX成长初期的历史是非常值得被记录的好故事。事实证明，他是对的。威廉·莫罗出版社的执行主编毛罗·蒂普雷塔（Mauro DiPreta）很早就看到了这个想法的潜力，他和尼克·安弗莱特（Nick Amphlett）干练地引导我走过了写作和编辑的过程。在这之前我还从未有著书的经验，我从他们身上学到了很多。我在科技艺术网站本职工作上的编辑，肯·费雪（Ken Fisher）、埃里克·邦格曼（Eric Bangeman）和李·赫钦森（Lee Hetchinson）也给了我很多支持，在过去的十八个月里让我能灵活安排时间。我也非常感谢SpaceX的詹姆士·格里森（James Gleeson）、威尔德·威尔逊（Verdell Wilson）和杰恩·巴拉贾迪亚（Jehn Balajadia），有他们替我确认安排，我才能高效地完成采访。

此外，还要感谢我的家人，他们在整个过程中支持着我。我继承了父亲布鲁斯·伯格（Bruce Berger）对写作的热爱。他一直都在从事写作，当我还小的时候，他就为我涂涂写写的随笔进行精细的编审。还要感谢我的女儿，安娜蕾和莉莉。她们总是那么可爱，那么支持我，给我吃的，给我爱，有时也调皮捣蛋。最后还有我的妻子阿曼达。当她需要我的时候，有好几次我都戴着降噪耳机听不到，要么就是告诉她，我晚上要熬夜写完一个章节。但当我写完初稿时，她却用心地把它读完，并给我鼓励。我爱你，这本书献给你，献给一直信任我的你。

SpaceX 的主要员工
（2002 年—2008 年）

埃隆·马斯克｜Elon Musk　　　　　　　　　　首席执行官
玛丽·贝丝·布朗｜Mary Beth Brown　　　　　助理

汤姆·穆勒｜Tom Mueller　　　　　　　　　　动力系统副总裁
杰瑞米·霍尔曼｜Jeremy Hollman　　　　　　 动力系统开发主管
迪安·小野｜Dean Ono　　　　　　　　　　　空间推进系统主管
格伦·中本｜Glen Nakamoto　　　　　　　　 梅林发动机设计师
扎卡里·邓恩｜Zach Dunn　　　　　　　　　 梅林发动机开发
凯文·米勒｜Kevin Miller　　　　　　　　　　梅林发动机开发
乔恩·爱德华兹｜Jon Edwards　　　　　　　 红隼发动机工程师
埃里克·罗莫｜Eric Romo　　　　　　　　　 动力系统分析师

克里斯·汤普森｜Chris Thompson　　　　　　箭体结构副总裁

迈克·科隆诺｜Mike Colonno	一级结构工程师
弗洛伦斯·李｜Florence Li	一级结构工程师
克里斯·汉森｜Chris Hansen	分离系统工程师
山姆·迪马乔｜Sam DiMaggio	动力总监
杰夫·里希奇｜Jeff Richichi	机构总监
里克·柯特兹｜Rick Cortez	高级结构技术员
汉斯·科尼格斯曼｜Hans Koenigsmann	电气系统副总裁/发射总工程师
菲尔·卡苏夫｜Phil Kassouf	高级电气工程师
史蒂夫·戴维斯｜Steve Davis	制导、导航和控制
克里斯·斯隆｜Chris Sloan	飞行软件
布伦特·阿尔坦｜Bulent Altan	电气工程师
蒂娜·徐｜Tina Hsu	电气工程师
布莱恩·比耶德｜Brian Bjelde	电气工程师
蒂姆·布扎｜Tim Buzza	发射与测试副总裁
肯顿·卢卡斯｜Kenton Lucas	发射中的地面支持设备
特里普·哈里斯｜Trip Harris	软件
乔什·荣格｜Josh Jung	地面控制
乔·艾伦｜Joe Allen	麦格雷戈负责人
瑞奇·林｜Ricky Lim	火箭集成
安妮·钦纳里｜Anne Chinnery	场地开发
乔治·奇普·巴塞特｜George "Chip" Bassett	发射基建
埃迪·托马斯｜Eddie Thomas	高级推进系统技术员

格温·肖特威尔 | Gwynne Shotwell	业务发展副总裁
大卫·吉格 | David Giger	第一次发射任务经理
鲍勃·里根 | Bob Reagan	机械加工副总裁
布兰登·斯派克斯 | Branden Spikes	首席信息官

SpaceX 时间线

2002
- 5月6日 埃隆·马斯克创立SpaceX
- 10月31日 燃气发生器首次进行全程点火测试（加利福尼亚州，莫哈韦）

2003
- 3月11日 梅林发动机首次推力室点火测试（得克萨斯州，麦格雷戈）
- 5月31日 SpaceX的员工们第一次到访夸贾林
- 7月2日 梅林发动机首次进行涡轮泵测试（加利福尼亚州，莫哈韦）
- 12月4日 "猎鹰1号"火箭在美国国家航空航天博物馆门口展出

2005
- 5月27日 "猎鹰1号"静态点火测试（加利福尼亚州，范登堡空军基地）
- 11月27日 "猎鹰1号"首次在夸贾林尝试进行静态点火测试（欧姆雷克岛）
- 12月20日 "猎鹰1号"首次尝试发射（欧姆雷克岛）

2006
- 3月24日 "猎鹰1号"首次发射（欧姆雷克岛）
- 8月18日 SpaceX赢得了美国宇航局的商业轨道运输服务合同

2010
- 6月4日 "猎鹰9号"第一次发射（佛罗里达州，卡纳维拉尔角）
- 12月8日 货运"龙"飞船首次发射（佛罗里达州，卡纳维拉尔角）

2004

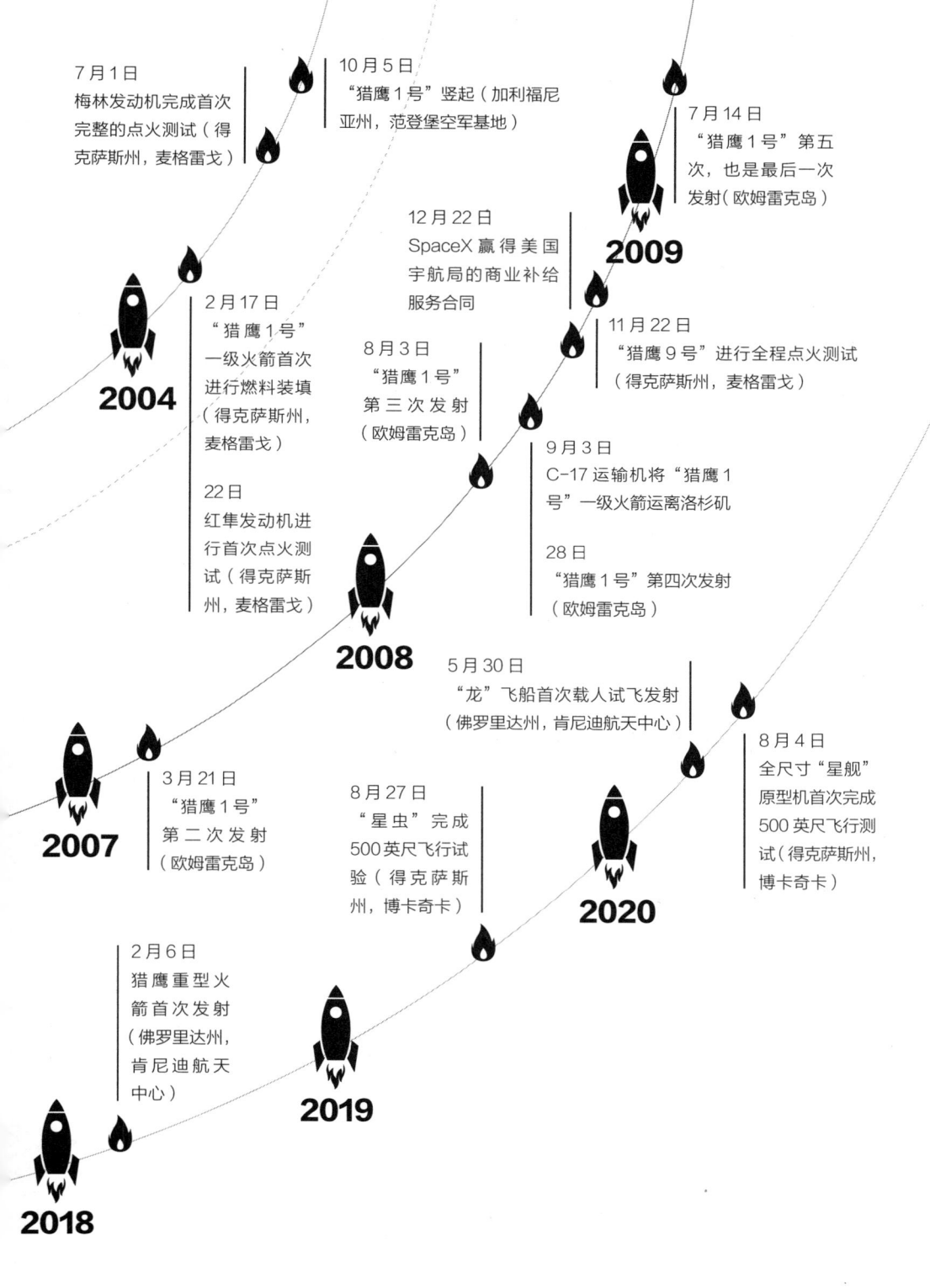

7月1日
梅林发动机完成首次完整的点火测试（得克萨斯州，麦格雷戈）

2月17日
"猎鹰1号"一级火箭首次进行燃料装填（得克萨斯州，麦格雷戈）

22日
红隼发动机进行首次点火测试（得克萨斯州，麦格雷戈）

2007

3月21日
"猎鹰1号"第二次发射（欧姆雷克岛）

2008

10月5日
"猎鹰1号"竖起（加利福尼亚州，范登堡空军基地）

12月22日
SpaceX赢得美国宇航局的商业补给服务合同

8月3日
"猎鹰1号"第三次发射（欧姆雷克岛）

9月3日
C-17运输机将"猎鹰1号"一级火箭运离洛杉矶

28日
"猎鹰1号"第四次发射（欧姆雷克岛）

2009

7月14日
"猎鹰1号"第五次，也是最后一次发射（欧姆雷克岛）

11月22日
"猎鹰9号"进行全程点火测试（得克萨斯州，麦格雷戈）

2018

2月6日
猎鹰重型火箭首次发射（佛罗里达州，肯尼迪航天中心）

2019

8月27日
"星虫"完成500英尺飞行试验（得克萨斯州，博卡奇卡）

2020

5月30日
"龙"飞船首次载人试飞发射（佛罗里达州，肯尼迪航天中心）

8月4日
全尺寸"星舰"原型机首次完成500英尺飞行测试（得克萨斯州，博卡奇卡）

艾瑞克·伯格 | Eric Berger

专注于航天业报道的资深记者，采访过包括NASA在内的众多行业巨头，以及阿波罗计划宇航员奥尔德林等重要人物。曾获得美国国家太空协会的太空先锋奖，入围普利策奖决选名单。

自2015年开始报道SpaceX，得到马斯克亲自授权，采访过所有重要员工，以获得的大量一手资料写成本书。

本书联合推出方

深蓝航天　江苏深蓝航天有限公司（深蓝航天）是一家以运载火箭研发、生产及提供商业发射服务为核心业务的商业航天企业。自成立以来，一直聚焦液体回收复用运载火箭的研制，致力于大幅提升人类进入太空的能力、降低进入太空的成本。公司的愿景是"立志成为太空运输产业的推动者"。

作为液体可回收火箭研制领域的领先企业，深蓝航天自2021年7月至2022年5月，先后完成了国内首次十米级、百米级、公里级液氧煤油火箭垂直起降自由飞行（VTVL）试验。2022年9月深蓝航天完成了中国商业航天首次可重复使用液氧煤油发动机二次起动试车，并计划于2024年完成首型产品"星云-1"运载火箭的入轨及回收，开启中国回收复用火箭的新纪元。

真成投资　真成投资是一家专注于科技创新的创业投资基金，主要投资先进制造、新一代信息技术和人工智能等领域的创业公司。真成投资目前的投资组合包括深蓝航天、凌空天行、凌云智擎、中发天信、白鲸航线、星奇世界、云天励飞、云洲智能、铖联科技、柏慧维康、贝丰科技、得到APP、老虎证券、印象笔记、小鱼易连等知名高科技企业。

学　说　"学说"平台（www.51xueshuo.com）是清华大学孵化的专业知识传播平台，平台利用学术大数据和人工智能技术，通过学术直播、音视频分享和个性化推送，推动经济金融领域的学术交流和普惠，促进中国科技创新传播与最佳商业实践分享。"学说图书"是学说旗下优秀财经图书的讲读与推荐业务。

冲向火星

作者 _ [美] 艾瑞克·伯格   译者 _ 张含笑

产品经理 _ 谭思灏   装帧设计 _ 小雨   封面插画 _ 邵飞   产品总监 _ 木木
技术编辑 _ 顾逸飞   责任印制 _ 梁拥军   出品人 _ 吴畏

营销团队 _ 毛婷 孙烨 郭敏 曾勋

果麦
www.guomai.cn

以 微 小 的 力 量 推 动 文 明

图书在版编目（CIP）数据

冲向火星 /（美）艾瑞克·伯格著；张含笑译 . -- 石家庄：花山文艺出版社，2023.6
书名原文：LIFTOFF: THE FALL, FALL, FALL AND RISE OF SPACEX
ISBN 978-7-5511-6330-9

Ⅰ.①冲… Ⅱ.①艾… ②张… Ⅲ.①埃隆·马斯克—传记 Ⅳ.① K837.115.38

中国国家版本馆 CIP 数据核字（2023）第 073897 号

LIFTOFF: THE FALL, FALL, FALL AND RISE OF SPACEX by ERIC BERGER
Copyright: © Eric Berger 2021
This edition arranged with The Science Factory and Louisa Pritchard Associates through BIG APPLE AGENCY, INC., LABUAN, MALAYSIA.
Simplified Chinese edition copyright: © 2023 Guomai Culture and Media Co.Ltd
All rights reserved.

版权登记号：冀图登字：03-2022-125

书　　名：	冲向火星
	Chong Xiang Huoxing
著　　者：	［美］艾瑞克·伯格
译　　者：	张含笑
出 版 人：	郝建国
统　　筹：	李　爽
责任编辑：	刘燕军　王李子
责任校对：	李　伟
封面设计：	小　雨
美术编辑：	胡彤亮
出版发行：	花山文艺出版社（邮政编码：050061）
	（河北省石家庄市友谊北大街330号）
销售热线：	0311-88643299/96/17
印　　刷：	河北鹏润印刷有限公司
经　　销：	新华书店
开　　本：	710 毫米×1000 毫米　1 / 16
印　　张：	19.25
字　　数：	217千字
版　　次：	2023年6月第1版
	2023年6月第1次印刷
书　　号：	ISBN 978-7-5511-6330-9
定　　价：	68.00元

（版权所有　翻印必究·印装有误　负责调换）